DOMAINES LINGUISTIQUES
sous la direction de Franck Neveu
16

Série *Grammaires et représentations de la langue*
9

Retour à l'analyse logique

Marc Wilmet

Retour à l'analyse logique

Préface d'Anne-Rosine Delbart

PARIS
CLASSIQUES GARNIER
2021

Marc Wilmet (1938-2018) était professeur émérite à l'université libre de Bruxelles et membre de l'Académie royale de langue et de littérature françaises de Belgique. On lui doit une douzaine de livres, dont la *Grammaire critique du français*. Ses travaux lui ont valu le Prix Francqui, la plus haute distinction scientifique décernée en Belgique. Il est docteur honoris causa de l'université d'Uppsala et de Sorbonne Université.

ISBN 978-2-406-10333-2 (livre broché)
ISBN 978-2-406-10334-9 (livre relié)
ISSN 2271-6297

PRÉFACE

Le titre *La grammaire en roue libre* me revient à la mémoire à l'heure où j'écris ces premières lignes de la préface de *Retour à l'analyse logique*, le dernier livre de Marc Wilmet, de Marc, mon mari. *La grammaire en roue libre – Variations cyclo-linguistiques offertes à Marc Wilmet* est un volume que les élèves et les collègues linguistes de Marc lui avaient offert en juin 2003 à l'occasion de son départ à la retraite, imposée par l'État belge à l'âge de 65 ans – et aujourd'hui prolongée jusqu'à 67 ans-, ce qui l'aurait enchanté, lui, engagé à une époque où il pensait pouvoir enseigner jusqu'à ses 70 ans. En fait, Marc n'a jamais cessé de travailler, n'a jamais cessé de faire de la grammaire. Je le taquinais souvent en disant que les épouses des grammairiens partagent le sort de celles des marins… Son grand large à lui, son étendue, dirais-je en clin d'œil à Nicolas Beauzée, c'était sa table d'ordinateur, avec son Mac dont il a fait le héros du conte linguistique, *Antepost.* Sa mer, la grammaire…

Pourquoi ce titre se rappelle-t-il à moi ? Bien sûr, il y a dans quelques jours le départ du Tour de France à Bruxelles. Ce mois de juillet 2019 célèbre le 50e anniversaire de la première victoire d'Eddy Merckx sur la grande boucle. Marc n'aurait manqué pour rien au monde cette compétition cycliste. Mais la fête du cyclisme à Bruxelles se fera sans lui, et la signataire de cette préface éprouve le sentiment douloureux d'être désormais condamnée à la roue libre pour conduire le tandem avec lequel nous arpentions depuis près de 30 ans les chemins de la vie.

Marc a mis un point final à *Retour à l'analyse logique* en août 2018, pour ses 80 ans, avant notre escapade en Champagne où nous avions décidé de fêter son anniversaire. Il m'a demandé en novembre, quand nous avons appris l'abominable nouvelle, d'en assurer la destinée. Je le revois travailler inlassablement et se débattre avec les analyses de l'une ou l'autre phrase littéraire. Nous en parlions souvent ensemble. Quand il était bloqué, il avait la gentillesse de me demander mon avis. Nous discutions alors pendant des heures sur la fonction à donner à tel ou tel élément dans la phrase, comme dans ce passage de *L'art poétique* de Boileau : *C'est en vain qu'au Parnasse un téméraire auteur / Pense de l'art des vers atteindre la hauteur.* Comment analyser « de l'art des vers » ? J'essayais de lui apporter une interprétation et avec la courtoisie qu'on lui connait il me disait qu'il y voyait plus clair. J'étais heureuse alors.

Retour à l'analyse logique met tout le savoir grammatical de Marc à l'épreuve de l'analyse de soixante-dix phrases, n'esquivant aucune difficulté, se frottant aux productions des genres les plus variés et des auteurs les plus exigeants : Bernanos, Boileau, Bossuet, Corneille, Diderot, Flaubert, Gracq, Hugo, La Fontaine, Nerval, Proust, Racine, Rostand, Valéry, Voltaire. Le livre poursuit la gageure de confronter, au-delà de la phrase, l'appareil grammatical du linguiste à l'analyse de quatorze textes ou extraits de textes littéraires du XVIe siècle à nos jours.

Franck Neveu a tout de suite accepté le projet de publication de cet opus qui est, en somme, le testament linguistique de Marc. Je lui en suis infiniment reconnaissante. Je sais que c'est ce que Marc souhaitait. À plus d'un titre. Le lieu d'édition d'abord. En France, à Paris. C'était une évidence pour Marc qui, toute sa vie, s'est fait une certaine idée du français. Son sentiment pour la France le lui a inspiré aussi bien que la raison grammaticale. Publier chez Garnier, dans la série *Grammaires et représentations de la langue* de la collection *Domaines linguistiques* que dirige Franck Neveu, ensuite. Marc appréciait Franck pour son sérieux, son professionnalisme et son exigence linguistique. Et puis, paraître dans ce volume jaune des Classiques Garnier où j'ai publié en 2016 ma *Petite grammaire instructionnelle pour le français langue étrangère* était pour lui comme l'espérance d'un partage d'éternité : nous nous retrouverions tous les deux dans le catalogue de la même maison d'édition. Merci à Franck pour tout ça. Merci à lui de donner une vie éditoriale au dernier livre de Marc et par là, d'offrir à Marc Wilmet une nouvelle petite part d'immortalité – les livres ont ce pouvoir – dans un curriculum que le passionné de grammaire qu'il était aura alimenté jusqu'au bout de sa vie et même depuis l'au-delà.

Anne-Rosine DELBART
Bruxelles, le 29 juin 2019

SIGNES ET ABRÉVIATIONS

(soulignement)	analyse laissée en suspens
(soulignement)	reprise d'une analyse laissée en suspens
-	passage d'une fonction à une nature
;	continuation d'une analyse
' (ou '', ou ''')	inscription d'un syntagme à un autre syntagme ou d'un groupe à un autre groupe
(...)	rappel d'une prise en compte antérieure
[...{...}...]	réunion sous une même fonction de plusieurs segments
¶	interruption ou coupure
*	élément donné pour faciliter le repérage
+	création d'un couple
/	jumelage de deux natures
/#2/	prédication seconde détachée ou constitutive d'une fonction
/P/	phrase synthétique
#1	prédication première
#2	prédication seconde
◊	phrase gigogne
⊕	suspension ou attente
⊗	ellipse
®	discours rapporté
→	se réécrit
⇨	analyse ajournée
∀	quantificateur universel « pour tout x, quel que soit x »
∃	quantificateur existentiel « il existe un x »
∃!	quantificateur existentiel « il existe un seul x »
Δ	logement d'une sous-phrase
Σ	phrase graphique
Ø	absence
Π	phrase multiple
A	repère d'actualité
A'	repère d'actualité dépassée

ADV	adverbe
AP	apposé
APP	apposition
ATT	attribut
C	complément
CA	complément de l'adjectif
CC0	complément linéaire ou circonstant inquestionnable
CC1	complément linéaire ou circonstant du premier secteur
CC2	complément linéaire ou circonstant du deuxième secteur
CC3	complément linéaire ou circonstant du troisième secteur
CC4	complément linéaire ou circonstant du quatrième secteur
CC5	complément linéaire ou circonstant du cinquième secteur
CC6	complément linéaire ou circonstant du sixème secteur
CD	complément de la détermination
CONJ	conjonction
COP	verbe copule
CP	complément de la prédication
CV0	complément nucléaire persistant
CV1	complément nucléaire premier
CV2	complément nucléaire second
ENCH	enchâsseur
ENCHA	sous-phrase enchâssée par un adjectif
ENCHADV	sous-phrase enchâssée par un adverbe
ENCHCONJ	sous-phrase enchâssée par une conjonction
ENCHPRO	sous-phrase enchâssée par un pronom
GA	groupe adjectival
GADV	groupe adverbial
GN	groupe nominal
GPRO	groupe pronominal
GV	groupe verbal
GVCOP	groupe verbal incluant une copule
H	repère fixant un observateur humain
INC	incise
L	repère fixant un lieu
LIG	ligateur
LOC	locution
NA	noyau adjectival
NADV	noyau adverbial
NN	noyau nominal

NPRO	noyau pronominal
NV	noyau verbal
NVCOP	noyau verbal copule
P	phrase unique
P complexe	phrase complexe
P simple	phrase simple
PMAT	phrase matrice
PRED	prédicat
PREP	préposition
PREPADV	adverbe prépositionnel
PREPPRO	pronom prépositionnel
PREPSA	syntagme adjectival prépositionnel
PREPSN	syntagme nominal prépositionnel
PREPSV	syntagme verbal prépositionnel
PRES	présentatif
PRO	pronom
QUAL	qualifiant
QUANT	quantifiant
QUANTQUAL	quantiqualifiant
R	repère
RH	rhème
SA	syntagme adjectival
SCOV	séquence coverbale
SN	syntagme nominal
SNPREP	syntagme nominal prépositionnel
SOUS-P	sous-phrase
S-SOUS-P	sous-phrase susceptible de fournir la matrice d'une sous-sous phrase
SUJ	sujet
SV	syntagme verbal
TH	thème
TRANS	transposition, translation, transfert

AVANT-PROPOS

Le 28 juin 1833, en France, sous la monarchie de Juillet, un décret du ministre Guizot enjoignait aux « aspirants au brevet de capacité » – les futurs instituteurs des écoles élémentaires que chaque commune de plus de 500 habitants avait désormais l'obligation d'ouvrir – d'associer pour l'apprentissage de la langue et de l'orthographe l'*analyse grammaticale* et l'*analyse logique*, deux volets dont Charles-Pierre Chapsal, le propagateur avec Joseph-Michel Noël de la grammaire scolaire (*Nouvelle grammaire française*, 1823 ; 54ᵉ éd., 1870), venait en quelque sorte d'officialiser la pratique : *Leçons d'analyse grammaticale* (1827) et *Leçons d'analyse logique* (1827).

Il ne faudrait pas se tromper à ces trois termes 1° *analyse*, 2° *grammaticale*, 3° *logique.*

À l'origine, *analyse* ne signifie guère plus qu'« étude ». *Grammaticale* réserve l'examen aux « natures » des mots (nom, adjectif, verbe, adverbe, etc.). *Logique*, prolongeant l'esprit des modistes médiévaux, de la *Grammaire générale et raisonnée* de Port-Royal (1660) et des grammaires philosophiques du XVIIIᵉ siècle, étend l'enquête aux « fonctions » de sujet et d'attribut, que relient une copule *être*, visible dans *La lettre est envoyée* ou *Nos ennemis sont vaincus*, restituable dans *J'ai envoyé la lettre* = « je suis ayant envoyé la lettre » ou *Nous avons vaincu les ennemis* = « nous sommes ayant vaincu les ennemis » [*sic*]. C'est en sortant du cadre de la phrase simple qu'*analyse* retrouvera progressivement l'acception étymologique de « découpage » et que *logique* se spécialisera, conformément à sa vocation primitive, à l'identification des « propositions ».

Les « hussards noirs de la République » (Péguy) pousseront en un siècle l'exploration des natures (genre et nombre des noms, personne, voix, mode, temps des verbes…), élargiront l'analyse grammaticale à de nouvelles fonctions : les compléments, l'épithète, l'apposition…, et donneront mission à l'analyse logique d'isoler les phrases, de les scinder et de les ponctuer.

Si la toute première *Nomenclature grammaticale* française de 1910 ne comportait en la matière aucune directive, son pendant belge (bilingue :

Unification de la terminologie grammaticale. Eenmaking van de spraakkundige terminologie, 1936) esquisse à la faveur d'un couplet patriotique le schéma d'une « analyse grammaticale et logique ».

> J'aimerai toujours mon pays, parce que les morts que je vénère reposent sous cette terre bénie. Le texte comprend trois propositions : 1. J'aimerai toujours mon pays : proposition principale. 2. parce que les morts reposent sous cette terre bénie : proposition subordonnée adverbiale, complément circonstanciel de aimerai. 3. que je vénère : proposition subordonnée adjective, relative, complément déterminatif de morts.

On voit que l'« analyse grammaticale » (des natures : *adverbiale, adjective*, et des fonctions : *complément circonstanciel, complément déterminatif*) s'inféode à l'« analyse logique » : *proposition principale, proposition subordonnée, relative.*

Le *Code de terminologie grammaticale* monolingue qui prend la relève en 1949 tire de l'assez long texte *Suprême consolation* emprunté à la *Méthode de langue française*, troisième livre, de Brunot et Bony (1908) une « analyse des mots » et une « analyse des propositions » séparées.

Le début pourra suffire.

> Un ingénieur avait rêvé toute sa vie qu'il parviendrait à extraire l'or contenu dans l'eau de mer. Quand sa femme lui disait : « Mon avis est que tu as fait assez de sacrifices, mon ami. – Jamais ! s'écriait-il. Qui trouvera ce secret défiera tous les milliardaires, et c'est moi qui le trouverai. » (*Suprême consolation*)
>
> Analyse des mots. *Un* : article indéfini ; masculin singulier ; se rapporte à *ingénieur. Ingénieur* : nom commun ; masculin singulier ; sujet d'*avait rêvé. Avait rêvé* : verbe *rêver*, transitif direct ; voix active ; mode indicatif ; temps plus-que-parfait ; 3e personne du singulier. *Toute* : adjectif indéfini ; féminin singulier ; se rapporte à *vie. Sa* : adjectif possessif ; féminin singulier ; se rapporte à *vie. Vie* : nom commun ; féminin singulier ; complément circonstanciel de temps d'*avait rêvé. Il* : pronom personnel ; masculin singulier ; 3e personne ; sujet de *parviendrait. Parviendrait* : verbe *parvenir*, transitif indirect ; voix active ; mode indicatif ; temps futur du passé ; 3e personne du singulier. *À* : préposition ; unit le complément d'objet indirect *extraire* au verbe *parviendrait. L'* : article défini élidé ; masculin singulier ; se rapporte à *or. Contenu* : verbe *contenir* ; voix passive ; participe passé ; se rapporte à *or. Or* : nom commun ; masculin singulier ; complément d'objet direct d'*extraire. Dans* : préposition ; unit le complément d'objet direct *eau* au participe passé *contenu. L'* : article défini élidé ; masculin singulier ; se rapporte à *eau. Eau* : nom commun ; féminin singulier ; complément circonstanciel de lieu de *contenu. De* : préposition ; unit le nom *mer* au nom *eau.*

Mer : nom commun ; féminin singulier ; complément déterminatif du nom *eau*. *Quand* : conjonction de subordination ; unit la proposition subordonnée *sa femme lui disait* à la principale *s'écriait-il*. *Lui* : pronom personnel ; masculin singulier ; 3e personne ; complément d'objet indirect de *disait*. *Ami* : nom commun ; masculin singulier ; mis en apostrophe. *Qui* : pronom relatif indéfini ; singulier ; sujet de *trouvera*. *Qui* : pronom relatif ; antécédent *moi* ; sujet de *trouverai*.

Analyse des propositions. I. 1. *Un ingénieur avait rêvé toute sa vie* : proposition principale. 2. *qu'il parviendrait à extraire l'or contenu dans l'eau de mer* : proposition subordonnée ; complément d'objet direct d'*avait rêvé* ; introduite par la conjonction QUE. II. (La partie de phrase entre guillemets, à l'exception de *s'écriait-il*, est en style direct.) 1. *Quand sa femme lui disait* : proposition subordonnée ; complément circonstanciel de temps de *s'écriait-il* ; introduite par la conjonction QUAND. 2. *Mon avis est, mon ami* : proposition principale. 3. *que tu as fait assez de sacrifices* : proposition subordonnée ; attribut de *mon avis* ; introduite par la conjonction QUE. 4. *Jamais !* : proposition indépendante elliptique. 5. *s'écriait-il* : proposition principale ; incidente. 6. *Qui trouvera ce secret* : proposition subordonnée relative ; sujet de *défiera* ; introduite par le pronom relatif indéfini QUI. 7. *défiera tous les milliardaires* : proposition principale. 8. *et c'est moi* : proposition principale ; coordonnée à la précédente par la conjonction ET. 9. *qui le trouverai* : proposition subordonnée relative ; apposition de *moi* ; introduite par le pronom relatif QUI.

La version suivante du *Code* (1965) marie les deux types d'analyses. En se limitant – sage précaution – à la première phrase du même texte *Suprême consolation*, elle part de « l'ensemble de la phrase pour aboutir au mot » à travers une « proposition objet direct » et une cascade de « groupes » fonctionnels dument hiérarchisés : du sujet, du complément circonstanciel (de temps et de lieu), de l'objet (direct et indirect), de l'épithète, du complément déterminatif.

{*Un ingénieur avait rêvé toute sa vie qu'il parviendrait à extraire l'or contenu dans l'eau de mer*. Base de la phrase : *avait rêvé*. Verbe *rêver*, transitif direct, voix active, indicatif plus-que-parfait, 3e personne du singulier}

{{Groupe du sujet : *un ingénieur*. Centre : *ingénieur*, nom commun, masculin singulier. Déterminatif : *un*, article indéfini, se rapporte à *ingénieur*, masculin singulier}}

{{Groupe du complément circonstanciel de temps (en construction directe) : *toute sa vie*. Centre : *vie*, nom commun, féminin singulier. Épithète : *toute* (= « entière »), adjectif qualificatif, se rapporte à *vie*, féminin singulier. Déterminatif : *sa*, adjectif possessif, se rapporte à *vie*, féminin singulier, renvoie à *ingénieur*}}

{{Proposition objet direct : *qu'il parviendrait à extraire l'or contenu dans l'eau de mer*. Base de la proposition : *parviendrait*. Verbe *parvenir*, transitif indirect, voix active, indicatif futur du passé, 3e personne du singulier. Conjonction de subordination : *que*, unit la proposition à la base de la phrase *avait rêvé*. Sujet : *il*, pronom personnel, 3e personne, renvoie à *ingénieur*}}

{{{Groupe de l'objet indirect : *à extraire l'or contenu dans l'eau de mer*. Centre de l'objet indirect : *extraire*. Verbe *extraire*, transitif direct, voix active, infinitif présent. Préposition *à*, unit le centre de l'objet indirect à la base *parviendrait*}}}

{{{{Groupe de l'objet direct de l'infinitif : *l'or contenu dans l'eau de mer*. Centre de l'objet direct : *or*, nom commun, masculin, singulier. Déterminatif : *l'*, article défini élidé, se rapporte à *or*, masculin singulier}}}}

{{{{{Groupe de l'épithète : *contenu dans l'eau de mer*. Centre de l'épithète : *contenu*. Verbe *contenir*, voix passive, participe passé, se rapporte à *or*, masculin singulier}}}}}

{{{{{{Groupe du complément circonstanciel de lieu : *dans l'eau de mer*. Centre du complément circonstanciel de lieu : *eau*, nom commun, féminin singulier. Préposition *dans*, unit le centre au verbe *contenu*. Déterminatif : *l'*, article défini élidé, se rapporte à *eau*, féminin singulier}}}}}}

{{{{{{{Groupe du complément déterminatif : *de mer*. Centre du complément déterminatif : *mer*, nom commun, féminin singulier. Préposition *de* : unit le centre à *eau*}}}}}}}

La dernière mouture du *Code* belge, qualifiée de « pacte grammatical » entre l'enseignement officiel et l'enseignement catholique (1986), se garde bien de remettre la main dans ce guêpier. Les exemples : *Ce pommier porte des pommes. Le jardinier a donné une pomme à sa petite-fille. La petite fille a l'air heureuse. Les enfants sortent de l'école et le confiseur les attend avec joie. Les vacances sont ce que je préfère. On a nommé Paul ingénieur en chef. L'ingénieur comprend que le marché lui échappe. La forêt a été abimée par les tracteurs. J'ai rarement vu Perrine aussi gaie*, etc. revêtent l'allure squelettique que dénonçait déjà Brunot : « Les maîtres savent bien qu'il n'y a d'analyse possible que sur de bons petits textes, préparés et arrangés à l'avance. S'il fallait donner en exercice à une classe quelconque une colonne d'un journal du jour, personne ne serait sûr d'en sortir, ni élève, ni maître, ni directeur ni inspecteur » (1909 : 141).

Les *Nomenclature grammaticale* et *Terminologie grammaticale* françaises de 1975 et 1997 se montrent tout aussi prudentes. La veine semble tarie. L'« humble exercice scolaire » (Lauwers 2004 : 679) allait pourtant trouver un prolongement universitaire dans la grammaire américaine, dont les Européens découvrent les procédures en phases successives.

- Le *distributionalisme* de Bloomfield (1933) et de ses disciples implique une restructuration quasi complète des « classes de mots » sur la base de la commutabilité verticale ou « paradigmatique » (*les roses, douze roses, quelques roses, ces roses, mes roses, quelles roses !...*) et de la combinabilité horizontale ou « syntagmatique » (*les jolies roses, les douze roses, les quelques roses...* mais **les ces roses, *les mes roses...*).
- Les divisions binaires d'une phrase en ses « constituants immédiats » (par exemple *La petite fille regarde le chat* se décompose en *la petite fille + regarde le chat*[1], le syntagme *la petite fille* se décompose en *la + petite fille*, le groupe *petite fille* se décompose en *petite + fille*) garnissent de haut en bas et de bas en haut les compartiments de la « boîte » de Hockett (1958).
- L'étiquetage de la phrase (P) et des syntagmes (en anglais, NP 'noun phrase', VP 'verb phrase' ; en français, SN 'syntagme nominal' *la petite fille*, SV 'syntagme verbal' *regarde le chat*) mène Chomsky (1956) à l'authentique trouvaille graphique de l'« arbre syntaxique », une « manière commode de présenter l'*analyse logique* de la grammaire ancienne-manière » (Picabia & Zribi-Hertz 1981 : 170).
- Les développements de la « théorie X-barre » (Chomsky 1970, Jackendoff 1977) multiplient les branchements de l'arbre pour (i) étager les segments (par exemple le SN à double caractérisation *petite* et *aux cheveux blonds* de *la petite fille aux cheveux blonds*, déchargé du « spécifieur » *la*, inscrit *fille* au niveau inférieur X à 0 barre, *petite fille* au niveau intermédiaire X' à 1 barre, *petite fille aux cheveux blonds* au niveau supérieur X" à deux barres), (ii) rendre visibles les accords (par exemple le « liage » de *la* et *petite* au féminin singulier *fille*, de *aux* et *blonds* au masculin pluriel *cheveux*), (iii) ménager une aire aux transformations : par exemple la passivation *Le chat est regardé par la petite fille aux cheveux blonds*, la projection ou la dislocation *Le chat, la petite fille aux cheveux blonds le regarde*, les focalisations *C'est le chat que regarde la petite fille aux cheveux blonds* ou *C'est le chat qui est regardé par la petite fille aux cheveux blonds* ou *C'est le chat qu'elle regarde, la petite fille aux cheveux blonds*, etc.

Que retenir de ce coup d'œil rétrospectif ? Le bref panorama nourrit en fait une volonté prospective.

---

1 Le grammairien français Claude Buffier avait sur ce plan proprement découvert l'Amérique : « *Un homme qui étourdit avec de frivoles discours a coutume d'ennuyer beaucoup de monde* : tout cela pourrait ce semble être exprimé par ces deux mots, *un babillard ennuie...* » ([3]1714 : 83).

L'ambition du présent ouvrage serait de revivifier la tradition grammaticale française (sans négliger la contribution des francistes allemands) des natures et des fonctions, carrément ignorée dans l'optique américaine, au contact des algorithmes linéaires ou arborescents de Bloomfield, de Chomsky et de leurs épigones Fillmore, Langacker, etc., ayant renoué de leur côté avec la logique cartésienne du sujet et du prédicat. D'exploiter à cet effet l'*incidence* de Guillaume, un mécanisme décrit comme le « mouvement, absolument général dans le langage, selon lequel, partout et toujours, il y a apport de signification et référence de l'apport à un support » (1971 : 137). De solliciter en complément la pragmatique de l'énonciation, qui ancre un énoncé dans une situation de communication. De calquer et de reproduire le plus fidèlement possible, au fil des fractionnements et des réécritures, l'ordre des mots de la phrase.

Notre chapitre 1 traitera de la *phrase*, le chapitre 2 des *mots*, le chapitre 3 des *syntagmes*. Le chapitre 4 tentera de démontrer l'intérêt du parcours à la lumière d'une batterie d'*études de cas* auxquels le lecteur piqué au jeu se sentira peut-être l'envie de contribuer. Le chapitre 5 propose dans cet espoir une série d'*illustrations littéraires*, accompagnées de canevas de solutions. Le but est d'arriver à démêler les énoncés les plus divers, loin des « bons petits textes, préparés et arrangés à l'avance » (*cf.* Brunot ci-dessus), qu'il s'agisse d'un proverbe faussement limpide (citation 1), d'une période proustienne artistement enchevêtrée (citation 2), des engagements oraux d'un futur Président de la République (citation 3), de la foucade d'un comique populaire (citation 4) ou de l'imitation d'une syntaxe enfantine (citation 5).

[1] Le chat parti, les souris dansent.

[2] Et à cette heure où des rayons venus d'expositions et comme d'heures différentes, brisaient les angles du mur, à côté d'un reflet de la plage mettaient sur la commode un reposoir diapré comme les fleurs du sentier, suspendaient à la paroi les ailes repliées, tremblantes et tièdes d'une clarté prête à reprendre son vol, chauffaient comme un bain un carré de tapis provincial devant la fenêtre de la courette que le soleil festonnait comme une vigne, ajoutaient au charme et à la complexité de la décoration mobilière en semblant exfolier la soie fleurie des fauteuils et détacher leur passementerie, cette chambre, que je traversais un moment avant de m'habiller pour la promenade, avait l'air d'un prisme où se décomposaient les couleurs de la lumière du dehors, d'une ruche où les sucs de la journée que j'allais goûter étaient dissociés, épars, enivrants et visibles, d'un jardin de l'espérance qui se dissolvait en une palpitation de rayons d'argent et de pétales de rose. (Proust)

[3] Moi président de la République, je ne serai pas le chef de la majorité, je ne recevrai pas les parlementaires de la majorité à l'Élysée. (Hollande)

[4] Les technocrates, c'est des mecs que, quand tu leur poses une question, une fois qu'ils ont fini de répondre, tu comprends plus la question que t'as posée. (Coluche)

[5] Papa a beaucoup crié, il a dit que je me préparais un bel avenir, ah ! la la !, et que c'était bien la peine de se saigner aux quatre veines pour obtenir des résultats pareils, mais que bien sûr je ne pensais qu'à m'amuser sans me dire qu'un jour il ne serait plus là pour subvenir à mes besoins, et que lui, quand il avait mon âge, il était toujours le premier et que son papa était terriblement fier de mon papa, et qu'il se demandait s'il ne valait pas mieux de me mettre tout de suite comme apprenti dans un atelier de n'importe quoi, plutôt que de continuer à me faire aller à l'école ; et moi j'ai dit que ça me plairait bien de faire l'apprenti. (Goscinny)

Qu'il me soit permis en terminant une mise en garde. Un livre de taille modeste, à visée essentiellement pratique, voire pédagogique, ne prétend pas faire œuvre d'histoire ou d'épistémologie. Les notions grammaticales, sélectionnées en fonction de l'objectif, et le vocabulaire qui les transmet (*phrase, énonciation, énoncé, thème, sujet, attribut, prédicat, apposition*...) ont donné lieu à des interprétations divergentes et quelquefois à d'âpres discussions parmi lesquelles les pages qui suivent, renonçant à la tentation des *excursus* et des controverses, se fraient en toute bonne foi un itinéraire personnel, fruit – c'est sans doute leur seule excuse – de nombreuses années d'enseignement et de recherche, mais qui devraient être escortées à chaque pas de « d'après moi », « à mon avis », « en accord avec X », « en désaccord avec Y » et/ou de renvois à la *Grammaire rénovée du français* (2007) et à la *Grammaire critique du français* (⁵2010) – au demeurant çà et là déjà retouchées.

La prudence née de la multiplication des avertissements finirait à l'encontre du résultat escompté par frôler le narcissisme. Je demande aux linguistes chevronnés ou débutants d'avoir la bonté de s'en souvenir et de rajouter eux-mêmes les clignotants indispensables[2].

2 Le schéma d'analyse qu'on va découvrir a été précédé de plusieurs ébauches : « La leçon de Guillaume : essai de réanalyse logique », dans *Du percevoir au dire. Hommage à André Joly* (1996) – « Pour une analyse logique revisitée » (2001) – « Pour une analyse de phrase intégrante » (2006) – « Essai d'analyse de phrases complexes » (2017). Leur unique intérêt désormais est de baliser un parcours.

LA PHRASE

PRÉAMBULE

Le seul article sur lequel les spécialistes tombent d'accord à propos de la *phrase*, c'est que ne réussissent à la définir ni la syntaxe (l'idée d'un réseau fini de dépendances) ni la sémantique (le mirage du « sens complet » que suffit à dissiper le premier déictique ou le premier pronom anaphorique ou cataphorique venus) ni la phonétique (le mythe d'une intonation stéréotypée « avec montée initiale et descente finale »). Ainsi, dans [1] et [2], les fonctions grammaticales, les précisions sémiques et la courbe mélodique sautent allègrement la borne du ou des points.

> [1] La guerre est une maladie. Comme le typhus. (Saint-Exupéry)
>
> [2] Vieille femme, elle avait les mêmes yeux. Bleus. Froids. Rieurs. (Courtade)

Les travaux portant aujourd'hui sur le français parlé ont renforcé cette conviction[1]. N'empêche, à l'écrit ou lors des transcriptions de l'oral, personne ne met en doute la réalité de *phrases graphiques*, quelle que soit par ailleurs l'importance qu'on voudra leur attribuer. Repartons de là[2].

---

1 Principaux défricheurs : à Aix-en-Provence, le GARS 'Groupe aixois de recherches en syntaxe' (Claire Blanche-Benveniste, José Deulofeu, etc.) ; en Suisse romande, le Groupe de Fribourg (Marie-José Béguelin, Alain Berrendonner, etc.).

2 Mon *Plaidoyer pour la phrase graphique* publié en hommage à Alain Berrendonner (2011) mentionnait en épigraphe la pensée VIII des *Additions aux pensées philosophiques* de Diderot : « Égaré dans une forêt immense pendant la nuit, je n'ai qu'une petite lumière pour me conduire. Survient un inconnu qui me dit : *Mon ami, souffle la chandelle pour mieux trouver ton chemin.* » Manifestement, cette humble loupiote n'a pas eu l'heur de captiver le dédicataire : « …on a tout intérêt, quand on fait de la grammaire, à se défier de la ponctuation typographique : en faire abstraction est un bon moyen de faire émerger des régularités syntaxiques simples » (Groupe de Fribourg 2012 : 301).

PHRASE GRAPHIQUE

Une phrase graphique (notée Σ 'sigma' symbolisant une somme) se constitue de la séquence de mots qui remplit l'intervalle d'une majuscule initiale à un point final. L'exemple [1] ci-dessus compte deux phrases graphiques et l'exemple [2] en totalise quatre. Bien sûr, comme le français ne réserve pas plus l'usage des majuscules à l'initiale de phrase que le point à la finale, d'inévitables tâtonnements s'annoncent au moment du repérage. Les majuscules décorent normalement les noms propres : *Pierre, Marie, Paris, les Bourbons...*, marquent ou simulent le respect : *le Président de la République, le Roi des Bleus, la Statue de la Liberté...*, créent des allégories : *la Mort, les Victoires...*, coupent et entament les vers : « La Cigale, ayant chanté / Tout l'été... » (La Fontaine). Les points d'interrogation, d'exclamation et de suspension sont admissibles en position intérieure. Le point lui-même sert aux sigles : *P.C.F.* 'parti communiste français', *F.O.* 'force ouvrière', *S.P.Q.R.* 'senatus populusque romanus'..., à diverses abréviations : *cf.* 'confer', *M.* 'monsieur', *p.* 'page'..., et, depuis peu, le point bas ou le point médian à l'« écriture inclusive » du féminisme militant. Il conviendra donc de vérifier côté gauche que le mot muni de la majuscule, susceptible ou non de la perdre (hors fantaisies typographiques), commence le texte ou suit un point autre que le point d'abréviation. Côté droit, le rôle des points d'exclamation, d'interrogation et de suspension devra être testé à la majuscule ou à la minuscule du mot d'après... ou d'une doublure de ce mot si la majuscule en est inséparable (ou s'il est imprimé en capitales). Une démarche besogneuse mais à l'expérience assez rapide.

La phrase graphique est un artéfact. La décision de la construire appartient souverainement à l'écrivain. Cette liberté, Cavanna la revendiquait en l'illustrant de façon savoureuse :

> Quand tu t'aperçois que tu te perds en un labyrinthe tortillant, que les incidentes, les mises en apposition, les subordonnées conjonctives et les relatives s'emmêlent et ne mènent à rien qu'au galimatias, alors, arrête-toi. Ferme les yeux. Respire un grand coup. Deux, trois grands coups, bien profonds. Et distribue des points. De beaux gros points ronds. (*Mignonne, allons voir si la rose...*, Paris, Albin Michel, 2e éd., 2001, p. 47-48)

Face au *diktat* des « beaux gros points ronds », le lecteur ou le grammairien descripteur n'a pas le choix, il lui faut s'incliner... et se débrouiller en conséquence[3]. Plusieurs indications l'y aideront, à commencer par la dichotomie des *phrases uniques* et des *phrases multiples.*

PHRASE UNIQUE ET PHRASE MULTIPLE

La phrase graphique Σ est phrase unique aussi longtemps qu'elle ne juxtapose ou ne coordonne pas en une phrase multiple (notée Π 'pi') un chapelet de phrases composantes 1°P, 2°P, 3°P... dont la somme égale Σ.

> Exemples de phrases uniques (outre, p. 21, les deux phrases numérotables 1°Σ, 2°Σ de [1] et les quatre phrases numérotables 1°Σ, 2°Σ, 3°Σ, 4°Σ de [2]) : *Pierre aime Marie* (1°Σ). *Marie ne l'aime pas* (2°Σ). *Elle préfère Nestor* (3°Σ).
>
> Exemple de phrase multiple à trois composantes : *Pierre aime Marie, mais Marie ne l'aime pas, elle préfère Nestor* (coordination par *mais* de 2°P *Marie ne l'aime pas* à 1°P *Pierre aime Marie* – la virgule qui précède la conjonction lui abandonnant après une pause la priorité –, puis juxtaposition par la virgule de 3°P *elle préfère Nestor* à 2°P *Marie ne l'aime pas*).

Une variété de phrase multiple mérite une mention spéciale du fait qu'elle incorpore à l'une de ses composantes 1°P, 2°P, 3°P... un bloc indifféremment constitué d'une phrase unique, d'une phrase multiple ou de plusieurs phrases. Appelons-la *phrase gigogne* (notée ◊ – le losange, symbole de la gravidité). Dans par exemple [3], des virgules emboitent à 1°P une phrase unique 2°P *j'ai tant souffert.* Dans [4], une seconde phrase gigogne 2°◊ est emboitée à 1°◊ par des tirets et la deuxième composante de 2°◊ est emboitée à la première composante par des parenthèses[4]. Dans

---

3 Voir p. 37-39. Quitte à redresser le cas échéant une ponctuation défaillante, notamment – mais pas seulement (*cf.* l'exemple [8] au chapitre 5) – dans les restitutions forcément approximatives de l'oral, comme celle-ci : « On entendit d'abord un intellectuel sérieusement frotté de linguistique [...], donc un brillant intellectuel, qui citait avec délectation Saussure et les présocratiques, décréta que [...] notre époque ne saurait se contenter d'une telle pauvreté » (< Groupe de Fribourg). Le rattachement par la virgule de *donc un brillant intellectuel* à *un intellectuel sérieusement frotté de linguistique* l'empêche de servir de sujet à *décréta*.

4 Voir l'analyse [27] au chapitre 4.

l'extrait [5], ce sont trois phrases graphiques que le segment *quand sa femme lui disait* empaquète entre guillemets après les deux-points.

> [3] Oh ! la vie d'aventures qui existe dans les livres pour enfants, pour ma récompense, j'ai tant souffert, me la donneras-tu ? (Rimbaud)
>
> [4] Si la raison s'oppose au dogme – et c'est, il me semble, le cas (car si elle ne s'y opposait point, pourquoi donc exiger de la foi, où le simple bon sens et le raisonnement suffiraient) – l'Église est contrainte d'évoluer avec la raison. (Bernanos)
>
> [5] Quand sa femme lui disait : « Mon avis est que tu as fait assez de sacrifices, mon ami. – Jamais ! s'écriait-il. Qui trouvera ce secret défiera tous les milliardaires, et c'est moi qui le trouverai. » (Brunot et Bony)

Un problème surgit à ce stade. Reprenons l'exemple [2] donné *supra*[5]. L'intégration à la 1°Σ *Vieille femme, elle avait les mêmes yeux* des 2°Σ *Bleus*, 3°Σ *Froids*, 4°Σ *Rieurs* ou, concrètement, l'amalgame de l'ancienne 2°Σ à l'ancienne 1°Σ, la juxtaposition de l'ancienne 3°Σ à l'ancienne 2°Σ et la coordination de l'ancienne 4°Σ à l'ancienne 3°Σ : *Vieille femme, elle avait les mêmes yeux bleus, froids et rieurs*, change-t-elle et changent-ils les quatre phrases uniques en une phrase multiple ? Non. L'exigence pour 1°P, 2°P, 3°P… de Π est, à l'égal de 1°Σ, 2°Σ, 3°Σ…, celle d'une *énonciation* et d'un *énoncé* autonomes. Nous y insisterons *infra*.

Auparavant, les exemples [3], [4] et [5] font apparaitre la nécessité d'une autre bifurcation : la *phrase simple* vs la *phrase complexe*.

PHRASE SIMPLE ET PHRASE COMPLEXE

La vieille grammaire – mais nombre de publications modernes en sont toujours là – utilisait le terme d'inspiration logique de *proposition*, c'est-à-dire une déclaration vérifiable, falsifiable ou indécidable. Elle énumérait ensuite des « propositions indépendantes » (ou « absolues »), des « propositions principales » et des « propositions subordonnées ».

Les deux dernières étiquettes surtout sont trompeuses.

---

5 *Cf.* p. 21.

- D'une part, il arrive que la « principale » délestée de sa ou de ses « subordonnées » ne soit pas viable. Buyssens (1975) invoquait la phrase *Que je pense implique que je suis*, dont, une fois ôtées les « subordonnées » *que je pense* et *que je suis*, ne subsiste en guise de « principale » que le verbe *implique*. Les rédacteurs du *Code de terminologie grammaticale* de 1949[6] ne craignaient pas, eux, de postuler pour *Mon avis est que tu as fait assez de sacrifices, mon ami*, malgré la copule *est* réclamant un prolongement (*est* ≠ « existe » de *Que la lumière soit ! Et la lumière fut*, etc.), une « principale » *Mon avis est, mon ami*.
- D'autre part, « subordonnée » a le désagrément de sous-entendre, en plus d'une dépendance syntaxique, une infériorité informative qui n'est pas toujours de mise. Qu'ajoute à l'interrogation « directe » *À votre avis, Nestor aime-t-il Marie ?*, sa formulation « indirecte » *Croyez-vous que Nestor aime Marie ?* Une réponse *oui* ou *non* renseigne sur l'amour que Nestor porte ou ne porte pas à Marie plutôt que sur la connaissance qu'en a ou n'en a pas l'interlocuteur. Le subterfuge grammatical de la « subordination inverse » (Gougenheim 1938), quand la « subordonnée » formelle en *que* est censée jouer le rôle de la « principale », sonne comme un aveu : « Le cardinal n'avait pas gagné la porte, que ses larmes, violemment retenues, débordèrent » (Chateaubriand) ou « Vous m'interrogeriez cent fois que je vous ferais toujours la même réponse » (Beaumarchais) sont glosés "les larmes du cardinal débordèrent avant qu'il eût gagné la porte", "je vous ferais toujours la même réponse, dussiez-vous m'interroger cent fois", etc.

Une meilleure subdivision sera dès lors celle de la phrase simple (l'ex-« proposition indépendante ») vs la phrase complexe, qui insère une ou plusieurs *sous-phrases* (les ex-« propositions subordonnées ») à une *phrase matrice* (l'ex-« proposition principale »), munie d'un logement (noté Δ 'delta' – le symbole mathématique d'une différence entre deux grandeurs) capable de revalider les phrases amputées *implique* ou *Mon avis est, mon ami* de ci-dessus : Δ *implique* Δ et *Mon avis est* Δ, *mon ami*.

L'introduction d'une sous-phrase dans la phrase matrice s'effectue de deux manières.

---

6 *Cf.* p. 14.

– Ou bien par un *enchâssement* à l'aide d'un mot *enchâsseur* : 1° conjonction, ne détenant aucune fonction à l'intérieur de la sous-phrase ; 2° adjectif, 3° pronom, 4° adverbe, occupant une fonction à l'intérieur de la sous-phrase. Plus les sous-phrases en asyndète (*i.e.* « non liées ») ou à enchâsseur zéro : *n'était* = « s'il n'y avait », *si charmante soit-elle* = « quel que soit son charme », etc.

Exemples d'incision : *Pierre, dit-on, aime Marie* (phrase matrice *Pierre*, Δ, *aime Marie* ; sous-phrase incise *dit-on*). « J'ai rêvé, *savez-vous*, d'incroyables Florides » (Rimbaud) [*vs* les incidentes de par exemple « Si j'avais (*à Dieu ne plaise !*) vingt ans de moins » (Bernanos) ou « Elle souffleta, *flic-flac !* / Le garçon d'honneur / Qui, par bonheur, / Avait une tête à claques » (Brassens)].

Exemples d'enchâssements : Pierre sait maintenant de quelle jeune fille Nestor est aimé (phrase matrice Pierre sait maintenant Δ ; sous-phrase à enchâsseur adjectival ou, en bref, sous-phrase adjectivale de quelle jeune fille Nestor est aimé). Pierre a rencontré une jeune fille qu'il aime mais qui ne l'aime pas (phrase matrice Pierre a rencontré une jeune fille Δ ; sous-phrases à enchâsseur pronominal ou sous-phrases pronominales coordonnées qu'il aime mais qui ne l'aime pas)[7]. Pierre sait combien Marie aime Nestor (phrase matrice Pierre sait Δ ; sous-phrase à enchâsseur adverbial ou sous-phrase adverbiale combien Marie aime Nestor). Pierre prétend que Nestor n'aime pas Marie (phrase matrice Pierre prétend Δ ; sous-phrase à enchâsseur conjonctionnel ou – pour unifier la série – sous-phrase conjonctivale Nestor n'aime pas Marie)[8].

---

7 Le pronom enchâsseur ne mérite l'épithète de *relatif* que s'il « relie » effectivement la sous-phrase à un « antécédent » de la phrase matrice (*une jeune fille* dans *Pierre a rencontré une jeune fille qu'il aime*, la source aussi du « relatif décumulé » *une jeune fille que je t'en ai parlé* ou du « relatif universel » *une jeune fille que je t'ai parlé* – le pronom *que* seulement privé de fonction dans la sous-phrase : voir l'exemple [47] au chapitre 4), à l'exclusion, donc, des « relatives sans antécédent » *Qui vivra verra* ou *Qui dort dine*, etc., contradictoires *in adjecto*. Mieux vaut s'en tenir à l'appellation passe-partout de *sous-phrase pronominale*, recouvrant le « pronom interrogatif » de par exemple *Pierre ignore qui Marie aime* (*cf.* p. 30-31, 2, b) et, si l'on veut, l'enchâsseur Ø 'zéro' du français relâché : *Pierre a rencontré une jeune fille on peut pas ne pas l'aimer* = « qu'on ne peut pas ne pas aimer ».

8 L'adverbe *quand* et la conjonction homonyme de par exemple *Dites-moi quand vous viendrez* = « la date de votre venue » (sous-phrase adverbiale) et *Quand vous viendrez, nous en reparlerons* = « lors de votre venue » (sous-phrase conjonctivale) confèrent des fonctions différentes à la sous-phrase *quand vous viendrez*, respectivement complément « d'objet direct » et complément « circonstanciel de temps » du verbe matriciel (c'est-à-dire complément nucléaire et complément linéaire : voir p. 70-73).

ÉNONCIATION ET ÉNONCÉ

L'énonciation est l'enveloppe ou le contenant de la phrase. L'énoncé en est le contenu. Le binôme requiert une explicitation attentive.

ÉNONCIATION

Analogue en gros au « modus » – vs le « dictum » – de Bally (1932) et aux « embrayeurs » de Jespersen (1924), de Jakobson (1963), de Benveniste (1966), etc., l'énonciation arrime un énoncé au triple point de vue (1) de la personne (*qui ?*), (2) du temps (*quand ?*), (3) de la modalité (*comment ?*).

Personne

L'individu qui endosse l'énonciation est l'*énonciateur*, subsidiairement locuteur (à l'oral)[9] ou scripteur (à l'écrit) et habituellement producteur, mais pas toujours, car l'énonciateur se dissocie du producteur physique s'il en reçoit ou en répercute les paroles, par exemple un ventriloque (producteur) et sa marionnette (énonciatrice) : *Tu me chatouilles avec ta main dans mon ventre !...*, une amante (énonciatrice) déçue des tergiversations de son soupirant (producteur de l'antienne *je t'aime, Marie*) : *« Je t'aime, Marie, je t'aime, Marie », c'est vite dit, Pierre, alors, prouve-le, épouse-moi !...*, un énonciateur indiscret feignant la contrition que lui souffle le producteur : *De quoi j'me mêle !...*, un avocat producteur doublant théâtralement son client énonciateur : *Non, monsieur le juge, je ne suis pas coupable*, etc.

L'énonciateur distribue comme un metteur en scène les acteurs ou les « actants » (Tesnière) de l'énoncé : personnes 1 (*je* : l'énonciateur est premier actant), 2 (*tu* : l'énonciateur et le deuxième actant sont en présence), 3 (*il* ou *elle* : le troisième actant est absent ou rendu absent par l'énonciateur), 4 (*nous* : l'énonciateur est un des actants – le seul en cas de *nous* « de majesté » ou « de modestie » – ou s'entoure d'un chœur d'énonciateurs-actants : le serment collectif *Nous le jurons !...*), 5 (*vous* : multiplication réelle ou

9 Oswald Ducrot (1980) a fait le choix malheureux – c'est souvent le lot des pionniers – de *locuteur* pour désigner « celui qui dit *je* », *énonciateur* se voyant dévolu chez lui aux responsables des « points de vue » ou des attitudes argumentatives.

fictive – le *vous* « de politesse » – des actants présents), 6 (*ils* ou *elles* : multiplication des actants absents ou rendus absents).

Dès qu'une voix étrangère parasite l'énonciation, l'interférence déclenche la « polyphonie » (Bakhtine) en général, rejetant par exemple sur autrui la responsabilité de l'énoncé : le « conditionnel de la rumeur » *Marie aimerait Nestor* ou *Le tremblement de terre aurait fait des centaines de victimes*..., les incises *dit-il, répondit-elle*..., les restrictions *à l'entendre, à l'en croire, sic*..., les guillemets, les italiques..., et occasionne en particulier les subtilités du « discours rapporté » (en abrégé DR), qui suscite à l'ombre de l'énonciateur un candidat à l'énonciation plus ou moins intrusif : le *discoureur* (l'« œuf de Colomb » terminologique de Wilmet ^{5}2010 : § 543-544). Cette émulation s'exerce au rebours de la filière historiquement clichée du DD 'discours direct', DI 'discours indirect', DIL 'discours indirect libre', DDL 'discours direct libre', à quoi des stylisticiens ont encore adjoint un DN 'discours narrativisé' et un DA 'discours absorbé'. Dans l'ordre d'une rivalité croissante du discoureur envers l'énonciateur : DN → DA → DIL → DDL → DI → DD.

Exemples de DR (l'énonciateur anonyme identifiable par défaut et Pierre discoureur) :

– DN. *Pierre a dit son amour à Marie.* L'énonciateur synthétise à sa façon l'aveu du discoureur.

– DA. *Pierre s'est contenté de dire bonjour à Marie.* L'énonciateur utilise un mot effectivement prononcé ou de toute façon prononçable par le discoureur.

– DIL. *Pierre regarde Marie à la dérobée. Il l'aime ! Va-t-il enfin oser le lui dire ?* L'énonciateur ouvre d'une exclamation (2°Σ) et d'une interrogation (3°Σ) un espace au discoureur.

– DDL. *Pierre regarde Marie à la dérobée. Je l'aime !* (ou *Je t'aime !*). *Vais-je enfin oser le lui dire ?* (ou *...te le dire ?*). L'énonciateur de 1°Σ n'assume vraisemblablement pas les 2°Σ et 3°Σ du discoureur (sans que ce soit exclu : il pourrait lui aussi être amoureux de Marie... ou de Pierre).

– DI. *Pierre a osé dire à Marie qu'il l'aimait* ou *Pierre a osé dire à Marie qu'il l'aime.* L'énonciateur tient en bride le discoureur, confiné en tant qu'énonciateur à la sous-phrase de la phrase complexe, qu'il lui laisse (*aimait*) ou lui refuse (*aime*) la « concordance ».

– DD. *Pierre a osé dire à Marie : « Je t'aime ».* L'énonciateur consent à l'émancipation du discoureur, promu sous son contrôle énonciateur de la 2°P de la phrase gigogne[10].

---

10 Il se pourrait que le discoureur ne fasse qu'un avec l'énonciateur. Par exemple, en DI, *Moi, Pierre, j'ai osé dire à Marie que je l'aimais* (ou *que je l'aime*, perpétuant le sentiment) ; et en DD : *J'ai osé dire à Marie : « Je t'aime »* (comparer l'analyse [46] au chapitre 4).

Temps

Le *temps* trouve le véhicule principal d'un verbe – en allemand, *Zeitwort* 'mot de temps'. Nous y revenons amplement au chapitre 2[11]. Vu que la nomenclature française décerne concurremment à *présent* et à *passé* une acception chronologique et une acception morphologique, l'essentiel sera de ne pas prendre *temps* au sens de « temps de conjugaison » (le *tense* des Anglais, le *Tempus* des Allemands, les « tiroirs » *savez, sûtes, saviez, saurez, sauriez, avez su*, etc. de Damourette & Pichon).

Acception chronologique : (indicatif) présent *marche/marchons...* ; (indicatif) passé simple *marchai*, passé composé *ai marché*, passé antérieur *eus marché...* Acception morphologique : *présent* = « simple » de l'infinitif présent *marcher*, du participe présent *marchant*, du subjonctif présent *marche/marchions*, de l'impératif présent *marche*, du conditionnel présent *marcherais...* ; *passé* = « composé » de l'infinitif passé *avoir marché*, du participe passé *ayant marché*, du subjonctif passé *aie marché*, de l'impératif passé *aie marché*, du conditionnel passé *aurais marché...*

Modalité

Trois options mutuellement exclusives s'offrent à l'énonciateur : (1) l'*assertion*, (2) l'*interrogation*, (3) l'*injonction*.

On ne verra pas dans l'exclamation, qui ponctue l'injonction et se superpose éventuellement à l'assertion ou à l'interrogation, une des modalités de la phrase mais un placage émotif, néanmoins capable de mettre en doute la plausibilité d'une assertion ou d'une interrogation : *Marie aime Nestor !* ou *Pierre n'aime plus Marie ? !* (avec cumul des points d'interrogation et d'exclamation) = « je n'en crois pas mes oreilles ».

(1) L'assertion (de préférence à *affirmation*, l'opposite de *négation* en langage courant) certifie un contenu positif ou négatif : *Nestor aime Marie* = « j'assure que l'énoncé *Nestor aime Marie* est vrai ». *Nestor n'aime pas Marie* = « j'assure que l'énoncé *Nestor aime Marie* est faux ».

Cette coïncidence supprimerait le DIL et le DDL : *Je regarde Marie à la dérobée. Je l'aime ! Vais-je enfin oser le lui dire ?* (ou *Je t'aime !* et *Vais-je enfin oser te le dire ?*) s'il n'y avait la ressource d'un *tu* de deuxième personne pour suggérer un discoureur témoin dédoublant l'énonciateur : *Je regarde Marie à la dérobée. Tu l'aimes ! Vas-tu enfin oser le lui dire ?...*

11 *Cf.* p. 51-55.

(2) L'interrogation hésite ou feint d'hésiter quant aux contenus. Elle est totale (en attente d'une réponse *oui, non, si, peut-être, l'un et l'autre, l'une ou l'autre*…) ou partielle (en attente d'une réponse à *qui ? quand ? comment ?*, etc.) et syntaxiquement (a) « directe » (i.e. phrastique) ou (b) « indirecte » (*i.e.* sous-phrastique, enchâssant dans une phrase matrice, non nécessairement interrogative elle-même, une sous-phrase complément du verbe[12]).

(a) L'interrogation phrastique partielle ne porte que sur un sujet[13], un attribut[14] ou un complément[15]. L'interrogation phrastique totale débat des assertions correspondantes. Par exemple *Nestor aime-t-il Marie ?* incline le positif *Nestor aime Marie* vers le négatif *Nestor n'aime pas Marie*, et *Nestor n'aime-t-il pas Marie ?* redresse le négatif *Nestor n'aime pas Marie* vers le positif *Nestor aime Marie.* Dialectique ou percontative, elle équilibre la balance. Rhétorique, elle préjuge d'une réponse positive ou négative. Fictive, elle invite à un comportement : *Vous avez l'heure ?* = « quelle heure est-il ? », *Vous n'auriez pas dix centimes ?* = « une petite charité, s.v.p. » (imaginer l'effet d'un *oui* ou d'un *si* non suivis d'une information ou d'une obole !), etc.

Ces interrogations occupent tous les « niveaux de langue » du français. Registre classique : *Nestor aime-t-il Marie ?* ou *Qui Marie épousera-t-elle ?*… Registre usuel : *Est-ce que Nestor aime Marie ?* ou *Qui est-ce que Marie épousera ?*… Registre familier : *Nestor aime Marie ?* ou *Marie épousera qui ?*… Registre populaire ou vulgaire : *C'est-ti que Nestor aime Marie ?* ou *Qui c'est(-ti) que Marie épousera ?*…

(b) L'interrogation sous-phrastique partielle utilise un adjectif, un pronom ou un adverbe qui serait interrogatif en phrase simple ou en phrase matrice : *quel, lequel* (plus leurs variantes en genre et en nombre : *laquelle, lesquels*…, et les contractions : *auquel, duquel*…), *qui, quoi, combien, quand, où, comment, pourquoi* et *ce que* (transformant le *que* de l'interrogation phrastique : *Que voyez-vous ?* ⇨ *Dites-nous ce que vous voyez*…), *ce dont* (ressuscitant le *dont ?* interrogatif = « d'où ? » de l'ancien français) : *J'ai oublié de quoi il a parlé* ou *J'ai oublié ce de quoi il a parlé* ⇨ *J'ai oublié ce dont il a parlé*), *ce qui* (correspondant à *qu'est-ce qui ?* de

12 *Cf.* p. 68.
13 *Cf.* p. 32, 1.
14 *Cf.* p. 32, 1.
15 *Cf.* p. 70-72.

l'interrogation phrastique : *Qu'est-ce qui se passe ?* ⇨ *Dites-nous ce qui se passe…*). L'interrogation sous-phrastique totale recourt à la conjonction *si*, cet enchâsseur ayant la propriété de marquer en toutes circonstances une indécision entre deux énoncés de sens contraire. Par exemple *Dites-moi si Pierre viendra* = « oui ou non », et aussi le *si* « hypothétique » de *S'il ne pleut pas, nous partirons en balade* ou *Si tu as soif, il y a de la bière au frigidaire*[16].

(3) L'injonction informe l'allocutaire du sentiment de l'énonciateur (un « acte de langage » dit « illocutoire » depuis Austin 1970) : *Puisse Nestor (ne jamais) consentir à épouser Marie !…*, ou entend obtenir de son bon vouloir une réaction appropriée (« acte de langage » dit « perlocutoire ») : *Nestor, (ne) refuse (pas) d'épouser Marie !…*

ÉNONCÉ

L'énoncé est comparable, dans son agencement maximal, à un pont dont le premier pilier figurerait le *thème* (au sens propre du grec *théma* 'socle, soubassement', pas au sens technique devenu commun, gros de cacophonies et de chicanes, d'« élément connu » ou d'« idée qu'on développe »), le tablier la *copule* (du latin *copula* 'lien')[17], le second pilier le *rhème* (du grec *rhéma* 'parole, verbe, prédicat') et l'ensemble de l'ouvrage la *prédication.*

Différents modèles de prédications coexistent. Une typologie se révèle indispensable.

---

16 *Cf.* p. 56.

17 Port-Royal (1660 et 1662) posait que tout verbe inclut le « verbe substantif » *être.* Le postulat a souffert de paraphrases aussi lourdaudes que *J'ai envoyé la lettre* = « je suis ayant envoyé la lettre » ou *Nous avons vaincu les ennemis* = « nous sommes ayant vaincu les ennemis » (citées *supra*, *cf.* p. 13). La « subduction exotérique » de Gustave Guillaume, *i.e.* l'antériorité notionnelle du verbe *être* « par rapport aux autres verbes » (^{2}1969 : 74), y obvie le plus simplement du monde en notant qu'il faut « *d'abord* être pour pouvoir *ensuite* se mouvoir, aller, venir, marcher, manger, boire, dormir, jouir, souffrir, voir, regarder, entendre, écouter, sentir, penser, etc. » (italiques de l'auteur).

TYPOLOGIE DES PRÉDICATIONS

La division fondamentale : (1) *prédication première* (à maximum trois termes), (2) *prédication seconde* (à maximum deux termes).

PRÉDICATION PREMIÈRE

Quand elle exhibe ses termes, elle est, disons, *ouverte*. Opaque et dissimulant ses termes, elle est *fermée*.

Prédication ouverte

La prédication première ouverte est (1) *complète* (à trois termes) ou (2) *incomplète* (à deux termes ou à un terme).

(1) Complète, elle établit le rapport d'un rhème apport à un thème support par le truchement d'un verbe. Qu'une copule soit ou non visible, le verbe institue un *prédicat*, duquel la copule visible détache un rhème *attribut* : par exemple le prédicat *a épousé Arthur* dans *Marie a épousé Arthur* mais le prédicat *est jolie* et l'attribut *jolie* dans *Marie est jolie*, le prédicat *est la dulcinée de Pierre* et l'attribut *la dulcinée de Pierre* dans *Marie est la dulcinée de Pierre.*

> Copule universelle : *être*. Sont copules au rang 2 : *paraitre* et *sembler* = « donner l'impression d'être », *demeurer* et *rester* = « continuer à être », *devenir* = « en arriver à être » (et *redevenir* = « en arriver une deuxième fois à être »). Sont copules au rang 3 : *faire, passer (pour), apparaitre (comme), avoir l'air (de)...*, synonymes de *paraitre, sembler*, et *tomber, tourner* (régional), *virer* (populaire) synonymes de *devenir*.

Le thème de la prédication première est le *sujet*. L'inversion ne lui ôte pas sa qualité, un « pont » se franchissant de gauche à droite ou de droite à gauche : *Marie viendra demain* et *Quand viendra Marie ?* (sujet *Marie*) ou « Ainsi se tenait, devant ces bourgeois épanouis, ce demi-siècle de servitude » (Flaubert) [sujet *ce demi-siècle de servitude*], etc.

Aucun des qualificatifs qu'à l'occasion on accole au sujet : *grammatical*, *logique*, *sémantique* ou *psychologique*, n'en est condition nécessaire ou condition suffisante[18]. Le « sujet grammatical » donne au verbe sa personne et son nombre. Le « sujet logique » reçoit l'assertion, l'interrogation ou l'injonction. Le « sujet sémantique » est l'agent du verbe. Le « sujet psychologique » ressort de la mise en évidence par un focalisateur *c'est... qui, il y a... qui* : *C'est/il y a Marie qui aime Arthur...* Leur intérêt réside dans ce qui a été appelé, en grec la *diathèse*, en français la *voix* et quelquefois aujourd'hui, abusivement, sous l'influence anglaise de *topic* 'topique', la *topicalisation* (seulement adaptée à la plantation d'un décor ; par exemple *moi* et *ma mère* dans *Moi, ma mère, son vélo, il est bleu* ou *le nez de Cléopâtre* chez Pascal : « Le nez de Cléopâtre, s'il eût été plus court, toute la face de la terre aurait changé », etc.).

Nos futures analyses se dispenseront de ces données, mais, si l'on voulait brosser rapidement un tableau des voix, la *voix active* s'élabore sur un sujet (1) grammatical, (2) logique et facultativement (3) sémantique (*Pierre* agent de par exemple *Pierre chasse le lièvre* et patient de *Pierre essuie des rebuffades*) ; la *voix passive*, sur un sujet (1) grammatical, (2) logique, jamais (3) sémantique (par exemple *Marie est harcelée par Pierre*) ; la *voix moyenne*, sur un sujet (1) grammatical, (2) logique, éventuellement (3) sémantique (toujours patient en plus d'agent : comparez *Pierre s'écoute parler* = « il est parleur et auditeur » et *Pierre s'écoute agréablement* = « il a des auditeurs séduits »). Des deux constructions combinables avec les précédentes, la *voix factitive* de par exemple *Marie fait enrager Pierre* a un sujet (1) grammatical, (2) logique et obligatoirement (3) sémantique, et la *voix impersonnelle* de *Il pleut* ou *Il tombe des cordes*, etc., n'a qu'un sujet grammatical.

---

18 Des commentateurs ont pensé faire du sujet grammatical une condition nécessaire et du sujet psychologique une condition suffisante. Cela se discute. – Le « sujet apparent » des grammaires scolaires (par exemple *il* de *Il tombe des cordes*, vs le « sujet réel » *des cordes* répondant à la question « qui ou qu'est-ce qui tombe ? »), démuni de sujet logique (rien n'en est allégué), de sujet sémantique (il n'agit pas) ou de sujet psychologique (la focalisation lui est refusée : **C'est lui qui pleut*), reste au moins, c'est vrai, sujet grammatical de *pleut*. Mais le pronom *ce* ne dicte pas l'accord dans la présentative *Ce sont mes amis* ou dans l'équative « L'enfer, ce sont les vacances » (qu'Escarpit lançait en réplique à « L'enfer, c'est les autres » de Sartre). Sous peine d'octroyer au verbe le pouvoir de sélectionner un sujet (le singulier *ce* dans « L'enfer, c'est les autres », le pluriel *les vacances* dans « L'enfer, ce sont les vacances »...), on préfèrera conserver *ce* sujet dans les deux cas et endosser le phénomène de l'accord à la démission en faveur de l'attribut d'un pronom au sémantisme ténu. – Dans les permutations comme *Paris est la capitale de la France* et *La capitale de la France est Paris*, la focalisation attendue serait *C'est Paris qui est la capitale de la France* (*Paris* « foyer »). Ordonne-t-elle toujours *Paris* sujet et *la capitale de la France* attribut ? Pas nécessairement. La focalisation moins naturelle *C'est la capitale de la France qui est Paris* (*la capitale de la France* « foyer ») est possible pour signifier « n'allez pas orner du nom de Paris telle ou telle bourgade du Texas, il revient en pleine propriété à la capitale de la France ».

(2) La prédication première incomplète omet – un souci d'économie ou d'expressivité, sinon que l'absence ou l'effacement d'un sujet est contrainte dans les infinitifs : *Être ou ne pas être*..., dans les impératifs : *Écoutez-moi*..., dans les présentatifs figés *voici/voilà*) – le sujet, le verbe ou le prédicat.

Exemples d'omission du sujet : *Connais pas* (l'ignorance ne peut avoir d'autre siège que l'énonciateur). *Bistouri !* (un chirurgien affairé en cours d'opération). *A voté* (inutile de claironner le nom du votant à la sortie de l'isoloir !). *Interdit d'interdire* (slogan apocryphe de Mai 68). *Gloire à la République !* (ovation). *Battue monstre pour retrouver la trace des deux fillettes disparues* (légende de photographie : l'image tient lieu de thème non lexical). *Maison à vendre* (*idem* de l'immeuble sur lequel est collée l'affichette).

Exemples d'omission du verbe : *Marie joue du piano et Pierre de l'accordéon* : non-répétition de *joue* dans la composante 2°P coordonnée à la composante 1°P de la phrase multiple[19]. « Le presbytère n'a rien perdu de son charme ni le jardin de son éclat » (Leroux) : non-répétition de l'auxilié *(rien) perdu*. Aussi non-répétition de la copule : *Pierre est à la maison et Marie en promenade. Je suis à vous comme la sardine à l'huile* (plaisanterie fondée sur le quiproquo grammatical des fonctions prédicative et déterminative[20]). « Les chats puissants et doux, orgueil de la maison, / Qui comme eux sont frileux et comme eux sédentaires » (Baudelaire) [= "sont sédentaires"][21], etc.

Exemples d'omission du prédicat : – *Qui a crié ?* – *Nestor* (réplique du tac au tac). Les titres de romans, de poèmes, d'articles de journaux... annoncent un développement rhématique de la dimension du roman, du poème ou de l'article subséquents : *Les Misérables. La Cigale et la Fourmi. Naufrage du Titanic*...

Prédication fermée

Les phrases à prédication fermée se laissent déployer sur le modèle assertif, interrogatif ou injonctif : les « interjections[22] » *Aïe !* = « j'ai mal », *Allo ?* = « qui est à l'appareil ? », *Ouste !* = « débarrasse le plancher »... ; *Oui* = « je confirme », *Non* = « j'infirme », *Si* = « je conteste » (les seuls normalement admissibles en sous-*phrase*, compte non tenu des frasques

19 *Cf.* p. 23-24.

20 *Cf.* p. 78-79, 1, 2.

21 La *Grammaire critique du français* (⁵2010 : § 586) pensait pouvoir rétablir une copule *être* effacée dans *Moi Tarzan, toi Jane* (le « petit nègre » = « je suis Tarzan, tu es Jane »). *Mère décédée. Retour souhaité* (style télégraphique). *Prochaine station : Bastille* (style administratif). *Vous ici ?* = « quelle surprise ! », etc. À la réflexion, ces exemples et d'autres (*Combien, cette voiture ? À quand le mariage ?*...) illustreraient plus exactement la prédication seconde citée à la page 35.

22 *Cf.* p. 48.

stylistiques : « Elle se dit qu'Hippo aurait mieux fait de l'étrangler pour de bon. *Que vieille conne* » [Vautrin *apud* Rosier 1999]).

Des phrases à prédication incomplète (par exemple *Bonjour !* = « je vous dis bonjour », ou *Chapeau !* = « votre chapeau me gêne la vue ») aux « interjections » (phrases à prédication fermée ; par exemple *Bonjour les dégâts !* = « gare aux dégâts ! », ou *Chapeau !* = « bravo ! » mais aussi « je vous tire mon chapeau »), la frontière est poreuse. Le critère des dernières est le codage du contenu, c'est-à-dire l'impossibilité d'obtenir le sens désiré par addition de sèmes ou assemblage de mots.

PRÉDICATION SECONDE

Greffée sur la prédication première, la prédication seconde convoie comme elle un rhème apport et un thème support mais se passe de copule. Son rhème est l'*apposition* et son thème est l'*apposé*, deux fonctions assez malmenées, qui méritent qu'on s'y arrête.

Apposition

Familière aux Danois (le « nexus » de Jespersen) et connue de la linguistique américaine (les « small clauses » 'petites phrases'), l'apposition demeure à certains égards incroyablement sous-estimée en grammaire française, et à d'autres égards surestimée.

- La responsabilité de la sous-estimation incombe à la grammaire scolaire. Préoccupée d'orthographe, elle se devait d'expliquer que par exemple le vers « Femme, moine, vieillards, tout était descendu » (La Fontaine, *Fables*, VII, 9) accorde le verbe avec le singulier *tout* et néglige le pluriel *femme, moine, vieillards*. Justement, la rhétorique nommait « apposition » une « construction par exubérance » (Fontanier). L'école adopte la figure en qualité de « nom supprimable » et du coup écarte de la fonction ce qui n'est pas un nom (mais un adjectif, un verbe, une sous-phrase...) et ce qui n'est pas supprimable. En renonçant à ces exclusives, nous serons en mesure et en droit de rapatrier tout un lot de constructions retirées au rhème de la prédication seconde, à savoir l'« épithète détachée » : *Maladroit, Pierre a renversé un vase...*, la « relative explicative » (détachée : *Pierre, qui est amoureux, n'arrête pas de harceler Marie...*, ou attachée : *Nous avons croisé Pierre qui sortait de chez Marie...*), les non détachés « relative prédicative » : *Et Pierre qui n'arrive pas !...* et « attribut du complément d'objet direct » : *Marie a promu Pierre cuisinier...*, l'infinitif « de narration » : *Et Marie de se moquer !...*, plus l'infinitif et le participe des prétendues « propositions subordonnées infinitives » : *On entend un enfant pleurer...* (*pleurer* attaché à *un enfant*) et « propositions subordonnées participes » : *Le chat parti, les souris dansent...* (*parti* attaché à *le chat*). Enfin l'« apostrophe ».

En rendant l'« apostrophe » à l'apposition, on réunit par exemple *Enfant, Pierre était déjà doué* ou *Enfant, tu étais déjà doué* = « dans son enfance » et « dans ton enfance » (apposition *enfant*, apposés *Pierre* et *tu*[23]) et les injonctions en adresse directe *Enfant, tu devrais exploiter tes dons* (apposition *enfant*, apposé *tu*) ou *Enfant, songe à exploiter ce don* (apposition *enfant*, apposé Ø de l'« impératif[24] ») et finalement *Bonjour, enfant* (apposition *enfant*, apposé Ø de la phrase à prédication incomplète *bonjour* = « je te salue ») comme « *Mon fils*, dit la Souris, ce doucet est un Chat » (La Fontaine) ou « *Soleil ! Soleil* ! *Faute éclatante !* » (Valéry), etc. Certains accords graphiques prouvent bien qu'un pronom de deuxième ou de cinquième personne se dissimule sous ces apposés Ø[25] : « Adieu, Meuse endormeuse, / Qui *demeures* aux prés, où tu coules tout bas » (Péguy) = "toi, Meuse endormeuse".

– La responsabilité de la surestimation incombe à la grammaire latine et aux scolastiques médiévaux, qui disaient *appositio* 'attachement, apostille' le second nom des structures binominales *urbs roma* 'la ville de Rome' ou *Cicero orator* 'l'orateur Cicéron', renvoyant fortuitement au même être du monde que le premier nom. Cette coréférence, à l'œuvre dans les appositions *roi de France* de *Louis XIV, roi de France* ou *ville des sciences et des arts* de *Paris, ville des sciences et des arts*, etc. a paru si cruciale qu'elle embrigade de « fausses appositions » : *le roi Louis, la ville de Paris, une femme médecin, cet imbécile de gendarme*, etc.[26].

Apposé

Quasiment inconnu de la grammaire française ou utilisé en doublet d'*apposition*[27], l'*apposé*, libéré d'une fâcheuse synonymie, recrée un

23 Voir ci-dessous p. 36-37.
24 *Cf.* p. 34.
25 *Cf.* p. 49-51.
26 *Cf.* p. 64-67.
27 Voir Arrivé, Gadet & Galmiche (1986) s.v. *apposition* : « Dans les exemples [*le roi Louis XIV, le poète Chatterton, mon ami le rémouleur*], le nom apposé est un nom propre de personne

indispensable tandem avec son apport sémantique. Par exemple (outre *Louis XIV* de *Louis XIV, roi de France*, ou *Paris* de *Paris, ville des sciences et des arts*)[28] : « Chaque fois qu'il passait devant sa boutique, *elle le* regardait, la commerçante, le soldat Brû » (Queneau) [apposé *elle* de l'apposition *la commerçante* et apposé *le* de l'apposition *le soldat Brû*].

CONCLUSION

Les avatars *phrase graphique, phrase unique, phrase multiple, phrase gigogne, phrase composante, phrase simple, phrase complexe, phrase matrice, phrase insérée* ou *sous-phrase*[29] ont pourvu à toutes les configurations. Que désignerait au-delà le commun dénominateur *phrase* ?

La littérature contemporaine se livre à une consommation immodérée d'« annexes », « appendices » et autres « orphelines » qu'illustraient déjà ci-dessus[30] nos exemples [1] et [2]. Les « ateliers d'écriture » accentuent le mouvement en matraquant la recette des « gros points ronds » de Cavanna[31]. L'extrait suivant a été pêché au hasard dans un manuscrit inédit.

> [6] Elle s'est levée. Le matin. Résolue. Les yeux grands. Le regard clair. La pluie de la rue. Désormais.

Combien de phrases ici ? Une (de *elle* à *désormais*) ? Deux (de *elle* à *clair* et de *la pluie* à *désormais*) ? Sept (autant que de majuscules et de points) ? Les syntacticiens en débattent à coup de « micro-syntaxe » et de « macro-syntaxe », de « périodes » et de « clauses », de « complétude » et d'« incomplétude », de « phrases nominales », de « structures sous-jacentes », de « raccourcis », de « reprises », de « réfections », d'« ajustements », de « bribes », etc.

---

ou un nom animé déterminé ». Rebelote avec les exemples 2 *un discours fleuve, un employé modèle, une femme médecin, un style nouille* ; les exemples 3 *la ville de Paris et celle de Lyon, le mois de janvier* ; les exemples 4 *le terme d'analogie et celui d'anomalie, la vertu de charité et celle de tolérance.*

28 *Cf.* p. 35.

29 *Cf.* p. 22-26.

30 *Cf.* p. 18.

31 *Cf.* p. 22.

Une solution ayant le privilège de la netteté sera de toujours respecter les phrases graphiques.

Le parti-pris met évidemment l'analyste en butte à l'ellipse et à ses excès, souvent dénoncés, mais un écueil à tout prendre moins redoutable qu'il n'y parait puisque le lecteur (ou l'auditeur) dispose d'assez d'indices pour saisir un énoncé sans se croire tenu de l'adosser à une phrase antérieure ou de boucher les trous afin de le rebâtir *in extenso* (à supposer que ce soit évident ; l'exemple [1] *supra*[32] : *La guerre est une maladie. Comme le typhus*, tolèrerait les interprétations grammaticalement indécidables « la guerre est comme le typhus », « une maladie comme le typhus » et « le typhus est une maladie »).

Notre conception de la phrase retrouve à peu de chose près celle qu'autour de la condition nécessaire et suffisante d'une énonciation et d'un énoncé[33] préconisait dès 1997 la *Grammaire critique du français* : « *On appelle* phrase *(abréviation P) la première séquence quelconque de mots née de la réunion d'une énonciation et d'un énoncé qui ne laisse en dehors d'elle que le vide ou les mots d'un autre énoncé.* »

Chaque stipulation du libellé se veut importante :

- « On appelle (phrase) », c'est-à-dire qu'il n'existe pas plus de phrases à priori que de triangles ou de carrés dans la nature (et que le scripteur est maitre du jeu).
- « Séquence (de mots) », c'est-à-dire qu'une phrase ordonnance les mots (*La Terre tourne autour du soleil* et non **Terre la autour soleil du tourne*).
- « (Séquence) quelconque », c'est-à-dire que la phrase s'étend librement d'un mot à des enfilades de mots jamais closes, sinon que l'effort de mémoire et les nécessités de l'échange freinent la prolifération[34].

---

32 *Cf.* p. 21.

33 *Cf.* p. 23.

34 Parmi les contre-exemples, l'« intentionnalité au cinquième degré » de Richard Dawkins (2006 ; trad. fr. 2009) : « Le chaman devina que la femme comprenait que l'homme croyait qu'elle savait qu'il la désirait ». Ou, par le chat de Philippe Geluck, ce vertigineux enchâssement en poupées russes de dix sous-phrases et sous-sous-phrases à une phrase matrice : « Je viens de terminer un bouquin qui raconte l'histoire d'un type qui écrit un livre sur un écrivain qui vient d'achever l'écriture d'un roman dont le héros est un gars qui veut écrire un livre sur un bonhomme qui se sent irrésistiblement attiré par la carrière littéraire et dont l'ambition est de faire publier un jour un recueil de nouvelles dont la première raconterait un épisode de la vie d'un jeune auteur s'attelant à la rédaction de

– « Première (séquence) », c'est-à-dire que la phrase se termine au dernier mot de son réseau fonctionnel et qu'une phrase recommence aussitôt qu'un mot trouve une fonction ailleurs.

Finalement, la phrase graphique[35] ne répond à cette définition de la phrase que si elle est unique et simple. La phrase multiple, la phrase gigogne[36] et la phrase complexe[37] n'y répondent pas davantage mais se fragmentent, les deux premières en phrases composantes 1°P, 2°P, 3°P… (simples ou complexes pour la phrase gigogne), la troisième en une phrase matrice et au moins une sous-phrase.

l'histoire de la vie d'un homme de lettres rédigeant la biographie d'un journaliste qui vient de publier un livre sur le type qui a vu l'ours. »

35 *Cf.* p. 22.

36 *Cf.* p. 23.

37 *Cf.* p. 24.

LES MOTS

PRÉAMBULE

Dans le champ immense de la linguistique, le district de la grammaire est délimité à son extrémité haute par la phrase, à son extrémité basse par le mot. L'« analyse logique », partant d'une phrase graphique[1], n'aura ou n'aurait non plus à se préoccuper à l'arrivée que de mots graphiques, repérables aux blancs qui les encadrent, des mots « pour l'œil », ni « pour l'oreille » (les mots phoniques d'entre deux pauses vocales) ni « pour le sens » (les mots sémantiques associant des mots graphiques).

Exemple plaisant de mot graphique : le magma *Doukipudonktan ?* 'd'où vient cette puanteur ?' à l'entame de *Zazie dans le métro* (Queneau). Exemples de mots phoniques : le syntagme nominal sujet *la petite fille* et le syntagme verbal prédicat *regarde le chat* de la phrase *La petite fille regarde le chat*[2]. Exemples de mots sémantiques : *bas de laine* = « économies », *à la bonne franquette* = « simplement », *de bon aloi* = « correct », etc.

Le principe, s'il épargne la prise en compte des morphèmes lexicaux (les préfixes et les suffixes) ou des morphèmes grammaticaux (les infixes et les désinences), oblige à prononcer l'étanchéité des apostrophes marquant une élision : *l'arbre, l'homme…* (deux mots graphiques) ou des traits d'union accompagnant une inversion : *vient-il ?, savait-elle ?* (deux mots graphiques), *viendra-t-il ?, saura-t-elle ?…* (deux mots graphiques nonobstant la consonne « euphonique » *-t-*, qui évite un hiatus), et à colmater en contrepartie les brèches des composés *basse-cour, couvre-chef, porte-serviettes*, etc., des locutions (adverbiales : *au fur et à mesure, de loin en loin, petit à petit…* = « progressivement », « sporadiquement », « lentement »,

1 *Cf.* p. 22.
2 *Cf.* p. 17.

etc. ; prépositives : *au contraire de, au delà de*, etc. ; conjonctives : *parce que, en sorte que*, etc.) et des clausules d'interrogation : *est-ce que ?*, etc. ou de confirmation *n'est-ce pas ?*, etc.

Les dictionnaires enregistrent les mots graphiques sous une forme prototypique : le masculin singulier *chat* coiffe le féminin singulier *chatte*, le masculin pluriel *chats* ou le féminin pluriel *chattes* ; l'infinitif *courir* domine le participe *couru*, le passé *courait* ou le futur *courra*... Ce sont ces mots du lexique qu'une tradition issue de Platon et d'Aristote a entrepris de verser dans des « parties du discours », aujourd'hui couramment dénommées « classes[3] ».

Un petit survol historique précédant l'examen critique ne sera pas superflu.

SURVOL HISTORIQUE

Le nombre des classes et leur constitution n'ont rien de stable. Platon en identifiait deux, Aristote trois, les stoïciens cinq, l'Alexandrin Denys le Thrace (170 – 90 av. J.-C.) huit. Le chiffre 8 allait revêtir, de l'époque romaine au Moyen Âge et au-delà, une valeur à ce point symbolique que les grammairiens seront amenés pour s'y tenir à compenser les éliminations par des créations ou des transferts.

> Un exemple éloquent : le *grammaticorum princeps* 'prince des grammairiens' Priscien de Césarée (né vers 470) répare la perte de l'*articulus* 'petit mot articulant', connu du grec mais inconnu de la langue latine, en forgeant l'*interjectio* 'mot intercalé', qui survivra comme *interjection* à la réintroduction de l'*article* en grammaire française.

Au XIXe siècle, la grammaire scolaire récupère les classes de la lignée platonicienne à l'enseigne des *natures*. Contrairement à ce qui a parfois été dit, les deux noms *classe* et *nature* ne font pas double emploi : une classe

3 *Classes* ou aussi *catégories*, moins bon, à spécialiser plutôt aux formants des classes : genre, nombre, mode, temps, personne... L'ancienne dénomination de « parties du discours » (du latin *partes orationis* traduisant le grec *ta mérè tou logou*) a été victime à la fois de la polysémie d'*oratio* 'discours' ou 'oraison' et de *discours* au sens technique de « mise en œuvre de la *langue* » (*i.e.* la *parole* du *Cours de linguistique générale* de Ferdinand de Saussure).

se compose de mots de même nature (il serait truistique de déclarer « de mots de même classe ») et la nature porte l'attention, de l'extérieur vers l'intérieur de la classe, sur l'identité commune des membres promis à une diversité de *fonctions*.

Combien de natures ? De huit à onze. Les prétendants récurrents sont quatre espèces de mots variables et quatre espèces de mots invariables. Variables : (1) le nom (ou le substantif)[4], (2) l'adjectif (un satellite du nom), (3) le pronom (un substitut ou un représentant du nom), (4) le verbe. Invariables : (5) l'adverbe, (6) la préposition, (7) la conjonction (éventuellement dédoublée en conjonction « de coordination » et conjonction « de subordination »), (8) l'interjection. S'ajoutent des prétendants épisodiques : le participe passé (à cheval sur l'adjectif et le verbe)[5], l'article (rentré en grâce après son éviction mais revoué au purgatoire)[6], le déterminant (exporté de la grammaire américaine) et, dernier en date – une invention d'André Goosse –, l'introducteur[7].

4 Le duo « nom ou substantif » s'explique par la présence, en grammaire latine, d'une classe de *nomina* 'noms' divisée en *nomina substantiva* 'noms substantifs' (*i.e.* « essentiels ») et *nomina adjectiva* 'noms adjectifs' (*i.e.* « accidentels »), qui se déclinaient pareillement. Toute trace de déclinaison ayant disparu et la grammaire française se libérant des archétypes latins, la promotion, au XVIIIe siècle (due à l'abbé Girard), des deux sous-classes en deux classes laisse conflictuellement à la première la désignation générique de l'ancienne classe (*nom*) et la désignation spécifique de l'ancienne sous-classe (*substantif*).

5 *Cf.* p. 68-69, 1.

6 *Cf.* p. 61, n. 8.

7 Cette innovation de la douzième édition du *Bon usage* (1986) a soulevé des réticences. La quatorzième édition (2007 : 1096) confesse l'« apparence hétéroclite » d'une classe qui réunit *est-ce que ?*, *quant à*, *ô*, etc. (le *que* de *Que tout le monde sorte !*, le *à* de *À la soupe !*, le *de* de *Il a gouté de tous les plats*, le *en* de *Il s'est conduit en égoïste*...) en abandonnant le principe de l'homogénéité des items, mais plaide : « Pour les classes constituées de mots invariables, la répartition ne peut se fonder que sur la fonction. Or la fonction assumée par les termes relevés dans ce chapitre n'est compatible avec aucune des définitions données pour les autres classes. On est donc contraint d'envisager une classe particulière. » Les quinzième et seizième éditions de 2011 et 2016 conservent sans état d'âme la « classe particulière ».

EXAMEN CRITIQUE

Une bonne définition doit impérativement remplir deux exigences : *primo*, convenir à tout ce qu'elle prétend définir ; *secundo*, ne convenir à rien d'autre que ce qu'elle prétend définir.

En matière de classes ou de natures, les grammaires usuelles manquent cruellement à ces obligations et tombent dans la circularité ou dans la contradiction.

– Le nom ? Un « mot qui nomme » (y aurait-il des mots qui ne « nomment » pas ?). Et qui nomme des « actions », des « sentiments », des « phénomènes », des « qualités ». Or, à côté de l'action *livraison*, du sentiment *colère*, du phénomène *gelée*, on a les verbes *livrer, s'irriter, geler*, etc., et les adjectifs *bon, beau*, etc. à côté des qualités *bonté, beauté*, etc.
– Le verbe ? Un « mot qui exprime une action, un état ou une relation ». Du blanc au noir et au gris et ni plus ni moins, déjà, que les noms *action, état, relation.*

Le reste à l'avenant :

– Le pronom est « porteur d'un genre et d'un nombre » (comme le nom et l'adjectif) ou « d'une personne » (à l'instar du verbe).
– L'adverbe est « l'adjectif du verbe » (et « d'un adjectif » : *très savant*, « d'un autre adverbe » : *très volontiers*, « d'un nom ou d'un pronom » : *Toi aussi, mon fils*...).
– La conjonction « unit » (pas à l'initiale de phrase : le *et* de « *Et* qui sait si le Coche eût monté sans la Mouche ? » (Rostand)... ou, paradoxe, le *mais* de la comptine mnémotechnique « *Mais* où est donc Ornicar ? »).
– La préposition « précède un nom ou un verbe ». Mais elle suit le nom dans *sa vie durant* = « toute sa vie » ou, d'aventure, *ce livre excepté* = « à l'exception de ce livre, sauf ce livre »...

Avec la conjonction « qui unit », la préposition « qui précède » et à fortiori l'« introducteur[8] », la personnalité originelle des mots

8 *Cf.* p. 43, n. 7.

(« qu'est-ce que *x* ou *y* ? ») s'efface derrière leur destination (« à quoi sert *x* ou *y* ? »). Un dispositif prévient ce déséquilibre : l'*incidence* guillaumienne.

L'incidence ou le « rapport d'un apport à un support[9] » rejoint, si le support est virtuel, l'*extension logique* ou, en clair, l'ensemble des êtres du monde (le support) auxquels un mot (l'apport) est applicable.

Les mots se répartissent d'après ce critère dans quatre et seulement quatre classes : (1) le nom, (2) l'adjectif, (3) le verbe, (4) le connectif.

> Le plus familier *connecteur*, que la littérature grammaticale cuisine à toutes les sauces pragmatiques et rhétoriques, souffre du handicap d'annoncer ou de sembler annoncer une connexion effective, pourtant absente des exhortations : « O là, Madame la Belette, / *Que* l'on déloge sans trompette… » (La Fontaine) et de certains titres de livres ou de chapitres : « *De* l'Allemagne » (Mme de Staël), « *Qu*'un prêtre et un philosophe sont deux » (Hugo), etc.

La même épreuve exclut (5) le pronom, (6) l'adverbe, (7) l'interjection, des mots graphiques spéciaux, on va le voir[10].

LE NOM

Les noms hors emploi ne sont en attente d'aucun support étranger à eux-mêmes. *Homme* ou *chat*, par exemple, s'entendront toujours directement d'hommes, fussent-ils français, lapons, iroquois ou javanais, et de chats, fussent-ils siamois, abyssins, chartreux ou de gouttière. Leur extension est *immédiate*.

> Le doute n'a pas lieu d'être pour les noms à vocation de quantifiants[11] : numéraux *millier, million, milliard*, etc. ou mesureurs *kilo, livre, mètre, litre, stère*, etc. Les noms abstraits non plus ne font pas exception. Plusieurs philosophes du langage s'y sont trompés, mais par exemple *courage* ou *vertu*, bien qu'ils subsument les propriétés d'un chapelet d'actes et d'individus courageux ou vertueux, dont ils extraient la quintessence, se rapportent prévisionnellement à toutes les formes et à n'importe quelle forme de courage ou de vertu et non à ces actions ou à ces individus courageux.

9 *Cf.* p. 18.
10 *Cf.* p. 46-49.
11 *Cf.* p. 62.

L'ADJECTIF

Les adjectifs sont, au contraire des noms, en attente d'un support étranger à eux-mêmes. Par exemple, *roux* se tient en instance d'application à un homme, un chat, un écureuil… ; *aimable*, à un individu, un sourire, une action… Leur extension est indirecte ou *médiate*.

L'extension médiate réunit aux « qualificatifs » *roux* ou *aimable* les « déterminatifs » de la tradition grammaticale : « articles » *le, la, les, un, une, des*, « numéraux cardinaux » *un(e), deux, trois, quatre*, etc. et « numéraux ordinaux » *premier, deuxième, troisième*, etc., « démonstratifs » *ce(t), cette, ces*, « possessifs atones » *mon, ma, mes*, etc. et « possessifs toniques » *mien, tien, sien*, etc., « interrogatifs » et « exclamatifs » *quel, quelle, quels, quelles*, « relatifs » *lequel, duquel, auquel*, etc., « indéfinis » *chaque, tout, plusieurs, certains*, etc.

LE VERBE

Les verbes aussi sont d'extension *médiate*. Par exemple, *courir* s'attachera à un homme, un animal, une rumeur, la maladie d'amour (de la chanson : « Elle court, elle court, / La maladie d'amour… » [Sardou]), etc. La différence est que l'adjectif sollicite les catégories de genre et de nombre du nom, le verbe les catégories de la conjugaison[12].

LE CONNECTIF

Les connectifs, en attente de deux supports extérieurs, regroupent les prépositions et les conjonctions. Leur extension est *bimédiate*[13].

LE PRONOM

Les pronoms souffrent à l'endroit de l'extension immédiate ou médiate d'une ambigüité foncière, largement due à la polysémie du préfixe *pro-* = (1) « mis pour » (par exemple le pronom *elle* de *Marie n'aime pas Pierre, elle préfère Nestor* remplace le nom *Marie*), (2) « tenant lieu de » (font par exemple office de noms les pronoms de première et de deuxième personnes *je, tu* ou le pronom de troisième personne *nul* dans *Nul n'est censé ignorer la loi*), (3) « avant » (le pronom réduit sa signification à un trait

12 *Cf.* p. 49.
13 *Cf.* p. 78.

sémique étoffable : l'animé *qui* de par exemple *Qui parle ?* ou l'inanimé *que* de *Que penser ?*, etc.).

Une piste, dont les grammairiens ne pouvaient s'aviser avant la reconnaissance, par Saussure notamment (1916), d'une étape sur le chemin du mot à la phrase ou de la phrase au mot : le *syntagme*..., serait d'ériger le pronom en syntagme condensé, ou synthétique, affichant une ressemblance proche ou lointaine avec un syntagme analytique (par exemple *plusieurs femmes* se pronominalise après effacement du nom en *plusieurs, un veston bleu* en *un bleu*, et *chaque homme* en *chacun, mon livre* en *le mien*...) ou se prévalant d'un syntagme synonyme avec lequel il n'entretient aucune relation de surface : par exemple *personne* = « nul être humain » ou *rien* = « nulle chose », etc.[14].

L'ADVERBE

Les grammaires ont fabriqué de bric et de broc une classe hybride, « la classe poubelle » (Chervel 1977 : 251), la classe de « tous les mots dont on ne savait que faire » (Pottier 1962 : 53), une « classe résiduelle » de mots invariables qui ne sont « ni une préposition, ni une conjonction, ni une interjection » (Molinier & Levrier 2000 : 23), accueillant de surcroit des mots variables « en dépit de l'intervention inopportune des grammairiens, qui n'ont réussi qu'à jeter la confusion et le désordre » (Tesnière 1959 : 184).

Que résoudre ? Faire « l'impasse sur ce chapitre irritant » (Blumenthal 1990 : 50) ? Pourquoi ne pas renvoyer ici encore l'adverbe à l'échelon du syntagme ? Les « Messieurs » de Port-Royal en avaient eu la prescience, leurs adverbes *sagement* ou *aujourd'hui* n'étant, observent-ils, « que pour signifier en un seul mot ce qu'on ne pourrait marquer que [comprendre « ce qu'on pourrait ne marquer que »] par une préposition et un nom commun : *sapienter*, sagement, pour *cum sapientia*, avec sagesse ; *hodie* pour *in hoc die*, aujourd'hui » (Arnauld & Lancelot 1660 : chap. XI). Soit, en termes modernes, des syntagmes nominaux synthétiques incluant une préposition (correspondant aux SP 'syntagmes prépositionnels' analytiques de la grammaire américaine).

14 *Cf.* p. 48.

L'INTERJECTION

Les dictionnaires ont beau ranger les interjections à la place alphabétique des mots, ce sont des phrases (à prédication fermée)[15], d'ailleurs taxées de « monorhèmes » chez Sechehaye ou chez Bally, de « phrasoïdes » chez Damourette & Pichon, de « phrasillons » chez Tesnière, de « mots-phrases » chez Goosse.

BILAN

Au total, nous gardons les quatre classes du *nom*, de l'*adjectif*, du *verbe*, du *connectif* et, en lieu et place des prétendues classes *pronom*, *adverbe* et *interjection*, nous intronisons des syntagmes nominaux synthétiques (abréviation PRO), des syntagmes nominaux prépositionnels synthétiques (abréviation ADV) et des phrases synthétiques (abréviation INTER)[16].

> Exemples de PRO : *je* = « l'être du monde parlant lui-même de lui-même », *tu* = « l'être du monde à qui il est parlé de lui-même », *il/elle* = « l'être du monde – mâle ou femelle – de qui il est parlé », *qui* = « un quelconque être du monde doté du trait animé », *que* = « un quelconque être du monde doté du trait inanimé », *on* = « un quelconque sujet doté du trait animé », *personne* = « un être du monde doté des traits animé ± négatif », *rien* = « un être du monde doté des traits inanimé ± négatif ».
>
> Exemples d'ADV : *hier* = « au jour qui précède le jour de mon énonciation », *ici* = « à l'endroit où je situe mon moi », *là* = « à l'endroit dont je libère mon moi », etc. (la manière : *lentement* = « sur un rythme lent », *intensément* = « de façon intense », *comment ?* = « de quelle façon ? », *ainsi* = « de la façon citée », etc. ; le temps : *alors, aujourd'hui, dorénavant*, etc. = « à un certain moment », etc. ; la quantité : *assez, beaucoup, combien, peu*, etc. ; le rang : *primo, secundo, tertio, tard, tôt*, etc. ; la modalité : *assurément, peut-être, probablement*, etc.).
>
> Exemples d'INTER : Ah. Bof. Chut. Dia. Euh. Fi. Gare. Haro. Idem. Jarnidieu. Kss-kss. Lanturlu. Miam. Na. Ouf. Pouf. Quoi. Raca. Sapristi. Tchin-tchin. Ugh. Vrout. Wow. Xptdr 'j'éclate de rire' (un cryptogramme vaguement onomatopéique du Net et des textos). Youpi. Zut… La liste serait kilométrique et les francophones saisiront là une bonne occasion d'exercer leur inventivité : Ah ! = « je m'étonne » ou « le spectacle va commencer ». Bof ! = « admettons ». Chut ! = « un peu de silence ». Diantre ! = « vous m'en direz tant », etc.

---

15 *Cf.* p. 34-35.

16 On conçoit que *en* (et, dans la foulée, son pendant *y*) se soit vu taxer par les grammaires de « pronom adverbial » ou d'« adverbe pronominal » : *Pierre en cueille, des fleurs* = PRO *en*, vs *Pierre en revient, de Paris* = ADV *en*, etc.

Résumons.

Le nom est par nature un mot d'extension immédiate. L'adjectif et le verbe sont par nature des mots d'extension médiate (mais l'adjectif usant des catégories du nom et le verbe activant les catégories de la conjugaison). *Le connectif est par nature un mot d'extension bimédiate.*

LES CATÉGORIES DE LA CONJUGAISON

Le mode, le temps et l'aspect achèvent d'assurer l'ancrage énonciatif de l'énoncé.

MODE

Le concept de *mode* s'est vu contaminé dans nos grammaires au contact du paronyme *modalité*, désignant[17] une « valeur de vérité » à laquelle concourent, en plus de l'assertion, de l'interrogation et de l'injonction, des « auxiliaires de mode » : *devoir, pouvoir, savoir*, etc., ou des « adverbes modaux » : *à coup sûr, probablement, vraisemblablement*, etc.

Ce fut naguère le cas (1) du « mode conditionnel ». C'est encore et toujours le cas (2) du « mode impératif ».

(1) Pour le « conditionnel », le Bescherelle, un bastion s'il en est du conservatisme grammatical, entérine la recommandation (presque) unanime des linguistes : « Le conditionnel, longtemps considéré comme un mode spécifique, est aujourd'hui rattaché à l'indicatif… » (2006 : § 100), quoique du bout des lèvres, avec l'envie de reprendre aussitôt le terrain concédé : « Nos tableaux de conjugaison placent le conditionnel du côté de l'indicatif, mais, pour des raisons de tradition, lui conservent son nom et l'isolent de l'indicatif » (*ibid.*).

C'est que l'évidence morphophonologique de l'infixe *-r-* commun à par exemple *marcherais, marcherais, marcherait, marcherions, marcheriez, marcheraient* et au « futur simple » *marcherai, marcheras, marchera, marcherons, marcherez, marcheront*, et des désinences *-ais, -ais, -ait, -ions, -iez -aient* communes à *marcherais, marcherais, marcherait, marcherions, marcheriez,*

17 *Cf.* p. 29-31.

marcheraient et à l'« indicatif imparfait » *marchais, marchais, marchait, marchions, marchiez, marchaient*, se heurte à la modalité d'incertitude des « formes en *-rais* » (Wagner 1939 : *Un tremblement de terre aurait fait des centaines de victimes* = « à en croire les dépêches d'agences »)[18].

(2) Nouveau témoignage du débordement de la modalité (en la circonstance, injonctive[19]), l'« impératif » n'est qu'un procédé de commandement ou de souhait parmi beaucoup : infinitif *Ne pas se pencher au dehors*..., subjonctif *Qu'il s'en aille !*..., interjections *Ouste !* ou *Du balai !*... Dépourvu de toute originalité formelle – sauf, un précieux soutien orthographique à la survie grammaticale de l'« impératif », la chute, suite à une réfection étymologique initiée par les érudits de la Renaissance, de la terminaison *-s* à la deuxième personne du singulier des verbes du premier groupe et d'une poignée de verbes du troisième groupe terminés en *-e* sourd : *marche, va, cueille*... (même si les liaisons *vas-y, cueilles-en*... ressuscitent le *-s*) –, il emprunte majoritairement ses paradigmes à l'indicatif : *marche, marchons, marchez, finis, finissons, finissez, prends, prenons, prenez*... ; en minorité, au subjonctif : *aie, ayons, ayez, sois, soyons, soyez, veuille, veuillons, veuillez, sache* et *sachons, sachez*, agrégeant les désinences *-ons, -ez* de l'indicatif au radical *sach-* du subjonctif.

À force d'hypostasier les modalités que le « conditionnel » et l'« impératif » partagent avec d'autres tours, les grammairiens ont sacrifié deux facteurs de modalité positivement ou négativement inhérents au verbe : la personne grammaticale et le temps d'époque.

- Un énoncé à la première personne, par exemple *J'ai soif*, a plus de chances d'être vrai que les énoncés à la deuxième personne présente *Tu as soif* et à la troisième personne absente *Elle a soif*.
- L'énoncé par exemple *Il pleut aujourd'hui* jouit d'une véracité supérieure à *Hier, il pleuvait* (la mémoire peut tromper) et à *Demain, il pleuvra* (l'avenir est « à Dieu »).

Ces modalités croisées sélectionnent les modes et les découpent : (1) mode impersonnel de l'infinitif et du participe vs mode personnel du subjonctif et de l'indicatif ; puis, à l'intérieur du mode personnel, (2) mode subjonctif, qui fusionne les époques (par exemple *Je souhaite/souhaitais/souhaiterai/souhaiterais... que ma fille réussisse ses examens*) vs

18 *Cf.* p. 27-28.
19 *Cf.* p. 31.

(3) mode indicatif, qui décloisonne les époques (par exemple *J'espère que ma fille réussit/réussissait/réussira/réussirait... ses examens*).

Ainsi, des six modes qu'alignent les grammaires scolaires : indicatif, conditionnel, subjonctif, impératif, infinitif, participe, on est fondé à en éliminer deux (le conditionnel et l'impératif) et à réunir l'infinitif et le participe au sein d'un mode impersonnel[20].

TEMPS

Les verbes des trois modes (1) impersonnel, (2) subjonctif, (3) indicatif orientent les procès qu'ils expriment sur un repère (R) dont la teneur change d'un mode à l'autre.

(1) Le mode impersonnel procure à l'énonciateur le repère d'un simple point géométrique fixant un lieu (R = L = « quelque part »). Il comporte trois formes simples, représentables sur la ligne du temps cosmique conventionnellement orientée de gauche à droite dans l'ordre *marcher* → *marchant* → *marché*. L'infinitif dit « présent » *marcher* décrit le procès arrivant au repère L ; il est de *temps incident* (du latin *in* + *cadere* = « tomber sur, parvenir à »). Le participe dit « présent » *marchant* décrit le procès partiellement arrivant et partiellement arrivé au repère L ; il est de *temps adjacent* (du latin *ad* + *jacere* = « se trouver au contact de »). Le participe dit « passé » *marché* décrit un procès arrivé au repère L et s'en éloignant ; il est de *temps décadent* (du latin *de* + *cadere* = « se retirer de »).

(2) Le mode personnel subjonctif superpose au repère L du mode impersonnel un observateur humain (R = H = « quelqu'un ») aux allures de *Janus bifrons*. Il comporte deux formes simples, représentables sur la ligne du temps dans l'ordre *marchasse* → *marche (marchions)*. Le subjonctif dit « imparfait » situe le procès en amont du repère H ; il est de *temps rétrospectif*. Le subjonctif dit « présent » situe le procès en aval du repère H ; il est de *temps prospectif*.

20 Quelques manuels « traitent le gérondif comme un mode à part entière » (Pellat & Fonvielle 2016 : 148, n. 4). En réalité, le « gérondif », ce surgeon en grammaire française du *gerondivum* latin, assortit purement et simplement de la préposition *en* les participes dits « présents » *marchant, finissant, prenant*, etc. : *en marchant, en finissant, en prenant*, etc. Le contraste de par exemple *Marie a vu Pierre sortant du cinéma* et *Marie a vu Pierre en sortant du cinéma* relève de la fonction prédicative de *sortant* vs la fonction complétive de *en sortant* (*cf.* p. 78-79). À ce compte, les grammairiens auraient dû accorder l'exorbitant privilège d'un mode autonome à l'infinitif prépositionnel de par exemple *le plaisir de marcher* (fonction dite de « complément déterminatif ») vs l'infinitif non prépositionnel de par exemple *Marcher est un plaisir* (fonction de sujet).

(3) Le mode indicatif ajoute au repère L du mode impersonnel et au repère H du mode subjonctif une référence au *nunc* 'maintenant' qui provoque la reconversion de L = « quelque part » en *ici* et de H = « quelqu'un » en *moi*, soit un repère *moi-ici-maintenant* ou, d'un mot, une *actualité*, coïncidant ou non avec le T_0 du présent des horloges atomiques. L'actualité (A) régit trois formes simples, représentables sur la ligne du temps dans l'ordre *marchai* → *marche (marchons)* → *marcherai*. La forme *marchai* (dite « passé simple ») situe le procès avant A ; elle est de *temps passé*. La forme *marche/marchons* (pour une fois bien nommée « présent ») situe le procès face à A ; elle est de *temps présent*. La forme *marcherai* (dite « futur simple ») situe le procès après A ; elle est de *temps futur*.

Un second repère, ranimant une *actualité dépassée* (A'), hybridation de « maintenant » et d'« alors », d'« ici » et de « là », de « moi » et de « non-moi », régit deux formes simples, représentables sur la ligne du temps dans l'ordre *marchais* → *marcherais*. La forme *marchais* (dite « imparfait ») situe le procès avant A et face à A' ; elle est de *temps passé*. La forme *marcherais* (dite « conditionnel présent ») situe le procès après l'actualité dépassée A' sans révérence à l'actualité A ; elle est de *temps futur du passé*[21].

Récapitulons en tableau.

Forme	Temps
Marcher	Incident
Marchant	Adjacent
Marché	Décadent
Marche (marchions)	Prospectif

21 Notre projection théorique, inspirée de la *chronogénèse* ou « formation dans l'esprit de l'image-temps » de Guillaume (1929) (temps *in posse* → temps *in fieri* → temps *in esse*), pourrait avoir d'appréciables retombées pratiques dans le domaine de la terminologie. Qu'on en juge. – Verticalement, trois modes, construits sur deux variables : 1° mode impersonnel inactuel, 2° mode personnel inactuel, 3° mode personnel actuel. À l'étage supérieur : infinitif *marcher*, participe 1 *marchant*, participe 2 *marché* (la numérotation 1 et 2 épouse le temps cosmique). En mezzanine : subjonctif 1 *marche/marchions*, subjonctif 2 *marchasse* (le numéro 2 indique la prise à l'envers du temps cosmique et convient en supplément à une forme désormais moribonde). Au rez-de-chaussée : présent *marche/marchons*, passé 1 *marchai*, futur 1 *marcherai*, passé 2 *marchais*, futur 2 *marcherais* (le numéro 2 de *marchais, marcherais* indique ici encore la prise à l'envers du temps cosmique, de A vers A'). – Horizontalement, des formes simples, composées et surcomposées (*cf.* p. 53-55).

Marchasse	Rétrospectif
Marche (marchons)	Présent
Marchai	Passé
Marcherai	Futur
Marchais	Passé
Marcherais	Futur du passé

Qu'en est-il maintenant des formes verbales composées ou des plus rares mais attestées formes surcomposées ?

Les premières sont faites d'un auxiliaire conjugué à la forme simple correspondante et d'un auxilié : par exemple *marcher* et *avoir marché, marchant* et *ayant marché, marché et eu marché, marche* et *aie marché, marchasse* et *eusse marché, marche* et *ai marché, marchai* et *eus marché, marcherai* et *aurai marché, marchais* et *avais marché, marcherais* et *aurais marché.* Les secondes se constituent d'un auxiliaire conjugué à la forme simple correspondante et d'un auxilié composé (non pas d'un auxiliaire composé et d'un auxilié simple, car la surcomposition d'un verbe « pronominal » comme *se lever* de *Quand Pierre s'est levé de son siège, il a déclaré…* en *Quand Pierre s'est eu levé de son siège, il a déclaré…* aurait donné **Quand Pierre s'a été levé de son siège…*) : par exemple *avoir marché* et *avoir eu marché, ayant marché* et *ayant eu marché* (le participe 2 surcomposé **eu eu marché* de *eu marché* avorté sous peine de donner naissance à des formes hypercomposées, inexistantes en l'état, **avoir eu eu marché*, etc.), *aie marché* et *aie eu marché, eusse marché* et *eusse eu marché, ai marché* et *ai eu marché, eus marché* et *eus eu marché, aurai marché* et *aurai eu marché, avais marché* et *avais eu marché, aurais marché* et *aurais eu marché.* Elles rajoutent un *temps antérieur* ou un *temps bisantérieur* aux verbes simples : *avoir marché* est de temps incident antérieur (antériorité du procès *marché* à l'auxiliaire de composition *avoir*), *avoir eu marché* de temps incident bisantérieur (antériorité du procès *marché* à l'auxiliaire de surcomposition *eu* antérieur à l'auxiliaire de composition *avoir*), etc.

La tradition grammaticale française élit deux auxiliaires à part entière : *avoir* et *être* (+ « participe passé ») et deux « semi-auxiliaires » : *venir de* et *aller* (+ infinitif). Sur quel indice ? Le principal, en plus de la déperdition sémantique, semble bien que l'auxilié ne puisse se voir assigner de fonction indépendante dans la phrase. *être en train de* (+ infinitif) rallie sous cette condition le quatuor.

Les ajouts temporels de l'auxilié au temps de l'auxiliaire sont, pour *venir de* (comme pour *avoir* et *être*), un *temps antérieur* ; pour *aller*, un *temps postérieur* ; pour *être en train de*, un *temps simultané*[22].

Soit les deux tableaux.

Forme	Temps
Avoir marché	Incident antérieur
Ayant marché	Adjacent antérieur
Eu marché	Décadent antérieur
Aie marché	Prospectif antérieur
Eusse marché	Rétrospectif antérieur
Ai marché	Présent antérieur
Eus marché	Passé antérieur
Aurai marché	Futur antérieur
Avais marché	Passé antérieur
Aurais marché	Futur du passé antérieur

Forme	Temps
Avoir eu marché	Incident bisantérieur
Ayant eu marché	Adjacent bisantérieur
–	–
Aie eu marché	Prospectif bisantérieur

22 Entre par exemple *Marie aime chanter* (verbe *aime* + complément *chanter* = « le chant ») et *Marie vient de chanter* (auxiliaire *vient de* + auxilié *chanter* = temps présent antérieur), *Marie va chanter* (auxiliaire *va* + auxilié *chanter* = temps présent postérieur), *Marie est en train de chanter* (auxiliaire *est en train de* + auxilié *chanter* = temps présent simultané), etc. (les alliages *Marie vient d'avoir chanté* = présent bisantérieur ; *Marie va avoir chanté* = présent postérieur antérieur ; *Marie va être en train de chanter* = présent postérieur simultané...), il existe d'assez nombreux candidats auxiliaires inégalement éloignés du verbe plein : *Marie doit/veut/est sur le point de/ s'apprête à/commence à/continue de/s'acharne à/finit de*, etc., etc. *chanter*, que, faute de mieux, laissant la porte ouverte à des tests d'auxiliarité plus convaincants, nous dirons « coverbes » et les candidats auxiliés « séquences coverbales ». L'hésitation est moindre pour ce que Damourette & Pichon ont baptisé l'« allure extraordinaire » (1936, t. V : § 1653) : *On ne va pas dire à un mari jaloux que sa femme le trompe* ou « ...qui au bruit de mon nom ne *s'aille réveillant* » (Ronsard), etc., peut-être l'auxiliaire *aller* assorti d'un temps simultané ; d'où *va dire* = présent simultané, et *aille réveillant* = prospectif simultané.

Eusse eu marché	Rétrospectif bisantérieur
Ai eu marché	Présent bisantérieur
Eus eu marché	Passé bisantérieur
Aurai eu marché	Futur bisantérieur
Avais eu marché	Passé bisantérieur
Aurais eu marché	Futur du passé bisantérieur

Le défaut de cette systématisation tient à l'ambivalence du temps passé, dont relèvent ensemble, deux à deux, *marchai* et *marchais, eus marché* et *avais marché, eus eu marché* et *avais eu marché.* Le paramètre de l'*aspect* assurera leur différenciation.

ASPECT

Symétriquement au temps grammatical, qui oriente un procès par rapport à un repère L, H, A ou A', l'*aspect grammatical* décrit la position du repère L, H, A ou A' par rapport au procès[23].

Il n'y a pour lors qu'une alternative. Ou le repère, extérieur au procès, le saisit en bloc : *aspect global* de *marcher* et *marché* (repère L), de *marche/marchions* et *marchasse* (repère H), de *marchai* et *marcherai* (repère A), de *marcherais* (repère A'). Ou le repère, intérieur au procès, le scinde en son milieu : *aspect sécant* de *marchant* (repère L), de *marche/marchons* (repère A), de *marchais* (repère A').

Le dépassement du procès marqué par l'aspect *excursif* (terme préféré à « extensif » et à « transcendant » pour fournir un pendant à l'aspect *précursif* de *aller* + infinitif et à l'aspect *cursif* de *être en train de* + infinitif), le double dépassement du procès marqué par l'aspect *bisexcursif* (terme préféré à « bisextensif » et « bitranscendant »), nous complétons les tableaux vus précédemment[24].

---

23 On laisse étranger à nos préoccupations l'*aspect lexical*, fondé, non sur les indices formels que sont les désinences et les auxiliaires, mais sur le sens : verbes statiques (par exemple *savoir*) vs verbes dynamiques (par exemple *étudier*) et verbes dynamiques imperfectifs ou atéliques, par exemple *marcher* (le procès existe dès le départ : commencer à marcher, c'est avoir si peu que ce soit marché), vs verbes dynamiques perfectifs ou téliques, par exemple *sortir* (le procès n'atteint son existence qu'après franchissement d'un seuil : commencer à sortir n'est pas être sorti).

24 *Cf.* p. 54-55.

Forme	Temps	Aspect
Marchai	Passé	Global
Marchais	Passé	Sécant
Eus marché	Passé antérieur	Global excursif
Avais marché	Passé antérieur	Sécant excursif
Eus eu marché	Passé bisantérieur	Global bisexcursif
Avais eu marché	Passé bisantérieur	Sécant bisexcursif

L'intérêt de l'aspect ne se limite pas, même dans notre perspective étroite, à la discrimination des passés.

Le présent *pleut* de par exemple *S'il ne pleut pas, nous partirons en balade* ou le passé *pleuvait* de *S'il ne pleuvait pas, nous partirions en balade* équivalent sémantiquement à un futur *pleuvra* et à un futur du passé *pleuvrait.* Tout porte à croire que le *si* d'hypothèse a la particularité d'imprimer à l'évènement (ici, *pleuvoir*) un début de réalisation. Damourette & Pichon l'avaient compris : « au moment où on considère les conséquences d'une hypothèse, on la pose comme réalisée » (1934 : § 1413). L'aspect sécant recevrait mission d'assurer cette appréhension cursive aux fins de mieux préparer l'aboutissement escompté (la promenade que les circonstances atmosphériques permettront ou permettraient). Il incite à choisir la forme qui le véhicule dans chacune des paires (1) *pleut* et *pleuvra*, (2) *pleuvait* et *pleuvrait* développées sur l'actualité A ou sur l'actualité dépassée A'.

De normativement contraignante dans la protase des systèmes hypothétiques – à moins d'un risque de confusion temporelle : « Si ta haine m'envie un supplice si doux, / Ou si d'un sang trop vil ta main *serait* trempée, / Au défaut de ton bras prête-moi ton épée » (Racine, *Phèdre*, II, 5) [*était* pourrait laisser croire que la main d'Hippolyte était déjà ensanglantée] –, l'alliance du temps futur ou du temps futur du passé et de l'aspect sécant se fait stylistique dans l'apodose : *S'il ne pleut pas, nous partons en promenade* (= « c'est une chose résolue ») et *S'il n'avait pas plu, nous partions en promenade* (= « il a suffi *in extremis* de la contrariété d'une averse »).

Le futur du passé reconfiguré à l'aspect sécant explique encore plusieurs emplois modernes.

- L'« imparfait de concordance » de par exemple *Quand a-t-il dit qu'il partait, Pierre ?* Le départ à venir débute dès qu'il a été programmé (à comparer aux échanges rituels des métros bondés : – *Vous descendez ?* = « vous avez l'intention de descendre ? » – *Non, mais je descendrai* = « je vous laisserai descendre »).
- L'« imparfait forain » des bateleurs. Le *voulait* préféré à *voudrait* de par exemple *Et qu'est-ce qu'elle voulait aujourd'hui, la petite dame ?* souligne le zèle et l'empressement du serveur (« c'est comme si c'était fait »).
- L'« imparfait préludique » anticipe l'accord du partenaire sur les conventions de jeu : *Toi tu étais le gendarme et moi le voleur*, etc. Le « conditionnel » (toujours majoritaire ; *cf.* Patard 2010) se contenterait d'une suggestion.
- L'« imparfait hypocoristique », sans « conditionnel » alternatif (qui reconduirait au « préludique »), s'autorise d'un contrat tacite, conclu de longue date entre adultes par-dessus la tête d'un enfant ou d'un animal n'ayant pas voix au chapitre. Exemples : *Pauvre chéri, on avait un gros bobo à son petit doigt !* ou *Il faisait chaud, hein, mon chien, auprès du feu !*... et, à un adulte infantilisé : « Je n'ai envie que d'une chose : qu'on m'apporte dans mon lit une douzaine de belons avec du vin blanc et qu'on me dise tendrement : Oh ! qu'elle *était* laide, la grosse femme enceinte !... » (Groult).

Le moment est venu de nous élever des mots aux syntagmes. On vérifiera par la même occasion que l'incidence à un support virtuel (relire la définition donnée *supra*[25]), productrice des natures, devient en contexte et avec un support effectif productrice des fonctions.

25 *Cf.* p. 45.

LES SYNTAGMES

PRÉAMBULE

Le pessimisme du structuraliste croate R.-F. Mikus aurait de quoi inquiéter à l'orée de ce chapitre : « La notion de *syntagme*, rencontrée de plus en plus fréquemment dans les ouvrages de linguistique européenne, surtout depuis 1945, n'a pas été décrite suffisamment et on s'entend mal sur le sens à donner à ce terme » (1972 : 11). Circonstance perturbatrice aggravante, l'école française, jugeant le mot *syntagme* « savant », « pédant » ou « jargonnant » (les enseignants en ont pourtant vu d'autres !), lui préfère obstinément *groupe*. Elle a tort. *Syntagme* cumule les avantages, intellectuels et concrets.

L'étymon σύνταγμα signifiait à l'origine (1) « disposition des troupes en ordre de bataille », puis, en généralisant, « rangement » ; (2) « agrégat, bloc, resserrement » et au final « constitution ».

- De l'acception numéro 1, *syntagme* garde l'image de la linéarité, alors que *groupe* évoque un simple rassemblement – si cela se trouve, hétéroclite – de personnes (en sculpture, en peinture, en photographie…) ou de choses (le remplacement des quatre « groupes » de verbes terminés à l'infinitif par *-er, -ir, -oir, -re* par les trois « groupes » en *-er, -ir/-issant* et le pot-pourri *-ir/-ant, -oir, -re*). Lauwers (2004 : 173) appuie dans le même sens : « En définitive, *groupe de mots* risque de devenir synonyme de "ensemble de mots", terme extensible au petit bonheur, pour peu qu'on éprouve un vague sentiment d'unité entre les mots qui le composent. »
- L'acception numéro 2 évite l'abus de langage des grammaires qui assimilent contre-intuitivement à un « groupe » les noms propres de par exemple *Pierre aime Marie* ou, pire, puisqu'il ne saurait plus

y être question d'« article zéro », les pronoms personnels insécables *je, tu, on*, etc. ou les adverbes *là, demain*, etc. (dans par exemple les « groupes sujets » *Là prend un accent* ou *Demain est un autre jour*).

Groupe conserve toutefois des atouts pour l'« analyse logique ». Son utilité sera de contraster *syntagme* au double sens de « fragment de syntagme analytique » et d'« empaquetage de syntagme synthétique » (nos PRO et ADV)[1].

Exemple de fragment de syntagme analytique : le groupe *petite fille aux cheveux blonds* du syntagme *la petite fille aux cheveux blonds* (et le sous-groupe *petite fille* du groupe *petite fille aux cheveux blonds* : les X' et X'' de la « théorie X-barre »)[2].

Exemples d'empaquetage de PRO : « [...] l'avantage que l'univers a sur lui, l'univers l'univers n'*en* sait *rien* » (Pascal) [PRO *rien*, expansion *en*, GPRO 'groupe pronominal' *en... rien*]. « [Celui qui règne dans les cieux] est aussi *le seul qui se glorifie de faire la loi aux rois...* » (Bossuet) [PRO *le seul*[3], expansion *qui se glorifie de faire la loi aux rois*, GPRO *le seul qui se glorifie de faire la loi aux rois*][4].

Exemples d'empaquetage d'ADV : « L'homme n'est qu'un roseau, *le plus* faible *de la nature...* » (Pascal) [ADV *le plus*, expansion *de la nature*, GADV 'groupe adverbial' *le plus... de la nature*]. « ...mes yeux se fermaient *si vite que je n'avais pas le temps de me dire...* » (Proust) [ADV *vite*, expansion *si... que je n'avais pas le temps de me dire...*, GADV *si vite que je n'avais pas le temps de me dire...*]. « Tout va *très bien*, madame la marquise... » (chanson) [ADV *bien*, expansion *très*, GADV *très bien*][5].

DÉFINITION

On désigne par *syntagme* une réunion organique de vocables autour d'un mot faisant figure, au choix, de *tête*, de *centre*, de *foyer*, d'*axe* ou – probablement le plus adéquat – de *noyau*.

---

1 *Cf.* p. 46-47.
2 *Cf.* p. 17.
3 *Cf.* p. 46-47.
4 Sur la fonction exacte de ces « expansions », voir les déterminants qualifiants ; *cf.* p. 64.
5 Pour la fonction des « expansions », voir les compléments de la prédication aux pages 68-69, et le complément de l'adverbe à la page 79, 3.

Quoique des quatre classes retenues au chapitre 2[6] : le nom, l'adjectif, le verbe et le connectif, le dernier ne soit pas plus que les autres interdit de rôle nucléaire[7], les syntagmes se laissent ramener à une trilogie (1) de syntagmes nominaux (SN), (2) de syntagmes adjectivaux (SA), (3) de syntagmes verbaux (SV).

Des syntagmes avec préposition introductive (les SP 'syntagmes prépositionnels' de la grammaire générative) sont rattachables à chacun des précédents : préposition + SN = syntagme nominal prépositionnel ; préposition + SA = « syntagme adjectival prépositionnel » ; préposition + SV = « syntagme verbal prépositionnel ».

LE SYNTAGME NOMINAL

Un SN se constitue d'un *noyau nominal* (NN) et d'un ou plusieurs mots qui s'y rapportent : les *déterminants* (au sens propre de *déterminer* = « circonscrire, limiter, enclore »)[8].

LE NOYAU NOMINAL

Le NN est certes le plus souvent un nom, que son extension immédiate[9] prédestine à cette tâche, mais pas forcément. La section ci-dessous[10] fournit des exemples de NN d'extension originellement médiate ou bimédiate[11].

6 *Cf.* p. 45.

7 *Cf.* p. 63.

8 Beaucoup de grammaires françaises, bénéficiaires mais aussi victimes du distributionalisme américain déferlant sur l'Europe à partir des années 1970 (les estafettes : Dubois & Lagane 1973), en arrivent à oublier les natures et les fonctions de leur propre tradition. Deux conséquences funestes : (1) la création d'une « classe » de *déterminants* qui réunit aux « articles » *le, la, les*, etc. les anciens adjectifs « déterminatifs » (*cf.* p. 46) débarrassés, parce que combinables aux « articles », des « numéraux ordinaux » *premier, deuxième, troisième...*, « possessifs toniques » *mien, tien, sien...* et « indéfinis » *autre, même, quelconque* ; (2) la soustraction à la fonction déterminative des anciens adjectifs « qualificatifs », rassemblés avec les « numéraux ordinaux », « possessifs toniques » et « indéfinis » susdits en une « classe » d'*adjectifs*. Répétons que les uns et les autres sont par nature des adjectifs (d'extension médiate) et par fonction des déterminants.

9 *Cf.* p. 45.

10 *Cf.* p. 62-63.

11 *Cf.* p. 46.

LES DÉTERMINANTS

La façon dont ils déterminent les trie en (1) quantifiants, (2) qualifiants, (3) quantiqualifiants[12].

LES QUANTIFIANTS

Ils déclarent l'*extensité* – un néologisme de Guillaume mais une notion qui remonte, sous le nom d'*étendue*, à Beauzée (1767) – d'un NN (ou d'un groupe nominal GN), soit la quantité d'êtres du monde auxquels le NN (ou le GN) est appliqué dans l'ensemble des êtres du monde auxquels il est applicable. Cela va des quantifications les plus précises (extensité numérique : *un, deux, trois, quatre...*) aux plus larges (extensité transversale de par exemple *Un enfant est l'ouvrage de sa mère* ou *L'homme est un animal raisonnable* = « tous les enfants, tous les hommes » vs *Un enfant pleure dans la chambre voisine* ou *L'homme s'était assis* = « un individu »..., sans oublier, aux deux pôles, le déterminant Ø 'zéro' de par exemple *Pierre répète finement que pierre qui roule n'amasse pas mousse* = « le quidam Pierre », « les pierres » et « pas de mousse ») en passant par des zones hautes, basses ou moyennes de l'éventail (extensité sectorielle : *chaque, tout, aucun, nul, quelques, plusieurs...*).

> Voir une belle brochette de quantifiants simples et composés dans le poème *Inventaire* de Prévert : « *Une* pierre / *deux* maisons / *trois* ruines / *quatre* fossoyeurs / *un* jardin / *des* fleurs / *un* raton laveur / *une douzaine d'*huîtres *un* citron *un* pain / *un* rayon de soleil / *une* lame de fond / *six* musiciens / *une* porte avec son paillasson / *un* monsieur décoré de *la* légion d'honneur / *un* autre raton laveur / *un* sculpteur qui sculpte *des* napoléon / *la* fleur qu'on appelle souci [...] / *une minute de* silence / *une seconde d'*inattention [...] / *Un* paysage avec *beaucoup d'*herbe verte dedans [...] / et... *plusieurs* ratons laveurs ». La gamme des quantifiants composés s'étend des noms (*une douzaine de, une minute de, une seconde de* et *un doigt de, une pincée de, un soupçon de, un songe de...* [Valéry : « Je n'ai, sur ma tendre corbeille, / Jeté qu'*un songe de* dentelle » = "presque rien"]) et des ADV (*beaucoup de, assez de, plus de, moins de, longtemps de...* [Brassens : « ...après *longtemps d'*amour, *longtemps de* fiançailles... »]) aux pronoms et aux

12 *Quantifiant* plus en harmonie avec *déterminant* que les concurrents *quantificateur* (adapté à la logique : le quantificateur universel ∀ = « pour tout x, quel que soit x », le quantificateur existentiel ∃ ou ∃! = « il existe un x » et « il existe un seul x ») ou *quantifieur* (ce décalque de l'anglais *quantifier* aurait dû imposer aussi *déterminеur*). *Qualifiant* est le pendant tout trouvé de *quantifiant* (on veillera seulement à ne pas le confondre avec les « adjectifs qualificatifs » d'antan). *Quantiqualifiant* télescope *quantifiant* et *qualifiant*.

adjectifs adverbialisés (*que de, gros de, petit de…*). Jusqu'à des sous-phrases : « *Ce qu'il faut de* malheur pour la moindre chanson » (Aragon), etc.

Les marqueurs de l'extensité font véritablement le SN. Se nominalisent ainsi NN par privation d'incidence contextuelle[13] ou, si l'on préfère, par la tenue en incidence interne d'un mot obligé de ne se rapporter qu'à lui-même (d'être à la fois son apport et son support) :

- des adjectifs : *le dix de cœur, un chaud et froid, la der des der, les misérables, un bleu* = « une ecchymose » (*vs* le PRO = « un veston bleu[14] »), *la folle du logis, une bande de durs, les Précieuses, la carte du Tendre…*
- des verbes : « Un *tiens* vaut mieux que deux tu l'auras » (La Fontaine), les infinitifs *un grand savoir, le manger et le boire, des rires et des sourires* (la marque du pluriel scelle la naturalisation en noms), les participes *un croyant, des mourants…, un inculpé, les proscrits…*
- des pronoms et des adverbes : *un moi surdimensionné*, « …ce *lequel* lui paraissait meilleur que tous les discours de Cicéron réunis » (Gareschi, tr. fr.)… et « C'est un profond *jadis…* » (Valéry), « Il n'y a plus d'*après* / À Saint-Germain-des-Prés » (Béart), « Le vierge, le vivace et le bel *aujourd'hui…* » (Mallarmé)…
- des conjonctions : *Il n'y a pas de mais ou de si qui tienne…*
- des prépositions : *mon ex* = « mon ex-mari, mon ex-femme », *un extra* = « un supplétif, une folie »…
- des SN préconstruits (par exemple *Les « ma chérie » et « mon amour » dont Pierre abreuve Marie…*) et des phrases à prédication ouverte ou fermée[15] : *se fâcher pour un oui ou pour un non*, « […] c'est un acteur déplorable qui gueule, / Et qui soulève avec des *han !* de porteur d'eau / Le vers qu'il faut laisser s'envoler » (Rostand), « Les *encore*, les *c'est bon*, les *continue* / Qu'elle crie pour simuler qu'elle monte aux nues, / C'est pure charité » (Brassens), *son je ne sais quoi, un sauve-qui-peut général* (les traits d'union cimentent trois mots graphiques)…

13 *Cf.* p. 57.
14 *Cf.* p. 46.
15 *Cf.* p. 32-35.

Les qualifiants

Ils touchent à l'*extension* du NN ou, pour rappel, l'ensemble des êtres du monde auxquels le NN est applicable, hors contexte ou dans une situation donnée. Par exemple, le SN *une fille courageuse* réduit l'ensemble des filles à un sous-ensemble (il existe moins de filles courageuses que de filles tout court), le GN *fille courageuse*, que quantifie *une*. Même les neutralisations *le bouillant Achille* = « Achille en permanente ébullition » ou *la perfide Albion* = « l'Angleterre telle qu'en elle-même l'éternité ne la change pas » inscrivent aux ensembles singletons, i.e. constitués d'un seul élément, *Achille* et *Albion* des sous-ensembles *bouillant Achille* et *perfide Albion* égaux aux ensembles initiaux (se rappeler qu'en mathématique ensembliste l'ensemble est déjà le premier sous-ensemble de l'ensemble).

Les qualifiants sont en majorité des adjectifs, indépendamment de leur sémantisme : les « intrinsèques » *grand, rouge, pauvre, serviable, bon*, etc., les « extrinsèques » *autre, même, ainé, cadet, dernier*, etc., les « relationnels » *cardiaque* = « du cœur », *routier* = « des routes », *terrestre* = « de la terre », etc., les « comparatifs synthétiques » *meilleur, pire*, etc., les « ordinaux » *premier, second*, etc., les « multiplicatifs » *double, triple*, etc., les « possessifs » *mien, tien, sien*, etc. Mais aussi des noms (et des SN), des verbes, des syntagmes synthétiques PRO ou ADV, raccordés directement ou indirectement au NN, des sous-phrases.

- Noms : robes roses (le pluriel en -s consacre l'adjectivation, vs des vestes marron, des pantalons garance, des sous-vêtements cerise, etc.), régime minceur, plan catastrophe, fauteuil Voltaire, etc.
- SN prépositionnels : arbre à fruits, soupe aux potirons, femme du boulanger, château de ma mère, gloire de mon père, biscuits pour chien, etc., classiquement dits « compléments déterminatifs », donc déterminatif assez juste, mais complément inexact, les syntagmes analytiques SA et SV ayant le monopole de la fonction complétive[16].

  Sont à inclure aux qualifiants (contre l'avis qu'émet entre autres l'Académie Française dans le chapitre *Les danseuses étoiles regardent des films cultes* du livre *Dire, ne pas dire*, 2014), les « fausses appositions » *roi Louis, ville de Paris, Sinbad le Marin, nos ancêtres les Gaulois*, etc.[17].

---

16 *Cf.* p. 68, n. 20.

17 Confronter à la mise au point du chap. 1, p. 35, les exemples mentionnés au chap. 2, p. 36, n. 27.

- Verbes : les participes *thé dansant, eau bouillante, eau bénite, porte close, ramoneur juré*... ; les infinitifs *fer à friser, fureur de vivre*...
- Pronoms : *Pierre le Grand, Jeanne la Folle*... (la majuscule indique que les qualifiants sont partie intégrante de la dénomination propre), *bien d'autrui, envie de rien, besoin de tout*...
- Adverbes : *lettre exprès, banquette arrière, temps jadis, fille bien, ci-devant marquis, désormais ministre, journal d'hier, gens d'ici, neiges d'antan*...
- Sous-phrases : *l'homme qui rit* (pronominale), *la pensée que Marie m'attend* (conjonctivale)...

Le français ayant perdu le pouvoir d'utiliser les pronoms *celui, celle, ceux, celles* isolément, la solidarisation de *celui qui* et de *ceux qui* dans par exemple « Celui qui règne dans les cieux... » (Bossuet) ou « Ceux qui vivent, ce sont ceux qui luttent » (Hugo), aussi soudés que *ce que, ce qui*[18], empêche de voir en *qui règne, qui vivent* et *qui luttent* des qualifiants. Il faut un élément intercalé pour rendre aux pronoms *celui, celle, ceux, celles* leur autonomie et refaire de la sous-phrase une déterminative : « Celles-là même *qui, naguère, / Le couvaient d'un œil décidé*... » (Brassens). « ...ce garçon-là c'est bien / Celui des deux *qui eut le moins de chance*... » (Norge), etc.

- Au moins une phrase synthétique INTER : *la bof génération* = « qui méprise tout et n'importe quoi ».

Les quantiqualifiants

Ils assurent conjointement l'extensité et l'extension du NN ou du GN. Leur disparate n'en facilite pas l'inventaire.

- Le quantifiant *le* (élidé) et le qualifiant *autre* sont séparés dans le quantiqualifiant *l'un ou l'autre* de par exemple *Prêtez-moi l'un ou l'autre livre* = « un livre quelconque » ou *Prêtez-moi l'un et l'autre livres* = « les livres *x* et *y* » (moins naturel que *les deux livres*). Aussi *ni l'un ni l'autre, les uns et/ou les autres, l'un comme l'autre, l'un avec l'autre*, etc.
- Les quantifiants *le, la, les* et les qualifiants *dit, dite, dits, dites* sont soudés dans *ledit, ladite, lesdits, lesdites*, la première composante contractable en *au, aux* : *audit, auxdits, auxdites*, et en *du, des* : *dudit, desdits, desdites*, la seconde composante préfixable par *sus* (le

18 *Cf.* p. 30, 2 (b).

quantifiant alors détaché) : *le susdit, la susdite*, etc. Les mêmes *le, la, les* s'allient, contractions en *au, aux* et *du, des* comprises, aux qualifiants *quel, quelle, quels, quelles* : *lequel, duquel, auquel*, etc.

Extrait du *Code civil* (article 439) : « Dans le délai de trois jours, à partir de la notification qui lui aura été faite de sa nomination, *lequel* délai sera augmenté [...] » = "le délai en question".

– Certains SN composés de deux noms unis par *de* ont une lecture où tantôt le premier nom, tantôt le deuxième nom est NN.

Rapprocher par exemple les phrases *Une espèce de dinosaures s'est conservée plus longtemps* = « tous les spécimens de dinosaures n'ont pas disparu simultanément » et *Gaston est une espèce de dinosaure* = « quelque chose de ressemblant à un animal préhistorique » : successivement, (1) quantifiant *une* + NN *espèce* + qualifiant *de dinosaures*, (2) quantiqualifiant *une espèce de* + NN *dinosaure.*

Idem des approximations *une sorte de, une manière de, un genre de, un drôle de* – le féminin *drôlesse* irrecevable dans cet emploi – et des « affectifs » (Gaatone 1988) *cette coquine de (Marie), un putain de (climat), ma vingt dieux de (bécane)*, etc. (pour les souvent mieux inspirés Arrivé, Gadet & Galmiche, cités *supra*[19], une cinquième liste de « fausses appositions » : *cette canaille de Paul, cet imbécile de gendarme* et *ton colonel de mari* mis sur le même pied que *Paul, cette canaille..., le gendarme, cet imbécile..., ton mari, le colonel...).*

Quatre exemples littéraires : « C'était un Chat vivant comme un dévot ermite, / Un Chat faisant la chattemite, / *Un saint homme de* Chat, bien fourré, gros et gras » (La Fontaine). « J'ai *une drôle d'*idée dans ma tête » (Voltaire). « ...l'homme, *une espèce de* Maure, / Saisit un pistolet qu'il étreignait encore... » (Hugo). « *Son bonhomme de* mari avait tant fait d'affaires, / Tant vendu ce jour-là de petits bouts de fer... » (Brassens).

– Un ingrédient quantifiant et un ingrédient qualifiant sont décelables au creux des « possessifs » *mon, ton, son, ma, ta, sa, mes, tes, ses, notre, votre, leur, nos, vos, leurs* et des « démonstratifs » *ce* (*cet* devant voyelle), *cette, ces* : *mon livre* = « le » (quantifiant) + « à moi » (qualifiant), *ce livre* = « le » (quantifiant) + « que je montre » (qualifiant), etc.

– Les quantiqualifiants simples les moins apparents se détectent au fait que l'addition d'un quantifiant leur laisse la composante

19 *Cf.* p. 36, n. 27.

qualifiante. Comparez « *Certain* Renard gascon, d'autres disent normand… » (La Fontaine) = "un renard" (quantifiant) + "que je sais" ou "qu'il n'est pas nécessaire de caractériser davantage" (qualifiant) et « Toute ma vie, je me suis fait une *certaine* idée de la France » (De Gaulle) = *une* (quantifiant) + *certaine* = « à décrire » (qualifiant) + *idée* (NN).

Mettre ici : *quel, quels, quelle, quelles* (qualifiants dans *lequel, laquelle, lesquels, lesquelles*) et les combinaisons *je ne sais quel, n'importe quel, Dieu sait quel…* (par exemple *Quelle heure ? !* = quantifiant « une » + NN *heure* + qualifiant « sur laquelle je m'interroge » ou « à propos de laquelle je m'exclame ») ; les pluriels *différents, différentes* et *divers, diverses* = quantifiant « des » + qualifiant « variés ou variées » (les singuliers *différent, différente, divers, diverse* toujours qualifiants) ; le singulier *quelque*, non quantifiable par *un/une* ou *le/la* (par exemple *On sonne à la porte : ce sera quelque importun* = quantifiant « un » + qualifiant « quelconque », *vs* le pluriel *quelques*, quantifiable par *les, mes* ou *ces* mais exclusivement quantifiant : *Donnez-moi quelques minutes* = « un certain nombre de minutes ») ; *tel, telle, tels, telles* (par exemple *Rendez-vous tel jour à telle heure* = « un jour et une heure non précisés mais précisables »).

Le *hic* est que dans la maxime *Tel père, tel fils*, on ne saura lequel retenir du quantiqualifiant *quel* ou du quantifiant Ø (que favorise l'allure proverbiale : *Bonne renommée vaut mieux que ceinture dorée* ou *Pluie du matin n'arrête pas le pèlerin*, etc.) suivi de *tel* qualifiant = « pourvu de propriétés x ou y ». Offrent également ce dilemme : *autre* (de par exemple *Autre chose me vient à l'esprit*), *même* (de par exemple *Même consigne leur a été donnée*), *pareil* (de par exemple *Pareil succès me surprendra toujours*), *semblable* (de par exemple *Semblable comportement a de quoi irriter*).

LE SYNTAGME ADJECTIVAL

Un SA se constitue d'un *noyau adjectival* (NA) et d'un ou plusieurs mots qui s'y rapportent : les *compléments de l'adjectif* (abréviation CA)[20].

LE NOYAU ADJECTIVAL

Le NA permet au SA de remplir une fonction : d'« épithète » ou, plus clairement désormais, de déterminant qualifiant (la collocation *adjectif épithète* ayant transformé dans la routine scolaire *épithète* en un synonyme d'*adjectif*[21]), d'attribut ou d'apposition.

> Exemples de SA qualifiant : « Il passa contre nous, ne s'interrompit pas de parler à sa voisine, et nous fit du coin de son œil bleu un petit signe *en quelque sorte intérieur aux paupières* [...] » (Proust) [NA *intérieur*, CA *aux paupières* (sur *en quelque sorte*)[22]]. « C'est un trou de verdure où chante une rivière / *Accrochant follement aux herbes des haillons / D'argent* » (Rimbaud).

> Exemples de SA attribut : « Franchement, il est *bon à mettre au cabinet* » (Molière) [NA *bon*, CA *à mettre au cabinet*]. « ...il est *étendu dans l'herbe, sous la nue...* » (Rimbaud)[23].

> Exemples de SA apposition : « [...] *fier de faire une chose énorme et goguenarde,* / Un grenadier français monte, à Schœnbrunn, la garde » (Rostand) [NA *fier*, CA *de faire une chose énorme et goguenarde*]. « ...il est étendu dans l'herbe, sous la nue, / *Pâle dans son lit vert où la lumière pleut* » (Rimbaud) [NA *pâle*, CA *dans son lit vert où la lumière pleut*].

LES COMPLÉMENTS DE L'ADJECTIF

Les CA appellent trois précisions.

(1) Dans les exemples de SA qualifiant et de SA attribut empruntés à Rimbaud, le NA *accrochant* et le NA *étendu*, « participant », comme la

---

20 Le nom, que l'extension immédiate tourne originellement sur lui-même, ou n'importe quel NN tenu en incidence interne (*cf.* p. 62-63), « importe » des *déterminants* ; l'adjectif et le verbe, d'extension médiate, primitivement tournés vers le dehors, « exportent » des *compléments*.

21 Témoin Grevisse : « On omet l'article devant le nom apposé ou attribut quand ce nom n'a qu'une valeur d'épithète, de simple adjectif » ([11]1980 : § 680).

22 *Cf.* p. 69, (2).

23 *Cf.* p. 68-69, (1).

dénomination usuelle de « participe présent » et de « participe passé » l'indique, à la fois de l'adjectif – dont ils sont susceptibles de prendre les marques de genre et de nombre – et du verbe, enclenchent le SA mais cèdent aussitôt le relais et inscrivent leurs compléments à l'actif du verbe[24].

(2) Le modalisateur *en quelque sorte* dans l'extrait de Proust est complément de la détermination (en abrégé CD) allant du qualifiant *intérieur aux paupières* au GN *petit signe* du SN *un petit signe intérieur aux paupières*. Exemples courants de CD, les ADV *très, tant, aussi, si*, etc. de *une fille très courageuse, une réussite tant espérée, un aussi beau temps, une si noble action*, etc.

(3) Toute séquelle de NA n'est pas un CA. Prenons par exemple les compléments *à lier* ou *d'avoir refusé ce poste* des phrases *Nestor est fou à lier* (= « complètement fou ») ou *Marie est folle d'avoir refusé ce poste* (= « le refus de Marie tend à montrer qu'elle est folle »), en incidence à l'entier des prédications *Nestor est fou* et *Marie est folle* (vs *Marie est folle de Nestor* : CA *de Nestor*). Ce sont des compléments de la prédication (en abrégé CP), comme le *très* de *Marie est très courageuse* (vs le CD de *une fille très courageuse*) ou le groupe *plus… que Pierre* de *Marie est plus courageuse que Pierre*, etc.

L'admission d'un CP *très* ou *si* dans les constructions en *avoir* + nom inarticulé : *Pierre a très/si faim, soif, peur*, etc. révèle qu'elles sont assimilables à des constructions en *être* + adjectif : *Pierre est très/si affamé, assoiffé, apeuré*, etc.

LE SYNTAGME VERBAL

Un SV se constitue d'un *noyau verbal* (abréviation NV) et d'un ou plusieurs mots qui s'y rapportent : les *compléments du verbe*[25].

24 *Cf.* p. 70-73.

25 À l'encontre de Van Raemdonck (2016 et *passim*), je considère que la fonction complétive doit absolument être distinguée de la fonction déterminative (et vice-versa : relire ce qui est dit du « complément déterminatif » à la page 64). L'argument de la réduction d'extension que partageraient les compléments et les déterminants qualifiants assimile à tort, dans par exemple *Pierre croque une pomme*, l'action « croquer une pomme » à un sous-ensemble de l'action « croquer » plutôt qu'à un élément du couple – en mathématique, le « produit cartésien » – des sujets croqueurs et des objets croqués.

LE NOYAU VERBAL

Parmi tous les noyaux verbaux, l'infinitif trône au sommet de la pyramide qui conduit les formes conjuguées jusqu'au « verbe fini » (i.e. l'indicatif) des linguistes scandinaves et américains. Quittant la sphère du nom – de même que ses voisins du mode impersonnel, les participes, réalisent le passage du SA au SV[26] –, il effectue le transit du SN au SV : « *Faner* est la plus jolie chose du monde » (Mme de Sévigné) = "la fenaison" (infinitif sujet non complémenté) et *Boire un petit coup est agréable* (infinitif sujet complémenté), etc.

LES COMPLÉMENTS DU VERBE

Une première division en compléments (1) *nucléaires* et (2) *linéaires* débroussaille l'entrée d'un véritable maquis.

Compléments nucléaires

Ils ont leur incidence au NV ou au GV 'groupe verbal' que le NV forme avec un premier complément nucléaire. Par exemple, *Pierre offre un livre à Marie* : complément *un livre* du NV *offre* et complément *à Marie* du GV *offre un livre*.

Les compléments nucléaires correspondent à ce que la doxa grammaticale a baptisé, après beaucoup de tâtonnements, « complément direct » (*i.e.* non prépositionnel) et « complément indirect » (*i.e.* prépositionnel) ; ensuite « complément d'objet direct » et « complément d'objet indirect », *objet* servant à sélectionner les compléments « directs » utiles à l'accord du participe passé conjugué avec l'auxiliaire *avoir* (par exemple *Le boulanger cuit la baguette* et *La baguette que le boulanger a cuite*… vs *Le boulanger cuit la nuit* et *C'est la nuit que le boulanger a cuit / *cuite*). Mais *direct* et son repoussoir *indirect* font bon marché des compléments prépositionnels néanmoins déclarés « directs » *aimer à (lire), permettre de (rêver)*, etc. – questionnables *aimer quoi ?, permettre quoi ?* – ou des compléments non prépositionnels mais néanmoins déclarés « indirects » *me, te, se, leur*, etc. de par exemple *Pierre me/te/se/leur parle* = « à moi, à toi, à lui, à eux ».

On se satisferait aisément de *complément premier* et de *complément second* ou, en abrégé, CV1 et CV2. Ces chiffres 1 et 2 ne préjugent en rien de

26 *Cf.* p. 68, (1).

l'ordre de survenance, ce sont les questions posées après le verbe avec ou sans préposition qui discriminent les compléments : *qui ?* (animé) et *quoi ?* (inanimé) obtenant un CV1, *à qui ?, à quoi ?* (plus la variante *en* de par exemple *croire en Dieu et au Diable*) et *de qui ?, de quoi ?* (plus la variante *par* de *Nestor, aimé de toutes les femmes, l'est aussi par Marie*, etc.) obtenant un CV2.

> Des CV sous la menace, heureusement faible, d'un complément linéaire répondant simultanément à une autre question heuristique : *où ?* ou *pour*[27] *?*.

De là un triple recadrage :

1. Les CV1 récupèrent le prétendu « sujet réel » de par exemple *Il y a le train qui arrive* ou « Y a *d'la joie* » (Trenet) [mais *Il tombe des cordes* ou à plus forte raison l'« intransitif » *Il lui est arrivé malheur*, etc., seront de nouveaux candidats à la fonction apposition[28]].
2. Les CV2 rapatrient le « complément d'attribution » de par exemple *Pierre offre un livre à Marie* ou *Pierre lui offre un livre* (CV1 + CV2 ou CV2 + CV1) et le « complément d'agent » des grammaires scolaires : « Ce pigeon est aimé trois jours *par sa pigeonne* » (Richepin), etc.
3. Les pronoms réflexifs *me, te, se, nous, vous* morphologiquement ou sémantiquement persistants et par conséquent inquestionnables de *Pierre s'est abstenu* ou de *Nous nous sommes aperçus d'une erreur* seront notés CV0.

Compléments linéaires

Leur point d'incidence déborde du NV ou du GV. Par exemple, les SN *chaque année* et *pour son anniversaire* de la phrase *Pierre offre chaque année un livre à Marie pour son anniversaire* se rapportent au tout que forment le CV1 *un livre* et le CV2 *à Marie* avec le NV *offre* et le GV *offre un livre*.

Répondant aux cinq questions « de second ordre » de la vieille rhétorique (*vs* le questionnement « de premier ordre » *quis* 'qui' *?* et *quid* 'quoi' *?*) : *ubi* 'où' *?* (lieu), *quando* 'quand' *?* (temps), *cur* 'pourquoi' *?* (cause), *quomodo* 'comment' *?* (manière), *quibus auxiliis* 'grâce à quoi' *?* (moyen),

---

27 Voir aux pages 73-74 les compléments « de lieu » *à la mer, à Rome, au haut, au bénitier*, et, à la page 76 les compléments *vous* et *me* questionnant un verbe copule : *Tout vous est aquilon, tout me semble zéphyr*)

28 *Cf.* p. 35-36.

ces compléments se sont vu qualifier de « circonstanciels ». La pratique scolaire a gonflé leur nombre : compléments « de mesure », « de poids », « de prix », « de partie », « de but », « d'accompagnement », « de propos », « d'instrument », « de résultat », « de comparaison », « de condition », « d'opposition », « de conséquence », « de concession », « d'addition », « de proportion », « d'exclusion », « de changement », « de condition atmosphérique » [*sic*], etc.

Un pareil martyrologe à d'autres défauts que sa surabondance et le flou des frontières.

Il est loin de rendre compte de cas aussi interpellants que *Si tu as soif, il y a de la bière au frigidaire* (la soif n'est ni « condition » de la bière ni la bière « conséquence » de la soif) ou *Il a plu parce que le trottoir est mouillé* (l'humidité du trottoir n'est pas « cause » de pluie). Il uniformise le « lieu » dans par exemple *Les militaires se sont rendus en Argentine* = (1) « ils y sont allés » et (2) « ils y ont déposé les armes ». Ou le « temps » dans la phrase liminaire de *À la recherche du temps perdu* : « *Longtemps*, je me suis couché *de bonne heure* » (Proust), bien que *longtemps* domine la prédication et que *de bonne heure* s'y insère.

Le remède serait de délaisser dans un premier temps – libre à ceux qui le souhaitent d'y revenir – la sémantique au profit de la syntaxe. Par commodité, nous conserverons à nos compléments linéaires l'appellation tesniérienne de *circonstant* (abréviation CC), qui, au moins, prévient l'assimilation aussi tentante que fallacieuse de *circonstanciel* à « accessoire » ou à « facultatif », avec le désastreux corollaire que les compléments « obligatoires » de par exemple *Pierre vit à Paris* ou *Les fleuves vont à la mer*[29] auraient à se trouver un créneau ailleurs[30].

La thèse ici défendue est que les CC, selon la portion de SV qu'ils atteignent, s'échelonnent de droite à gauche en six secteurs, répertoriés CC1, CC2, CC3, CC4, CC5, CC6. Et, pour être complet (en écho au CV0[31]), CC0 les pronoms clitiques inquestionnables *en* et *y* de par exemple *s'en aller* ou *il y a*.

---

29 *Cf.* p. 73.

30 Riegel *et alii* ([4]2009 : 394) classent par exemple « compléments du verbe » et « objets indirects » les *à Paris* de *Il va à Paris* ou *sur la cour* de *La fenêtre donne sur la cour*. Le *Rapport de mission sur l'enseignement de la grammaire* élaboré par Bentolila, Desmarchelier & Orsenna (2006) décrète *Nanterre* et *à Lyon* de *J'habite Nanterre, elle rentre à Lyon* compléments « du verbe » au motif qu'ils ne sauraient être décrits compléments « de phrase » et que, vulgairement dit, s'ils ne sont pas l'un ils ne peuvent être que l'autre.

31 *Cf.* p. 71, (3).

La fonction CC est normalement interdite aux adjectifs. Dans par exemple « L'arbre tient bon » (La Fontaine), *bon* est un adverbe, et peut-être aussi *cher* dans *coûter cher* (= « beaucoup »), *bronzer idiot* (= « bêtement »)… *Faire* a valeur de copule dans *Ce manteau fait joli*, etc. (d'où la possibilité d'accorder au féminin : *Cette pèlerine fait joli/jolie*). Les quasi-locutions verbales *miser gros, servir chaud, boire sec*, etc. et les régionalismes *avoir facile, avoir difficile, avoir bon*, etc. analogiques de *avoir chaud, avoir froid* pourraient soit nominaliser un adjectif (« du gros, du chaud, du sec », avec article zéro), soit pronominaliser des syntagmes nominaux munis d'un adjectif épithète (« de grosses sommes », « la vie facile », etc.) ou, mieux, prolongés d'un adjectif apposition (« *x, y* ou *z* de gros, de chaud, de sec, etc. ») avec neutralisation au masculin du nom effacé interchangeable.

– Premier secteur

Les CC1 complémentent la relation au verbe de sa copule sous-jacente[32]. Exemples : *Pierre habite (à) Paris* ou *Pierre vit à Paris*, proches de l'attribut *Pierre est à Paris*[33]. Leur suppression ou leur déplacement rendent la phrase agrammaticale : **(À Paris,) Pierre vit…* ; ou donnent au verbe un autre sens : *Pierre vit* = « a échappé à la mort », « végète », etc. Du même moule : *Ce plat va au four* ⇨ **Ce plat va* (vs *Cette robe va à Marie* = « sied » : CV2). *Les fleuves vont à la mer* ⇨ **Les fleuves vont. Tous les chemins mènent à Rome* ⇨ **Tous les chemins mènent. La chambre donne sur la cour* ⇨ **La chambre donne. Pierre éclate en sanglots / fond en larmes* ⇨ **Pierre éclate/fond…* L'impropriété du verbe « vicaire » *faire* servirait au besoin de test additionnel : **Pierre fond et il le fait en larmes. Les militaires se sont rendus et ils l'ont fait en Argentine* sélectionne l'interprétation « y ont déposé les armes » (*vs *Les militaires se sont rendus et ils l'ont fait en Argentine* = « y sont allés »).

Ces compléments ne s'antéposent au verbe qu'à la faveur d'une focalisation[34] : *C'est à Paris que Pierre vit…*, ou comme pronom enchâsseur de sous-phrase : *Pierre est né à Paris, où sa sœur Marianne vit toujours.*

– Deuxième secteur

Les CC2 s'incrustent au prédicat[35]. La négation en est le prototype : *Pierre ne chante pas* = « Pierre chante dans une mesure égale à zéro », et tous les CC2 se reconnaissent au fait qu'ils l'aimantent : *Pierre ne*

32 *Cf.* p. 31, n. 17.
33 *Cf.* p. 32, (1).
34 *Cf.* p. 79, (2).
35 *Cf.* p. 32, (1).

chante pas dans le ton = « Pierre chante mais pas dans le ton », *Marie ne sait pas compter sur ses doigts* = « Marie sait compter mais pas sur ses doigts » (*vs* le CC1 *Marie ne compte pas sur Pierre* ≠ **Marie compte, mais pas sur Pierre*)…, ou en seraient capables : *Pierre se couche tard et se lève tôt* s'interprète en phrase négative « il n'est pas tard quand Pierre se couche et pas tôt quand il se lève ».

Quelques exemples littéraires : « Après bien du travail, le Coche arrive *au haut* » (La Fontaine) [*vs* par exemple … *arrive à se dégager* : CV2]. « Lui que l'eau fait sauver, courut *au bénitier*, / Se pencha *sur sa conque* et le but tout entier ! » (Rostand). « Je l'ai vu, tout couvert de sang et de poussière, / Porter *partout* l'effroi *dans une armée entière* » (Corneille) [le SN *l'effroi* CV1 du noyau verbal *porter*, l'adverbe *partout* CC2 du groupe verbal *porter l'effroi* et le PREPSN *dans une armée entière* CC2 du groupe verbal *porter partout l'effroi*]. Un exemple, plus rare, de CC2 devançant le verbe : « Ses gardes affligés respectaient son silence, *autour de lui* rangés » (Racine) [le SA *autour de lui rangés* apposition de l'apposé *ses gardes affligés* et *autour de lui* CC2 du participe *rangés*].

– Troisième secteur

Les CC3 appréhendent de l'extérieur la prédication, non plus englobante mais englobée. Deux exemples avec détachement du circonstant : « *Après bien du travail*, le Coche arrive au haut » (La Fontaine) [CC3 *après bien du travail* vs le CC2 *au haut*]. « *Longtemps*, je me suis couché de bonne heure. *Parfois, à peine ma bougie éteinte*, mes yeux se fermaient si vite que je n'avais pas le temps de me dire : "je m'endors" » (Proust) [CC3 *longtemps, parfois* et *à peine ma bougie éteinte* vs CC2 *de bonne heure*]. Deux exemples sans détachement du circonstant (et à sujet postposé) : « *De temps en temps* sonnait au loin un clairon » (Hugo) [CC3 *de temps en temps* vs CC2 *au loin*]. « *Çà et là* passaient de furtives silhouettes » (Giono).

Pour être moins fréquente, la position postverbale n'est pas exceptionnelle. Il suffit d'une virgule ou d'une pause à l'oral : « Mon père, ce héros au sourire si doux, suivi d'un seul housard qu'il aimait entre tous pour sa grande bravoure et pour sa haute taille, parcourait à cheval, *le soir d'une bataille*, le champ couvert de morts sur qui tombait la nuit » (Hugo) [CC3 *le soir d'une bataille* vs le CC2 *à cheval*]. Comparer le CC3 de *Pierre n'est pas parti, sans que Marie le sache* = « Marie croyait que Pierre était parti » et le CC2 de *Pierre n'est pas parti sans que Marie le sache* = « il est impensable que Marie ait ignoré le départ de Pierre »).

– Quatrième secteur

Les CC4 se font écho d'une composante à l'autre d'une phrase multiple ou de la sous-phrase à la phrase matrice d'une phrase complexe.

- Du premier type, les « corrélatifs » *plus... plus* ou *tantôt... tantôt...* de par exemple *Plus il mange, plus il maigrit* ou « Un avorton de mouche en cent lieues le harcèle : / *Tantôt* pique l'échine, et *tantôt* le museau, / *Tantôt* entre au fond du naseau » (La Fontaine).
- Du deuxième type, la « subordination inverse[36] » (« Le cardinal n'avait pas gagné la porte, *que ses larmes, violemment retenues, débordèrent* » et « Vous m'interrogeriez cent fois *que je vous ferais toujours la même réponse* »). Pour dévider le fil de l'intrigue, la sous-phrase saisit les perches que lui tend la phrase matrice : une information négative (la porte non franchie) en manque d'aliment consistant (l'afflux de larmes) et le renchérissement de *toujours* sur *cent fois.*

D'autres exemples : « À peine le jugement fut-il rendu, *qu'on retrouva le cheval et la chienne* » (Voltaire) et « À peine avions-nous poussé un cri de surprise, *qu'il en arriva une seconde* » (Guilloux) [les deux *à peine* lèvent le rideau sur le spectacle]. « Hélas ! je parle encor *que déjà ma parole / Est tournée en poison dans chaque parabole* » (Vigny) [les *encore* et *déjà* en répons]. « La foudre serait tombée dans le salon *qu'elle n'aurait pas produit plus de surprise* » (Stendhal) [le préambule annonce un épisode à la lettre « foudroyant »].

– Cinquième secteur

Les CC5 situent un épisode parmi une série d'évènements : *d'abord* (par exemple *D'abord Pierre est parti* ou *Pierre est parti d'abord* = « différentes péripéties allaient suivre »), *encore* (par exemple *Tu me dois encore dix centimes* = « une fois de plus, ça tourne à l'habitude »), *déjà* ou *enfin* (par exemple *Marie est déjà / enfin là* = « plus tôt ou plus tard que prévu »). Les adverbes potentiellement paradigmatisants sont légion : *même* (par exemple *Même Marie et Pierre sont venus* = « un summum »), *ensuite, puis, finalement, par contre, en revanche, aussi, également, en outre, au surplus, surtout, excepté, seulement, uniquement, primo, secundo, tertio*, etc.

En début de phrase, des conjonctions (qu'il serait mal venu d'appeler « de coordination » ou « de subordination[37] ») se connectent au texte

36 *Cf.* p. 25.
37 *Cf.* p. 44.

antérieur ou à une pensée inexprimée qu'*ipso facto* elles révèlent : « *Mais* où sont les neiges d'antan ? » (Villon). « *Et* l'unique cordeau des trompettes marines » (Apollinaire). « *Car* vous étiez là ? » (Sarrazin). « *Qu'*ils aillent au diable ! » (Lesage). « *Si* Versailles m'était conté » (Guitry), etc.

– Sixième secteur

Les CC6 projettent l'énonciation sur le prédicat. Ils fournissent toutes sortes d'informations relatives (1) aux personnes qui parlent et à qui l'on parle, (2) au repère temporel de base, (3) aux modalités assertive, interrogative ou injonctive[38].

(1) À classer sous cette rubrique : les interlocutifs capteurs d'attention *de toi à moi, entre nous, confidentiellement*..., les interjections exclamatives *oh !, ah !, eh !, ô !* (ce dernier le plus souvent lié en tant que CP 'complément de la prédication' à un nom ou à un pronom « mis en apostrophe » : *Ô mânes de mes ancêtres*..., *Ô toi*...)[39], les interpellatifs *allons, voyons, tiens*, etc., la clausule interrogative *n'est-ce pas ?*, les « datifs » et les « datifs éthiques » : « Les ordonnances *nous* pleuvent de tous côtés » (Meulleman), « Il *te vous* engueula vite fait le bonhomme ! » (Dabit), etc., les sous-phrases incises[40] qui indiquent un changement d'énonciateur : *dit-il, m'a-t-elle répondu, répliqua son voisin*, etc., ou sollicitent un allocutaire : « Un soir, *t'en souvient-il*, nous voguions en silence » (Lamartine). « J'ai heurté, *savez-vous*, d'incroyables Florides » (Rimbaud), etc.

(2) C'est à l'actualité de l'énonciateur et non aux procès énoncés que se réfèrent les adverbes *maintenant, toujours, déjà, en attendant, encore*, etc. de par exemple *Maintenant, vous ferez ce qu'il vous plaira* (= « cela dit »). *On verra, prenez toujours un verre* (= « toutes affaires cessantes »). *Où diriez-vous déjà que se trouve Tombouctou ?* (= « j'ai un trou de mémoire »). *En attendant, mieux vaut se dépêcher* (= « trêve d'atermoiements »). *Tu me dois encore dix centimes* (= « dix centimes de plus » *vs* « une fois de plus[41] »), etc.

(3) Les modalisateurs, innombrables, offrent un filon inépuisable à la pragmatique.

38 *Cf.* p. 27-31.
39 Comparer p. 69, (3) et p. 35-36.
40 *Cf.* p. 24-26.
41 *Cf.* p. 75-76.

– Cadreurs bornant la vérité de l'énoncé à une personne ou à un domaine : *d'après moi, à certains égards, en un sens...*

Un CC6 serait le complément le plus plausible des verbes copules munis de leur attribut : « Tout *vous* est aquilon, tout *me* semble zéphyr » (La Fontaine) [= « des impressions proportionnées à la taille du roseau et du chêne »] et la solution logique pour quantité de sous-phrases en *si*, *à condition que*, *selon que*, *puisque*, etc. (y compris les sous-phrases en asyndète *fût-ce*, *dussé-je*, *n'était*, etc.) dont dépend la vérité de la phrase matrice : « *Selon que vous serez puissant ou misérable*, / Les jugements de cour vous rendront blanc ou noir » (La Fontaine) ou « je ne peux pas condamner en bloc, *puisque Bloch il y a*, une nation qui compte Spinoza parmi ses enfants illustres » (Proust).

– Modulateurs de vérité : *certainement, pour sûr, pour autant, sans doute, vraisemblablement, à dire vrai, blague dans le coin, sans mentir*, etc.
– Argumentatifs : *au fond, tout bien pesé, après mure réflexion, sauf erreur, en fin de compte, à plus forte raison, du moins, de même, quelque part* = « d'une certaine façon », *bien* (dans par exemple *On achève bien les chevaux* impliquant « pourquoi pas les hommes ? »), etc.
– Appréciatifs : *bizarrement, curieusement, étonnamment, franchement, malheureusement, normalement, sincèrement, par tous les diables*, etc.
– Reformulatifs : *en termes juridiques, médicalement parlant, autrement dit, bref, sauf votre respect, passez-moi l'expression*, etc.
– Ponctueurs : *bon, bof, quoi, enfin* (le *m'enfin* de Gaston Lagaffe), etc.
– Pertinentiseurs : *à propos, par parenthèse, justement*, etc.

C'est ici qu'il faudrait traiter les *Si tu as soif, il y a de la bière au frigidaire* et *Il a plu parce que le trottoir est mouillé* vus plus haut[42] (= « l'avertissement n'a de valeur que si tu as soif » et « le trottoir mouillé est un assez sûr indice de pluie »). Mais aussi, aucun CC n'étant immuablement affecté à une zone, *d'abord* ou *même* dans par exemple *D'abord, Pierre était parti* = « première preuve de son innocence » et *Même, Marie et Pierre sont venus* = « une preuve supplémentaire de validité de l'argument » (CC6 et non CC5).

42 *Cf.* p. 72.

RÉCAPITULATION

Nous avons inventorié trois fonctions : (1) prédicative[43], (2) déterminative[44], (3) complétive[45].

Les prépositions et les conjonctions réunies sous le chapeau des connectifs[46] assurent une quatrième fonction, qu'on pourrait dire *opérative*, en ce sens que les conjonctions « de coordination » *et, ou, ni, mais, car, or, donc* opèrent la ligature (opérateur LIG) d'une séquence de gauche et d'une séquence de droite se servant mutuellement d'apport et de support ; que les prépositions y ajoutent, pour la séquence de droite, l'exercice d'une fonction vis-à-vis de la séquence de gauche (une opération que Bally nommait « transposition », Tesnière « translation », Martinet « transfert », soit, en abrégé, TRANS, et au total un opérateur LIG + TRANS) ; que les conjonctions « de subordination » cumulent les opérations précédentes avec l'enchâssement (en abrégé ENCH) d'une sous-phrase dans une phrase matrice : LIG + TRANS + ENCH. Aucun connectif n'est cantonné dans cette optique à une fonction : la préposition *avec* de par exemple « l'Église est contrainte d'évoluer *avec* la raison » (Bernanos) sera LIG dans « Bertrand *avec* Raton, l'un Singe et l'autre Chat » (La Fontaine), la conjonction *comme* de par exemple « *Comme* il disait ces mots » (La Fontaine) sera, privée de ENCH, opérateur TRANS dans *Pierre aime Marie comme un fou* « à la folie », et le *que* de par exemple *Heureusement que Marie est venue* se réduit à l'opérateur LIG (le mode indicatif en fait foi, vs le subjonctif de *Il est heureux que Marie soit venue*). Etc.

(1) La fonction prédicative se subdivise en prédication première et prédication seconde.

– La prédication première rapporte à un sujet (le support) un prédicat (l'apport), débouchant (a) en cas de copule visible sur un attribut[47], (b) en cas de verbe à copule enfouie[48] sur des compléments.

La seule indécision regarde le présent composé à auxiliaire *être* de par exemple *Pierre est mort* : prédicat *est mort*, mais *mort* auxilié (comme dans *Pierre est mort hier*) ou *mort* attribut après copule *est* (comme dans *Pierre est mort et enterré*) ?

---

43 *Cf.* p. 32-37.
44 *Cf.* p. 61-67.
45 *Cf.* p. 68-77.
46 *Cf.* p. 44-45 et p. 46.
47 *Cf.* p. 32, (1).
48 *Cf.* p. 31, n. 17.

– La prédication seconde rapporte à un apposé (le support) une apposition (l'apport).

(2) La fonction déterminative rapporte à un noyau nominal (le support) un ou plusieurs déterminants (l'apport), répartis en quantifiants marqueurs d'extensité (QUANT), en qualifiants marqueurs d'extension (QUAL) et en quantiqualifiants marqueurs d'extensité et d'extension (QUANTQUAL).

L'opposition de la détermination et de la prédication a donné lieu à un débat séculaire autour des « subordonnées relatives ». On a moins vu qu'elle rendait compte du phénomène de focalisation jadis taxé de « gallicisme » : « Ce sont les lapins qui ont été étonnés ! » (Daudet), etc. Comparer ainsi la présentative *C'est la fille que Pierre aime* (syntagme nominal attribut *la fille que Pierre aime*, quantifiant *la*, groupe nominal *fille que Pierre aime*, qualifiant *que Pierre aime* du noyau nominal *fille*) et *C'est Marie, non Julie, que Pierre aime* (attribut *Marie que Pierre aime* et sous-phrase pronominale prédicative *que Pierre aime* apposition de l'apposé *ce*).

(3) La fonction complétive rapporte à un adjectif ou à un verbe (le support) un ou plusieurs compléments nucléaires ou linéaires (l'apport).

– Les compléments nucléaires de l'adjectif sont les CA. Ils s'adjoignent[49] des compléments linéaires de la détermination (CD) et de la prédication (CP).

Les « comparatifs synthétiques » *meilleur* ou *pire* acceptent la complémentation d'une sous-phrase (*meilleur que x, pire que y*, etc.). Il en va très normalement ainsi des ADV à composante adjectivale : *plus... que* = « dans une mesure supérieure à », etc. (*moins... que, si... que, quelque... que* ou *absolument comme*). Exemple : *Pierre a compris plus vite qu'on ne l'aurait cru* (GADV 'groupe adverbial' *plus vite qu'on ne l'aurait cru* ; NADV 'noyau adverbial' *vite* ; CP 'complément de la prédication' *plus... qu'on ne l'aurait cru* à NADV *plus* et CADV 'complément de l'adverbe' *qu'on ne l'aurait cru*)[50].

– Les compléments nucléaires du verbe sont les CV0, CV1 et CV2. Les compléments linéaires sont les circonstants CC0, CC1, CC2, CC3, CC4, CC5, CC6.

La voie de l'« analyse logique » étant à présent déblayée, il nous revient de tracer les grandes lignes d'une marche à suivre, qu'illustreront progressivement les chapitres 4 et 5.

49 *Cf.* p. 69, (2) et (3).
50 *Cf.* p. 69, (3).

ÉTUDE DE CAS

Le présent chapitre propose une cinquantaine d'analyses de phrases de difficulté croissante ou graduée, suivies en guise d'épreuve, une fois la méthode rôdée, d'un patchwork de complications. L'intention est d'ébranler le défaitisme de spécialistes de la grammaire scolaire, Brunot[1] ou Chervel : « une grammaire de l'usage écrit, qui reste d'ailleurs bien démunie face aux trois quarts des phrases écrites, et qui s'avère de plus absolument inapte face à la langue parlée usuelle » (1977 : 262). Et finalement de s'inscrire en faux contre la casuistique du *Code de terminologie grammaticale* belge de 1949 : « il serait oiseux et parfois impossible de tout analyser » (p. 14).

Certains de nos exemples seront fabriqués (permission et même invitation à chacun de verser sa contribution au tonneau des Danaïdes), d'autres sont empruntés à différents grammairiens (le signe < indique la source secondaire), quelques-uns à des écrivains (la source primaire mentionnée entre parenthèses) en prévision du large échantillonnage de textes littéraires authentiques du chapitre 5.

Commençons par l'exemple minimaliste *La petite fille regarde le chat*. La linguistique d'inspiration américaine enseigne à en découper des milliers de semblables selon la méthode de Hockett ou de Chomsky première et seconde manière[2]. Le potentiel des « boites » et des « arbres », un certain agrément ludique aussi, sont incontestables, mais, au fur et à mesure que les phrases s'allongent ou se densifient, les représentations dévorent l'espace et se perdraient en un enchevêtrement inextricable de troncs, de branches et de rameaux si le descripteur n'arrêtait vite les frais. Les « stemmas » verbo-centriques de Tesnière et les encodages graphiques de la *dependency grammar* 'grammaire de dépendance' qu'ils ont inspirée s'écartent toujours davantage de la surface, dont les « polygraphes »

1 *Cf.* p. 16.
2 *Cf.* p. 17.

auxquels œuvrent Kahane et Mazziotta (2015) ou les grammaires californiennes GC (grammaire de construction) (Fillmore, Langacker, etc.) et HPSG (grammaire syntagmatique guidée par les têtes) ont du mal à se rapprocher. Les « projections en deux dimensions » de Van Raemdonck *et alii* (2016 : 239 et suiv.) réussissent mieux la synthèse « Sens-Texte », quoique les lignes horizontales, verticales ou obliques, les flèches simples, doubles ou triples, le jeu des gras, des romains et des italiques, les traits continus des « relations effectives » et les traits discontinus des « relations d'attente » rendent les schémas difficiles à lire[3].

Pour relever le gant de la visibilité, de l'efficacité et de la complétude, nous allons tenter d'insuffler aux anciennes réécritures linéaires ou syntagmatiques à la façon de Bloomfield[4] les descriptions novatrices de la phrase, des syntagmes et des mots préconisées dans les chapitres 1, 2, 3 *supra*[5].

L'analyse procèdera par étapes.

- Première étape. Comptabiliser s'il y a lieu les phrases graphiques (Σ).
- Deuxième étape. Ventiler les phrases graphiques en phrases uniques (P), phrases multiples (Π) ou phrases gigognes (◊). Établir pour P et les composantes 1°P, 2°P, 3°P… juxtaposées, coordonnées ou emboitées de Π ou de ◊ la qualité de phrase simple (P simple) ou de phrase complexe (P complexe).
- Troisième étape. Ramener les P complexes à une phrase matrice (PMAT) prévoyant le logement (Δ) d'une sous-phrase (SOUS-P),

3 Constatons encore que les plus longues phrases illustratives ne dépassent pas les 30 ou 40 caractères et que les analyses de *J'aime que tu obéisses* ou de *Quand il pleut, je sors mon parapluie*, etc. occupent chaque fois deux pages à elles seules.

4 *Cf.* p. 17.

5 Par équité, je donne à lire la défense et la vigoureuse contre-attaque de Van Raemdonck (2016) à l'appui d'« une syntaxe de type génétique » : « Wilmet semble attaché à une conception différente de la syntaxe : sa vision de la phrase est linéaire (en témoigne la possibilité d'avoir plusieurs compléments du verbe) et assez logiciste (la prise en considération systématique d'une copule, le cas échéant sous-entendue ; l'amalgame fréquent entre structure logique et syntaxique de la phrase, quand la notion de *rhème* prend la place de celle de *prédicat*). Il revient ainsi à une tradition de grammaire générale et raisonnée (surtout Port-Royal et Beauzée) et à celle d'un chapsalisme logico-grammatical de la première grammaire scolaire, dont l'influence a connu, en Belgique, des prolongements jusqu'après la première guerre mondiale, alors qu'en France, elle était battue en brèche vers 1880 » (2016 : 108-109). Bigre ! On jugera sur pièces. Pour ne fût-ce que le prétendu « amalgame » du *rhème* et du *prédicat*, voir p. 31 : le rhème et le prédicat ne se superposent que si la copule est invisible. Au pire, la successivité de deux approches – mentaliste et mécaniste – serait plaidable : (1) la phrase se construisant, (2) la phrase construite.

soit incise (INC), soit enchâssée par un adjectif (ENCHA), par un pronom (ENCHPRO), par un adverbe (ENCHADV) ou par une conjonction (ENCHCONJ), SOUS-P susceptible de fournir la matrice d'une sous-sous phrase (S-SOUS-P) (et, de sous-sous-phrase en sous-sous-phrases S-S-SOUS-P, S-S-S-SOUS-P, S-S-S-S-SOUS-P, S-S-S-S-S-SOUS-P… : *cf.* la phrase plaisamment entortillée par Philippe Geluck au chapitre 1[6]).

- Quatrième étape. Spécifier l'énonciation de P, de SOUS-P ou de S-SOUS-P, etc. en personne[7], temps[8] et modalité[9].
- Cinquième étape. Établir le type de prédication de l'énoncé (que notifiera le hashtag ou mot-dièse #) : prédication première (#1) et prédication seconde (#2), dont un astérisque facilite le repérage. La #2 est détachée ou constitutive d'une fonction (transcrite de ce fait entre deux barres : /#2/).
- Sixième étape. Opposer en #1 et en #2 ou en /#2/ le thème (TH) et le rhème (RH). Le TH de la #1 est le sujet (SUJ), celui des #2 ou /#2/ est l'apposé (AP). Le RH de la #1 est le prédicat (PRED), contenant un attribut (ATT) si et seulement si la #1 exhibe un verbe copule (COP). Le RH des #2 ou /#2/ est l'apposition (APP).
- Septième étape. Associer aux fonctions un syntagme (analytique : SN, SA, SV, ou synthétique : PRO, ADV) ou une phrase synthétique (P notée entre deux barres : /P/). Constituer dans le respect de la syntaxe les groupes éventuels GN, GA, GV (et GVCOP 'groupe verbal incluant une copule'), GPRO, GADV.
- Huitième étape. Décomposer les syntagmes et/ou les groupes en les réécrivant de façon binaire en noyaux NN, NA, NV (et NVCOP 'noyau verbal copule'), NPRO, NADV accompagnés de leurs satellites respectifs : déterminants QUANT, QUAL, QUANTQUAL ; compléments CA, CD, CP, CADV ; CV0, CV1, CV2, CC0, CC1, CC2, CC3, CC4, CC5, CC6 (abréviation commune : C).
- Neuvième et dernière étape. Analyser les reliquats. Au delà des NN, NA, NV et des syntagmes synthétiques PRO = SN et ADV = SNPREP, la nature N, A ou V des mots simples ne sera pas précisée.

6 *Cf.* p. 38, n. 34.
7 *Cf.* p. 27.
8 *Cf.* p. 29 et p. 51-55.
9 *Cf.* p. 29-31.

À chaque étape, les analyses usent d'abréviations ou de sigles, de signes conventionnels et de symboles.

– Abréviations (en supplément des précédentes). PREP 'préposition' (d'où PREPSN 'syntagme nominal prépositionnel', PREPSA 'syntagme adjectival prépositionnel', PREPSV 'syntagme verbal prépositionnel', PREPPRO 'pronom prépositionnel', PREPADV 'adverbe prépositionnel'). CONJ 'conjonction'. LOC 'locution' *est-ce que ?* ou *n'est-ce pas*[10] *?*. SCOV 'séquence coverbale'[11]. PRES 'présentatif' *voici, voilà*[12].

– Signes conventionnels. Le trait d'union réalise le passage d'une fonction à une nature. Le point-virgule marque la continuation d'une analyse. L'apostrophe simple (prime), double (seconde) ou triple (tierce) inscrit un syntagme à un autre syntagme ou un groupe à un autre groupe. La barre oblique jumèle les deux natures de l'infinitif (nominale et verbale : SN/SV) et des participes (adjectivale et verbale : SA/SV). Le soulignement indique une analyse laissée en suspens et sa reprise (il est redoublé pour éviter la confusion avec un premier soulignement simple non encore résolu). Les crochets et, à l'intérieur des crochets, les accolades (et, à l'intérieur des accolades, les soufflets) réunissent sous une même fonction des segments de natures éventuellement différentes. La mise entre parenthèses rappelle une prise en compte antérieure. Les points de suspension séparent deux termes solidaires (par exemple *ne… pas* de *Pierre n'arrive pas* ou *ni… ni* de *Ni Pierre ni Marie ne sont arrivés*).

– Symboles. L'addition (+) crée des couples. La flèche simple → est à lire « se réécrit ». La flèche double ⇨ ajourne une analyse. Ø signale une absence, ⊗ une ellipse, ⊕ une suspension ou une attente, ¶ une interruption ou une coupure, → un DR 'discours rapporté'[13].

*

* *

[1] *La petite fille regarde le chat.*

Pour mémoire[14] : P = « phrase », #1 = « prédication première », SUJ = « sujet », PRED = « prédicat », SN = « syntagme nominal », GN = « groupe nominal », NN = « noyau nominal », SV = « syntagme verbal », NV = « noyau verbal », QUANT = « quantifiant », QUAL = « qualifiant », CV1 = « complément premier du verbe ». (P simple abrège par économie *phrase graphique unique simple*[15]).

10 *Cf.* p. 41-42.
11 *Cf.* p. 54, n. 22.
12 *Cf.* p. 34, (2).
13 *Cf.* p. 28.
14 *Cf.* p. 82-84.
15 *Cf.* p. 22-24.

P SIMPLE
ÉNONCIATION. Personne : 3. Temps : présent. Modalité : assertion.
ÉNONCÉ. #1. SUJ-SN → QUANT *la* + GN ; → QUAL *petite* + NN *fille*. PRED-SV → NV *regarde* + CV1-SN ; → QUANT *le* + NN *chat*.

*
* *

[2] *La petite fille aux cheveux blonds regarde le chat.*

L'adjonction au QUAL *petite* du NN *fille* d'un QUAL-PREPSN 'syntagme nominal prépositionnel' *aux cheveux blonds* (décomposable en PREP 'préposition' + SN) conduit à inscrire au GN *petite fille aux cheveux blonds*, lui-même inclus dans le SN *la petite fille aux cheveux blonds*, un GN' *petite fille*[16]. La place attribuée d'emblée au GN' en instance d'analyse (souligné et repris plus loin) assure le respect de l'ordre des mots.

P SIMPLE
ÉNONCIATION. Personne : 3. Temps : présent. Modalité : assertion.
ÉNONCÉ. #1. SUJ-SN → QUANT *la* + GN ; → <u>GN'</u> + QUAL-PREPSN ; → PREP *à* + SN ; → QUANT *les* (contraction *à* + *les* = *aux*) + GN ; → NN *cheveux* + QUAL *blonds*. <u>GN'</u> → QUAL *petite* + NN *fille*. PRED-SV → NV *regarde* + CV1-SN ; → QUANT *le* + NN *chat*.

• Autre analyse envisageable (si par exemple on avait deux fillettes aux cheveux blonds, une grande et une petite, et que l'énonciateur accentue *petite*) : SUJ-SN → QUANT *la* + GN ; → QUAL *petite* + GN' ; → NN *fille* + QUAL-PREPSN ; → PREP *à* + SN ; → QUANT *les* (contraction *à* + *les* = *aux*) + GN ; → NN *cheveux* + QUAL *blonds*.

*
* *

[3] *La petite fille aux blonds cheveux si fins observait attentivement un chat curieusement privé de ses moustaches.*

Énonciation de la P au temps passé (que désambigüise l'aspect sécant[17]). Enrichissement de la détermination du SUJ-SN (un QUAL *fins* supplémentaire)

16 *Cf.* p. 59-60.
17 *Cf.* p. 55-56.

et du CV1 (le participe *privé* effectue la transition du SA 'syntagme adjectival' au SV[18]). Enrichissement de la complémentation (un ADV 'adverbe' *si* CD 'complément de la détermination'[19]) et reconnaissance d'un GV 'groupe verbal' à trois compléments : un CV2 'complément second'[20] – déterminé par un QUANTQUAL 'quantiqualifiant'[21] – et deux CC 'circonstants' de secteur 2 et 6[22]. Les GN' soulignés sont analysés du plus proche au plus lointain (le soulignement double n'a d'autre but que d'en faciliter la reconnaissance).

P SIMPLE
ÉNONCIATION. Personne : 3. Temps : passé (sécant). Modalité : assertion. ÉNONCÉ. #1. SUJ-SN → QUANT *la* + GN ; → GN' + QUAL-PREPSN ; → PREP *à* + SN ; → QUANT *les* (contraction *à* + *les* = *aux*) + GN ; → GN' + QUAL-SA ; → CD-ADV *si* + NA *fins*. GN' → QUAL *blonds* + NN *cheveux*. GN' → QUAL *petite* + NN *fille*. PRED-SV → GV + CV1-SN ; → QUANT *un* + GN ; → NN *chat* + QUAL-SA/SV ; → CC6-ADV *curieusement* + GV ; → NV *privé* + CV2-PREPSN ; → PREP *de* + SN ; → QUANTQUAL *ses* + NN *moustaches*. GV → NV *observait* + CC2-ADV *attentivement*.

*
* *

[4] *Le chat était contemplé par une petite fille.*

Transposition à la « voix passive[23] » au moyen d'un verbe copule (COP) suivi d'un attribut (ATT), à cheval en tant que « participe » sur l'adjectif et le verbe. Le « complément d'agent » est dès lors reclassé CV2[24].

P SIMPLE
ÉNONCIATION. Personne : 3. Temps : passé (sécant). Modalité : assertion. ÉNONCÉ. #1. SUJ-SN → QUANT *le* + NN *chat*. PRED-SV → NVCOP *était* + ATT-SA/SV ; → NV *contemplé* + CV2-PREPSN ; → PREP *par* + SN ; → QUANT *une* + GN ; → QUAL *petite* + NN *fille*.

18 *Cf.* p. 68-69.
19 *Cf.* p. 69.
20 *Cf.* p. 71, (2).
21 *Cf.* p. 65-67.
22 *Cf.* p. 73-74 et p. 76-77, (3).
23 *Cf.* p. 32, (1).
24 *Cf.* p. 71, (2).

*
* *

[5] *Le chat se sentait observé.*

Construction d'un « attribut du complément d'objet direct », *i.e.* un CV1 formant une #2 'prédication seconde' (transcription : CV1 /#2/). L'AP 'apposé' est le PRO 'pronom' support *se*, auquel se rapporte l'APP 'apposition' apport.

P SIMPLE
ÉNONCIATION. Personne : 3. Temps : passé (sécant). Modalité : assertion.
ÉNONCÉ. #1. SUJ-SN → QUANT *le* + NN *chat*. PRED-SV → CV1 /#2/ + NV *sentait.*
/#2/. AP-PRO *se*. APP *observé.*

*
* *

[6] *Sans ses moustaches, le chat était comme fou.*

Après un CC de secteur 3[25], constitution avec *comme* ADV (= « presque » ou « quasi ») d'un CP 'complément de la prédication'[26].

P SIMPLE
ÉNONCIATION. Personne : 3. Temps : passé (sécant). Modalité : assertion.
ÉNONCÉ. #1. SUJ-SN → QUANT *le* + NN *chat*. PRED-SV → CC3-PREPSN + GV ; → NVCOP *était* + ATT-SA ; → CP-ADV *comme* + NA *fou*. PREPSN → PREP *sans* + GN ; → QUANTQUAL *ses* + NN *moustaches.*

*
* *

[7] *Le chat parti, les souris dansent.*

Construction d'une fausse « subordonnée participe[27] », en fait une #2 intégrée (d'où la transcription /#2/) à un CC3.

25 *Cf.* p. 74.
26 *Cf.* p. 69, (3).
27 *Cf.* p. 41-42.

P SIMPLE
ÉNONCIATION. Personne : 6. Temps : présent. Modalité : assertion.
ÉNONCÉ. #1. SUJ-SN → QUANT *les* + NN *souris*. PRED-SV → CC3 /#2/ + NV *dansent*.
/#2/. AP-SN → QUANT *le* + NN *chat*. APP *parti*.

*
* *

[8] *J'entends miauler le chat de Marie.*

Construction d'une fausse « subordonnée infinitive[28] », en fait une #2 dont l'APP est un infinitif[29].

P SIMPLE
ÉNONCIATION. Personne : 1. Temps : présent. Modalité : assertion.
ÉNONCÉ. #1. SUJ-PRO *je* (élidé). PRED-SV → NV *entends* + CV1 /#2/.
/#2/ (inversée). AP-SN → QUANT *le* + GN ; → NN *chat* + QUAL-PREPSN ; → PREP *de* + SN ; → QUANT Ø + NN *Marie*. APP *miauler*.

*
* *

[9] *La petite Marie contemplait le chat qui n'avait plus de moustaches.*

Réservation d'un logement Δ pour l'enchâssement par un ENCHPRO 'enchâsseur pronominal' d'une SOUS-P 'sous-phrase' pronominale[30] où il occupe une fonction (nécessitant sa reprise entre parenthèses).

P COMPLEXE

PMAT *la petite Marie contemplait le chat* Δ.
ÉNONCIATION. Personne : 3. Temps : passé (sécant). Modalité : assertion.
ÉNONCÉ. #1. SUJ-SN → QUANT *la* + GN ; → QUAL *petite* + NN *Marie*. PRED-SV → NV *contemplait* + CV1-SN ; → QUANT *le* + GN ; → NN *chat* + QUAL-Δ ; → ENCHPRO *qui* + SOUS-P.

28 *Cf.* p. 41-42.
29 Sur le QUANT Ø du nom propre, voir p. 62.
30 *Cf.* p. 24-26.

SOUS-P
ÉNONCIATION. Personne : 3. Temps : passé (sécant). Modalité : assertion.
ÉNONCÉ. #1. SUJ-PRO (*qui*). PRED-SV → CC2-ADV *ne* (élidé)… *plus* + GV ; → NV *avait* + CV1-SN ; → QUANT *de* + NN *moustaches.*

*

* *

[10] *Qui a bien pu couper les moustaches du chat de Marie ?*

Tournure interrogative et fondation, après le candidat auxiliaire *pouvoir*, d'une séquence coverbale (SCOV[31])[32].

P SIMPLE
ÉNONCIATION. Personne : 3. Temps : présent antérieur. Modalité : interrogation.
ÉNONCÉ. #1. SUJ-PRO *qui.* PRED-SV → GV + SCOV ; → NV *couper* + CV1-SN ; → QUANT *les* + GN ; → NN *moustaches* + QUAL-PREPSN ; → PREP *de* + SN ; → QUANT *le* (contraction *de* + *le* = *du*) + GN ; → NN *chat* + QUAL-PREPSN ; → PREP *de* + SN ; → QUANT Ø + NN *Marie.* GV → NV *a* (auxiliaire)… *pu* (auxilié) + CC6-ADV *bien.*

Diverses particularités de l'interrogation[33] (totale ou partielle ; phrastique ou sous-phrastique ; classique, usuelle, familière ou vulgaire) seront rencontrées *infra*[34].

*

* *

[11] *Marie regardait tristement son chat, à qui quelqu'un avait dû couper les moustaches.*

Apparition en #2 d'une SOUS-P pronominale (les « relatives explicatives » de la tradition). L'AP *son chat* est commun aux #1 et #2 et l'ENCHPRO 'enchâsseur pronominal' *qui* a une fonction dans la SOUS-P (d'où les mises entre parenthèses de *son chat* et de *qui* lors de la seconde mention).

31 *Cf.* p. 54, n. 22.
32 Sur le CC6 *bien*, *cf.* p. 76, (3).
33 *Cf.* p. 30-31, (2).
34 Voir surtout les phrases [15], [19], [45].

P COMPLEXE

PMAT *Marie regardait tristement son chat*, Δ.
ÉNONCIATION. Personne : 3. Temps : passé (sécant). Modalité : assertion.
ÉNONCÉ. #1 + #2.
*#1. SUJ-SN → QUANT Ø + NN *Marie*. PRED-SV → GV + CV1-SN ; → QUANTQUAL *son* + NN *chat*. GV → NV *regardait* + CC2-ADV *tristement*.
*#2. AP-SN (*son chat*). APP-Δ → ENCHPRO *qui* + SOUS-P.

SOUS-P
ÉNONCIATION. Personne : 3. Temps : passé (sécant) antérieur. Modalité : assertion.
ÉNONCÉ. #1. SUJ-PRO *quelqu'un*. PRED-SV → CV2-PREPPRO + GV ; → NV *avait* (auxiliaire) *dû* (auxilié) + SCOV ; → NV *couper* + CV1-SN ; → QUANT *les* + NN *moustaches*. PREPPRO → PREP *à* + PRO (*qui*).

*
* *

[12] *Marie contemplait, atterrée, le chat dont on avait coupé les moustaches.*

Intervention d'une « épithète détachée[35] ».

P COMPLEXE

PMAT *Marie contemplait, atterrée, le chat* Δ.
ÉNONCIATION. Personne : 3. Temps : passé (sécant). Modalité : assertion.
ÉNONCÉ. #1 + #2.
*#1. SUJ-SN → QUANT Ø + NN *Marie*. PRED-SV → NV *contemplait* + CV1-SN ; → QUANT *le* + GN ; → NN *chat* + QUAL-Δ ; → ENCHPRO *dont* + SOUS-P.
*#2. AP-SN (*Marie*). APP *atterrée*.

SOUS-P
ÉNONCIATION. Personne : 3. Temps : passé (sécant) antérieur. Modalité : assertion.

35 *Cf.* p. 41-42.

Énoncé. #1. SUJ-PRO *on*. PRED-SV → CV2-PRO *dont* + GV ; → NV *avait* (auxiliaire) *coupé* (auxilié) + CV1-SN ; → QUANT *les* + GN ; → NN *moustaches*.

L'attribution à *dont* de la fonction de CV2 bouleverse l'habitude d'y voir plutôt un QUAL (ici, du NN *moustaches*). Le chapitre 3[36] permet une pareille analyse, déjà appliquée au PRO *qui* de la phrase précédente.

*

* *

[13] *Marie a rencontré Pierre (en) sortant du cinéma.*

Confrontation du (a) « participe présent » *sortant* et du (b) « gérondif » *en sortant*[37].

(a) P SIMPLE *Marie a rencontré Pierre sortant du cinéma.*
Énonciation. Personne : 3. Temps : présent antérieur. Modalité : assertion.
Énoncé. #1. SUJ-SN → QUANT Ø + NN *Marie*. PRED-SV → NV *a* (auxiliaire) *rencontré* (auxilié) + CV1 /#2/.
/#2/. AP-SN → QUANT Ø + NN *Pierre*. APP-SA/SV → NV *sortant* + CC2-PREPSN ; → PREP *de* + SN ; → QUANT *le* (contraction *de* + *le* = *du*) + NN *cinéma*.

Un QUAL *sortant* provoquerait l'articulation du NN : par exemple *C'est le Pierre sortant du cinéma (et pas son homonyme assistant au concert) qu'a rencontré Marie.*

(b) P SIMPLE *Marie a rencontré Pierre en sortant du cinéma.*
Énonciation. Personne : 3. Temps : présent antérieur. Modalité : assertion.
Énoncé. #1. SUJ-SN → QUANT Ø + NN *Marie*. PRED-SV → GV + CC2-PREPSA/SV ; → PREP *en* + SA/SV ; → NV *sortant* + CC2-PREPSN ; → PREP *de* + SN ; → QUANT *le* (contraction *de* + *le* = *du*) + NN *cinéma*. GV → NV *a* (auxiliaire) *rencontré* (auxilié) + CV1-SN ; → QUANT Ø + NN *Pierre*.

*

* *

36 *Cf.* p. 70-71.
37 *Cf.* p. 51, n. 20.

[14] *Le train s'ébranla à l'heure dite, comme sied à un train allemand.* (< Hadermann *et al.*)

Insertion par un ENCHADV 'enchâsseur adverbial'[38] d'une SOUS-P juxtaposée à un SN de même fonction, que la mise entre crochets permet d'analyser de façon autonome. Le PRO *se* persistant de *s'ébranler* est déclaré CV0[39]. On se gardera de confondre l'ellipse (⊗) du SUJ avec le SUJ Ø des infinitifs, « impératifs » et « présentatifs[40] ».

P COMPLEXE

PMAT *le train s'ébranla à l'heure dite, Δ.*
ÉNONCIATION. Personne : 3. Temps : passé (global). Modalité : assertion.
ÉNONCÉ. #1. SUJ-SN → QUANT *le* + NN *train*. PRED-SV → GV + CC2-PREPSN [+ Δ juxtaposé à PREPSN par la virgule] ; → PREP *à* + SN ; → QUANT *la* (élidé) + GN ; → NN *heure* + QUAL *dite*. [Δ → ENCHADV *comme* + SOUS-P]. GV → CV0 *se* (élidé) + NV *ébranla*.

SOUS-P
ÉNONCIATION. Personne : 3. Temps : présent. Modalité : assertion.
ÉNONCÉ. #1. SUJ ⊗. PRED-SV → CC3-ADV (*comme*) + GV ; → NV *sied* + CV2-PREPSN ; → PREP *à* + SN ; → QUANT *un* + GN ; → NN *train* + QUAL *allemand*.

*

* *

[15] *Jérôme Cahuzac, les yeux dans les yeux, est-ce que vous avez eu un compte en Suisse ou pas ?* (Bourdin)

Phrase multiple 1°P + 2°P[41], avec « apostrophe » (rapatriée APP[42]), CC6 interpellatif[43], LOC interrogative[44] et 2°P à prédication fermée /P/[45].

---

38 *Cf.* p. 26.
39 *Cf.* p. 71, (3).
40 *Cf.* p. 34, (2).
41 *Cf.* p. 23.
42 *Cf.* p. 35-36.
43 *Cf.* p. 76, (1).
44 *Cf.* p. 35-36.
45 *Cf.* p. 34-35.

Π = 1°P SIMPLE + 2°P simple coordonnée à 1°P par CONJ *ou*

1°P *Jérôme Cahuzac, les yeux dans les yeux, est-ce que vous avez eu un compte en Suisse ?*
ÉNONCIATION. Personne : 5. Temps : présent antérieur. Modalité : interrogation.
ÉNONCÉ. #2 + #1.
*#1. SUJ-PRO *vous*. PRED-SV → CC6-SN + GV ; → LOC *est-ce que* + GV' ; → NV *avez* (auxiliaire) *eu* (auxilié) + CV1-SN ; → QUANT *un* + GN ; → NN *compte* + QUAL-PREPSN ; → PREP *en* + SN ; → QUANT Ø + NN *Suisse*. SN → QUANT *les* + GN ; → NN *yeux* + QUAL-PREPSN ; → PREP *dans* + SN ; → QUANT *les* + NN *yeux*.
*#2 (inversée). AP-PRO (*vous*). APP-SN → QUANT Ø + NN *Jérôme Cahuzac*.

2°P *pas*.
ÉNONCIATION. Personne : Ø. Temps : Ø. Modalité : interrogation.
ÉNONCÉ. #1. /P/ *pas*.

La séquence prénom + nom patronymique *Jérôme Cahuzac* a été traitée en nom propre unifié plutôt qu'en GN à NN *Jérôme* et à QUAL *Cahuzac* = « un sous-ensemble des nommés Jérôme », qui requerrait un article. Le QUANT *le* du français familier (*le Jérôme Cahuzac* comme « T'en fais pas, *la Marie*, t'es jolie... »), le QUANT *un* marquant l'incognito (*un Jérôme Cahuzac* comme « *un certain* Blaise Pascal... » chez Prévert ou chez Brassens) ou un QUANTQUAL (*ce Jérôme, notre Jérôme...*) ne changeraient pas plus à l'affaire qu'un numéro dynastique (*Louis XIV, Jean-Paul premier...*) ou un surnom pronominal (le *cognomen e virtute* des Latins : comp. *Socrate le Blanc* de la phrase [60] *infra*). L'hypothèse d'une APP *Cahuzac* de l'AP *Jérôme* = « Jérôme qui est Cahuzac » serait toutefois envisageable.

*

* *

[16] *Va, cours, vole, et nous venge.* (Corneille)

Phrase multiple avec omission obligée du SUJ[46] et introduction de la 4°P par un CC de secteur 5[47] [la solution *facilior* ferait prévaloir la coordination sur la juxtaposition[48]].

46 *Cf.* p. 34, (2).
47 *Cf.* p. 75-76.
48 *Cf.* p. 23-24.

Π = 1°P SIMPLE + 2°P SIMPLE juxtaposée à 1°P par la virgule + 3°P SIMPLE juxtaposée à 2°P par la virgule + 4°P SIMPLE juxtaposée à 3°P par la virgule

1°P *va.*
ÉNONCIATION. Personne : 2. Temps : présent. Modalité : injonction.
ÉNONCÉ. #1. SUJ Ø. PRED-SV → NV *va* + C Ø.

2°P *cours.*
ÉNONCIATION. Personne : 2. Temps : présent. Modalité : injonction.
ÉNONCÉ. #1. SUJ Ø. PRED-SV → NV *cours* + C Ø.

3°P *vole.*
ÉNONCIATION. Personne : 2. Temps : présent. Modalité : injonction.
ÉNONCÉ. #1. SUJ Ø. PRED-SV → NV *vole* + C Ø.

4°P *et nous venge.*
ÉNONCIATION. Personne : 2. Temps : présent. Modalité : injonction.
ÉNONCÉ. #1. SUJ Ø. PRED-SV → CC5-CONJ *et* + GV ; → CV1-PRO *nous* + NV *venge.*

*
* *

[17] *J'ai vu le garçon qui aime les filles qui sont séduisantes.* (< Fuchs & Milner)

> Deux sous-phrases pronominales emboitées (SOUS-P et S-SOUS-P 'sous-sous-phrase')[49].

---

49 Une belle occasion d'apprécier le gain en espace des analyses linéaires par rapport aux arborescences originales : voir Fuchs & Milner (1979 : 41). Cet autre exemple devrait en convaincre tout à fait. – P COMPLEXE *Il a vu ma voisine qui discutait avec le policier qui avait enquêté sur le vol d'une voiture par le fils du boulanger qui a refusé de comparaitre devant le juge qui l'avait convoqué.* (< Chomsky) – PMAT *il a vu ma voisine* Δ. – ÉNONCIATION. Personne : 3. Temps : présent antérieur. Modalité : assertion. – Énoncé. #1. SUJ-PRO *il.* PRED-SV → NV *a* (auxiliaire) *vu* (auxilié) + CV1 /#2/. – /#2/ AP-SN → QUANTQUAL *ma* + NN *voisine.* APP-Δ → ENCHPRO *qui* + SOUS-P. – SOUS-P ÉNONCIATION. Personne : 3. Temps : passé (sécant). Modalité : assertion. – ÉNONCÉ. SUJ-PRO (*qui*). PRED-SV → NV *discutait* + CC2-PREPSN ; → PREP *avec* + SN ; → QUANT *le* + GN ; → NN *policier* + QUAL-Δ ; → ENCHPRO *qui* + S-SOUS-P. – S-SOUS-P ÉNONCIATION. Personne : 3. Temps : passé (sécant) antérieur. Modalité : assertion. – ÉNONCÉ. #1. SUJ-PRO (*qui*). PRED-SV → NV

P COMPLEXE

PMAT *j'ai vu le garçon* Δ.
Énonciation. Personne : 1. Temps : présent antérieur. Modalité : assertion.
Énoncé. #1. SUJ-PRO *je* (élidé). PRED-SV → NV *ai* (auxiliaire) *vu* (auxilié) + CV1-SN ; → QUANT *le* + GN ; → NN *garçon* + QUAL-Δ ; → ENCHPRO *qui* + SOUS-P.

SOUS-P
Énonciation. Personne : 3. Temps : présent. Modalité : assertion.
Énoncé. #1. SUJ-PRO (*qui*). PRED-SV → NV *aime* + CV1-SN ; → QUANT *les* + GN ; → NN *filles* + QUAL-Δ ; → ENCHPRO *qui* + S-SOUS-P.

S-SOUS-P
Énonciation. Personne : 6. Temps : présent. Modalité : assertion.
Énoncé. #1. SUJ-PRO (*qui*). PRED-SV → NVCOP *sont* + ATT *séduisantes*.

*
* *

[18] *Il est important que John ne perde pas son job et que Mary n'abandonne pas l'école.* (< McCawley)

Deux SOUS-P conjonctivales CA 'complément de l'adjectif' coordonnées[50].

P COMPLEXE

PMAT *il est important Δ.*
Énonciation. Personne : 3. Temps : présent. Modalité : assertion.

---

avait (auxiliaire) *enquêté* (auxilié) + CC2-PREPSN ; → PREP *sur* + SN ; → QUANT *le* + GN ; → GN' + QUAL-PREPSN ; → PREP *par* + QUANT *le* + GN ; → GN' + QUAL-Δ ; → ENCHPRO *qui* + S-S-SOUS-P. GN' → NN *fils* + QUAL-PREPSN ; → PREP *de* + SN ; → QUANT *le* (contraction *de* + *le* = *du*) + NN *boulanger*. GN' → NN *vol* + QUAL-PREPSN ; → PREP *de* (élidé) + SN ; → QUANT *une* + NN *voiture*. – S-S-SOUS-P Énonciation. Personne : 3. Temps : présent antérieur. Modalité : assertion. – Énoncé. #1. SUJ-PRO (*qui*). PRED-SV → NV *a* (auxiliaire) *refusé de* + SCOV ; → NV *comparaitre* + CC2-PREPSN ; → PREP *devant* + SN ; → QUANT *le* + GN ; → NN *juge* + QUAL-Δ ; → ENCHPRO *qui* + S-S-S-SOUS-P. – S-S-S-SOUS-P Énonciation. Personne : 3. Temps : passé (sécant) antérieur. Modalité : assertion. – Énoncé. #1. SUJ-PRO (*qui*). PRED-SV → CV1-PRO *le* (élidé) + NV *avait* (auxiliaire) *convoqué* (auxilié).

50 Sur les « subjonctifs présents » reconnus de temps prospectif, *cf.* p. 51, (2).

ÉNONCÉ. #1. SUJ-PRO *il.* PRED-SV → NVCOP *est* + ATT-SA ; → NA *important* + CA-Δ [+ 2°Δ coordonné à Δ par CONJ *et*] → ENCHCONJ *que* + SOUS-P. [2°Δ → ENCHCONJ *que* + 2°SOUS-P].

SOUS-P
ÉNONCIATION. Personne : 3. Temps : prospectif. Modalité : assertion.
ÉNONCÉ. #1. SUJ-SN → QUANT Ø + NN *John.* PRED-SV → CC2-ADV *ne... pas* + GV ; → NV *perde* + CV1-SN ; → QUANTQUAL *son* + NN *job.*

2°SOUS-P
ÉNONCIATION. Personne : 3. Temps : prospectif (homophone de présent). Modalité : assertion.
ÉNONCÉ. #1. SUJ-SN → QUANT Ø + NN *Mary.* PRED-SV → CC2-ADV *ne* (élidé)... *pas* + GV ; → NV *abandonne* + CV1-SN ; → QUANT *la* (élidé) + NN *école.*

*
* *

[19] *Dis-moi qui tu fréquentes, je te dirai qui tu es et ce qui te conviendrait.*

Vérification de l'inutilité qu'il y aurait à diviser les ENCHPRO en « relatifs » et en « interrogatifs[51] », la différence apparaissant dans la modalité de la SOUS-P (ici interrogative[52]).

Π = 1°P COMPLEXE + 2°P COMPLEXE juxtaposée à 1°P par la virgule

1°P *dis-moi qui tu fréquentes.*

PMAT *dis-moi Δ.*
ÉNONCIATION. Personne : 2. Temps : présent. Modalité : injonction.
ÉNONCÉ. #1. SUJ-PRO Ø. PRED-SV → <u>GV</u> + CV1-Δ ; → ENCHPRO *qui* + SOUS-P. <u>GV</u> → NV *dis* + CV2-PRO *moi.*

SOUS-P
ÉNONCIATION. Personne : 2. Temps : présent. Modalité : interrogation.
ÉNONCÉ. #1. SUJ-PRO *tu.* PRED-SV → CV1-PRO (*qui*) + NV *fréquentes.*

---

51 *Cf.* p. 26, n. 7.
52 *Cf.* p. 30-31, (2), (b).

2°P *je te dirai qui tu es et ce qui te conviendrait.*

PMAT *je te dirai* Δ.
ÉNONCIATION. Personne : 1. Temps : futur. Modalité : assertion.
ÉNONCÉ. #1. SUJ-PRO *je*. PRED-SV → GV + CV1-Δ [+ 2°Δ coordonné à Δ par CONJ *et*] → ENCHPRO *qui* + SOUS-P. [2°Δ → ENCHPRO *ce qui* + 2°SOUS-P]. GV → CV2-PRO *te* + NV *dirai*.

SOUS-P
ÉNONCIATION. Personne : 2. Temps : présent. Modalité : interrogation.
ÉNONCÉ. #1. SUJ-PRO *tu*. PRED-SV → ATT-PRO (*qui*) + NVCOP *es*.

2°SOUS-P
ÉNONCIATION. Personne : 3. Temps : futur du passé. Modalité : interrogation.
ÉNONCÉ. #1. SUJ-PRO (*ce qui*). PRED-SV → CV2-PRO *te* + NV *conviendrait*.

*
* *

[20] *Plus on est de fous, plus on rit.*

Traitement des « corrélatifs » en CC de secteur 4[53].

Π = 1°P SIMPLE + 2°P SIMPLE juxtaposée à 1°P par la virgule

1°P *plus on est de fous.*
ÉNONCIATION. Personne : 3. Temps : présent. Modalité : assertion.
ÉNONCÉ. #1. SUJ-PRO *on*. PRED-SV → CC4-ADV *plus* + GV ; → NVCOP *est* + ATT-SN ; → QUANT *de* + NN *fous*[54].

2°P *plus on rit.*
ÉNONCIATION. Personne : 3. Temps : présent. Modalité : assertion.
ÉNONCÉ. #1. SUJ-PRO *on*. PRED-SV → CC4-ADV *plus* + NV *rit.*

53 *Cf.* p. 75.
54 Le QUANT *de* = « des » subit à distance l'influence de l'ADV *plus*. On perdrait le parallélisme des deux *plus* à intégrer le premier à un QUANT discontinu *plus... de* (continu dans *plus de fous on est*) ou à en faire un CD-ADV *plus* + QUANT *de* (comme par exemple *beaucoup de*, analysable en bloc QUANT, ou en détail CD-ADV *beaucoup* + QUANT *de*).

*

* *

[21] *Jean a, le pauvre, Marie me l'a dit, perdu sa place.* (< Cori)

Une SOUS-P à fonction de CC6[55] est introduite par INC 'incision'[56] dans la PMAT.

P COMPLEXE

PMAT *Jean a, le pauvre, Δ, perdu sa place.*
Énonciation. Personne : 3. Temps : présent antérieur. Modalité : assertion.
Énoncé. #1 + #2.
*#1. SUJ-SN → QUANT Ø + NN *Jean*. PRED-SV → GV + CC6-Δ ; → INC + SOUS-P. GV → NV *a* (auxiliaire)… *perdu* (auxilié) + CV1-SN ; → QUANTQUAL *sa* + NN *place.*
*#2. AP-SN (*Jean*). APP-PRO *le pauvre.*

SOUS-P
Énonciation. Personne : 3. Temps : présent antérieur. Modalité : assertion.
Énoncé. #1. SUJ-SN → QUANT Ø + NN *Marie*. PRED-SV → CV2-PRO *me* + GV ; → CV1-PRO *le* (élidé) + NV *a* (auxiliaire) *dit* (auxilié).

*

* *

[22] *Arthur n'a ni trouvé le chemin vers Pontoise ni de plan à consulter.*

Notre analyse intègre *vers Pontoise* au GN que quantifie le « défini » *le* de la notoriété (= « le chemin de Pontoise ») mais fait de *à consulter* auquel il est coordonné une prédication seconde (= « de plan qu'il puisse consulter ») auprès du GN que quantitifie l'« indéfini » *de*.

P SIMPLE
Énonciation. Personne : 3. Temps : présent composé. Modalité : assertion.
Énoncé. #1. SUJ-SN → QUANT Ø + NN *Arthur*. PRED-SV → CC2-ADV *ne* (élidé)… *ni*… *ni* + GV ; → NV *a* (auxiliaire)… *trouvé* (auxilié)

55 *Cf.* p. 76, (1).
56 *Cf.* p. 24-26.

+ CV1-SN [+ 2°SN /#2/ coordonné à SN par CONJ (*ni… ni*)] → NN *chemin* + QUAL-PREPSN/SV ; → PREP *vers* + SN ; → QUANT Ø + NN *Pontoise.*
/#2/. AP-2°SN → QUANT *de* + NN *plan.* APP-PREPSN/SV → PREP *à* + SV ; → NV *consulter* + C Ø.

*

* *

[23] *Si Pierre s'en était allé, Marie n'aurait pas eu de quoi payer et personne à qui oser s'en plaindre.*

Cumul de particularités : 1° sous-phrase hypothétique à valeur de « pertinentiseur » CC6[57], rendant le temps futur du passé sous aspect sécant[58] et de modalité interrogative[59] ; 2° jonction de pronoms CV0 et CC0[60] ; 3° prédication incomplète par omission du SUJ et du verbe[61]. Le symbole ⊗ marquant l'ellipse évite de reconfigurer les séquences manquantes[62][63].

Π = 1°P COMPLEXE + 2°P SIMPLE coordonnée à 1°P par CONJ *et*

1°P *si Pierre s'en était allé, Marie n'aurait pas eu de quoi payer.*

PMAT *Δ, Marie n'aurait pas eu de quoi payer.*
Énonciation. Personne : 3. Temps : futur du passé antérieur. Modalité : assertion.
Énoncé. #1. SUJ-SN → QUANT Ø + NN *Marie.* PRED-SV → CC6-*Δ* + GV ; → CC2-ADV *ne* (élidé)… *pas* + GV' ; → NV *aurait* (auxiliaire)… *eu* (auxilié) + CV1 /#2/. *Δ* → ENCHCONJ *si* + SOUS-P.
/#2/. AP-PREPPRO → PREP *de* + NPRO *quoi.* APP *payer.*

SOUS-P
Énonciation. Personne : 3. Temps : futur du passé (sécant) antérieur. Modalité : interrogation.

57 *Cf.* p. 76-77, (3).
58 *Cf.* p. 56-57.
59 *Cf.* p. 30-31, (2).
60 *Cf.* p. 71, (3) et p. 71-72.
61 *Cf.* p. 34, (2).
62 *Cf.* p. 37-38.
63 Sur le temps incident de l'infinitif, *cf.* p. 51, (1).

ÉNONCÉ. #1. SUJ-SN → QUANT Ø + NN *Pierre.* PRED-SV → CV0/ CC0-PRO *s'en* + NV *était* (auxiliaire) *allé* (auxilié).

2°P *personne à qui oser s'en plaindre.*
ÉNONCIATION. Personne : Ø. Temps : incident. Modalité : assertion.
ÉNONCÉ. #1. ⊗ /#2/.
/#2/. AP-PRO *personne.* APP-SV → PREPPRO + GV ; → NV *oser* + SCOV ; → CV1-PRO *se* (élidé) + GV ; → CV2-PRO *en* + NV *plaindre.*
PREPPRO → PREP *à* + NPRO *qui.*

*
* *

[24] *S'il pleuvra ou non ne m'inquiète pas et ne m'importe guère.*

Sous-phrase hypothétique conservant, de peur de confusion temporelle[64], l'aspect global du temps futur (= ± « qu'il pleuve ou non »).

Π = 1°P COMPLEXE + 2°P SIMPLE coordonnée à 1°P par CONJ *et*

1°P *s'il pleuvra ou non ne m'inquiète pas.*

PMAT *Δ ne m'inquiète pas.*
ÉNONCIATION. Personne : 3. Temps : présent. Modalité : assertion.
ÉNONCÉ. #1. SUJ-*Δ* [+ /P/ *non* coordonnée à Δ par CONJ *ou*] → ENCHCONJ *si* (élidé) + SOUS-P. PRED-SV → CC2-ADV *ne... pas* + GV ; → CV1-PRO *me* (élidé) + NV *inquiète.*

SOUS-P
ÉNONCIATION. Personne : 3. Temps : futur. Modalité : interrogation.
ÉNONCÉ. #1. SUJ-PRO *il.* PRED-SV → NV *pleuvra* + C Ø.

2°P *ne m'importe guère.*
ÉNONCIATION. Personne : 3. Temps : présent. Modalité : assertion.
ÉNONCÉ. #1. SUJ ⊗. PRED-SV → CC2-ADV *ne... guère* + GV ; → CV2-PRO *me* (élidé) + NV *importe.*

64 *Cf.* p. 56.

*

* *

[25] *Des jeunes cagoulés et armés ont pillé des magasins et brulé des pneus et des voitures.* (< Blanche-Benveniste *et al.*)

(a) Phrase multiple avec ellipse dans 2°P du sujet et de l'auxiliaire ou (b) phrase unique avec ellipse du seul auxiliaire ? La seconde analyse est plus économique.

(a) Π = 1°P SIMPLE + 2°P SIMPLE coordonnée à 1°P par CONJ *et*

1°P *des jeunes cagoulés et armés ont pillé des magasins.*
ÉNONCIATION. Personne : 6. Temps : présent antérieur. Modalité : assertion.
ÉNONCÉ. #1. SUJ-SN → QUANT *des* + GN ; → NN *jeunes* + QUAL *cagoulés* [+ *armés* coordonné à *cagoulés* par CONJ *et*]. PRED-SV → NV *ont* (auxiliaire) *pillé* (auxilié) + CV1-SN ; → QUANT des + NN *magasins.*

2°P *brulé des pneus et des voitures.*
ÉNONCIATION. Personne : Ø. Temps : antérieur. Modalité : assertion.
ÉNONCÉ. #1. SUJ ⊗. PRED-SV → NV ⊗ (auxiliaire) *brulé* (auxilié) + CV1-SN [+ 2°SN coordonné à SN par CONJ *et*] → QUANT *des* + NN *pneus.* [2°SN → QUANT *des* + NN *voitures*].

(b) P SIMPLE
ÉNONCIATION. Personne : 6. Temps : présent antérieur. Modalité : assertion.
ÉNONCÉ. #1. SUJ-SN → QUANT *des* + GN ; → NN *jeunes* + QUAL *cagoulés* [+ *armés* coordonné à *cagoulés* par CONJ *et*]. PRED-SV [+ 2°SV coordonné à SV par CONJ *et*] → NV *ont* (auxiliaire) *pillé* (auxilié) + CV1-SN ; → QUANT des + NN *magasins.* [2°SV → NV ⊗ (auxiliaire) *brulé* (auxilié) + CV1-SN ; → QUANT *des* + NN *pneus* [+ 2°NN *voitures* coordonné à NN par CONJ *et*].

*

* *

[26] *Une fille courageuse et dévouée, cette Yvonne !* (Aragon)

L'expressivité de la phrase nait de l'indécision relative à l'ordre des prédications première et seconde : (a) #1 avant #2 ou (b) #2 avant #1. D'un côté ou de l'autre, une ellipse est rendue nécessaire par l'obligation de greffer la prédication seconde sur une prédication première[65], même incomplète[66].

(a) P SIMPLE
ÉNONCIATION. Personne : Ø. Temps : Ø. Modalité : assertion (exclamative).
ÉNONCÉ. #1 + #2.
*#1. ⊗ SN → QUANT *une* + GN ; → NN *fille* + QUAL *courageuse* [+ *dévouée* coordonné à *courageuse* par CONJ *et*].
*#2. AP-SN (*une fille courageuse et dévouée*). APP-SN → QUANTQUAL *cette* + NN *Yvonne*.

(b) P SIMPLE
ÉNONCIATION. Personne : Ø. Temps : Ø. Modalité : assertion (exclamative).
ÉNONCÉ. #2 + #1.
*#1. ⊗ SN → QUANTQUAL *cette* + NN *Yvonne*.
*#2 (inversée). AP-SN (*cette Yvonne*). APP-SN → QUANT *une* + GN ; → NN *fille* + QUAL *courageuse* [+ *dévouée* coordonné à *courageuse* par CONJ *et*].

*
* *

[27] *Si la raison s'oppose au dogme – et c'est, il me semble, le cas (car si elle ne s'y opposait point, pourquoi donc exiger de la foi, où le simple bon sens et le raisonnement suffiraient) – l'Église est contrainte d'évoluer avec la raison.* (Bernanos)

Exemple de phrase gigogne[67] [68].

◊ = 1°P complexe + 2°P emboitée à 1°P par les tirets (2°◊ = 2°P COMPLEXE + 3°P COMPLEXE emboitée à 2°P par les parenthèses)

1°P *si la raison s'oppose au dogme l'Église est contrainte d'évoluer avec la raison.*

PMAT Δ *l'Église est contrainte d'évoluer avec la raison.*
ÉNONCIATION. Personne : 3. Temps : présent. Modalité : assertion.

65 *Cf.* p. 35.
66 *Cf.* p. 34, (2).
67 *Cf.* p. 23-24.
68 Sur le plausible CC6 *me* de l'incise *il me semble*, voir p. 76-77, (3).

Énoncé. #1. SUJ-SN → QUANT *la* (élidé) + NN *Église*. PRED-SV → CC6-Δ + GV ; → NVCOP *est* + ATT-SA ; → NA *contrainte* + CA-PREPSN/SV ; → PREP *de* (élidé) + SN/SV ; → NV *évoluer* + CC2-PREPSN ; → PREP *avec* + SN ; → QUANT *la* + NN *raison*. Δ → ENCHCONJ *si* + SOUS-P.

SOUS-P
Énonciation. Personne : 3. Temps : présent. Modalité : interrogation.
Énoncé. #1. SUJ-SN → QUANT *la* + NN *raison*. PRED-SV → GV + CV2-PREPSN ; → PREP *à* + SN ; → QUANT *le* (contraction *à* + *le* = *au*) + NN *dogme*. GV → CV1-PRO *se* (élidé) + NV *oppose*.

2°P *et c'est, il me semble, le cas.*

PMAT *et c'est*, Δ, *le cas.*
Énonciation. Personne : 3. Temps : présent. Modalité : assertion.
Énoncé. #1. SUJ-PRO *ce* (élidé). PRED-SV → CC5-CONJ *et* + GV ; → GV' + CC6-Δ ; → INC + SOUS-P. GV' → NVCOP *est* + ATT-SN ; → QUANT *le* + NN *cas*.

SOUS-P
Énonciation. Personne : 3. Temps : présent. Modalité : assertion.
Énoncé. #1. SUJ-PRO *il*. PRED-SV → CC6-PRO *me* + NVCOP *semble*.

3°P *car si elle ne s'y opposait point, pourquoi donc exiger de la foi, où le simple bon sens et le raisonnement suffiraient ?*

PMAT *car* Δ, *pourquoi donc exiger de la foi*, Δ *?*
Énonciation. Personne : Ø. Temps : incident. Modalité : interrogation.
Énoncé. #1. SUJ Ø. PRED-SV → CC5-CONJ *car* + GV ; → CC6-Δ + GV' ; → CC6-ADV *pourquoi donc* + GV" ; → GV"' + CC3-2°Δ ; → ENCHPRO *où* + 2°SOUS-P. GV"' → NV *exiger* + CV1-SN ; → QUANT *de la* + NN *foi*. Δ → ENCHCONJ *si* + SOUS-P.

SOUS-P
Énonciation. Personne : 3. Temps : futur du passé (sécant). Modalité : interrogation.
Énoncé. #1. SUJ-PRO *elle*. PRED-SV → CC2-ADV *ne… point* + GV ; → CV1-PRO *se* (élidé) + GV' ; → CV2-PRO *y* + NV *opposait*.

2°SOUS-P
ÉNONCIATION. Personne : 3. Temps : futur du passé. Modalité : assertion.
ÉNONCÉ. #1. SUJ-SN [+ 2°SN coordonné à SN par CONJ *et*] → QUANT *le* + GN ; → QUAL *simple* + GN' ; → QUAL *bon* + NN *sens*. [2°SN → QUANT *le* + NN *raisonnement*]. PRED-SV → CC3-PRO (*où*) + NV *suffiraient*.

*
* *

[28] *Moi président de la République, je ne serai pas le chef de la majorité, je ne recevrai pas les parlementaires de la majorité à l'Élysée.* (Hollande)

> Exemple à comparer aux trois suivants. Ici, le SUJ *je* sert d'AP[69] à une APP renfermant pour le surplus une /#2/.

Π = 1°P simple + 2°P simple juxtaposée à 1°P par la virgule

1°P *moi président de la République, je ne serai pas le chef de la majorité.*
ÉNONCIATION. Personne : 1. Temps : futur. Modalité : assertion.
ÉNONCÉ. #2 + #1.
*#1. SUJ-PRO *je*. PRED-SV → CC2-ADV *ne... pas* + GV ; → NVCOP *serai* + ATT-SN ; → QUANT *le* + GN ; → NN *chef* + QUAL-PREPSN ; → PREP *de* + SN ; → QUANT *la* + NN *majorité.*
*#2. AP-PRO (*je*). APP /#2/.
/#2/. AP-PRO *moi*. APP-SN → QUANT Ø + GN ; → NN *président* + QUAL-PREPSN ; → PREP *de* + SN ; → QUANT *la* + NN *République.*

2°P *je ne recevrai pas les parlementaires de la majorité à l'Élysée.*
ÉNONCIATION. Personne : 1. Temps : futur. Modalité : assertion.
ÉNONCÉ. #1. SUJ-PRO *je*. PRED-SV → CC2-ADV *ne... pas* + GV ; → GV' + CC2-PREPSN ; → PREP *à* + SN ; → QUANT *le* (élidé) + NN *Élysée.* GV' → NV *recevrai* + CV1-SN ; → QUANT *les* + GN ; → NN *parlementaires* + QUAL-PREPSN ; → PREP *de* + SN ; → QUANT *la* + NN *majorité.*

*
* *

69 *Cf.* p. 36-37.

[29] *Moi président de la République, il y aura un code de déontologie.* (Hollande)

Le SUJ *il* ne pouvant en la circonstance servir d'AP supprime la possibilité d'une APP. Reste la solution d'un CC6 « cadreur[70] ».

P SIMPLE
ÉNONCIATION. Personne : 3. Temps : futur. Modalité : assertion.
ÉNONCÉ. #1. SUJ-PRO *il.* PRED-SV → CC6 /#2/ + GV ; → CC0-PRO *y* + GV' ; → NV *aura* + CV1-SN ; → QUANT *un* + GN ; → NN *code* + QUAL-PREPSN ; → PREP *de* + SN ; → QUANT Ø + NN *déontologie.*
/#2/. AP-PRO *moi.* APP-SN → QUANT Ø + GN ; → NN *président* + QUAL-PREPSN ; → PREP *de* + SN ; → QUANT *la* + NN *République.*

*
* *

[30] *Ils prennent un bain de soleil, elle en bikini, lui torse nu.* (< Van Raemdonck)

Hésitation possible entre (a) deux CC3 après la virgule et (b) deux #2 (solution préférable étant donné que le pronom *ils* subsume les pronoms *elle* et *lui* de nombre singulier et de genres opposés).

(a) P SIMPLE
ÉNONCIATION. Personne : 6. Temps : présent. Modalité : assertion.
ÉNONCÉ. #1. SUJ-PRO *ils.* PRED-SV → GV + CC3 /#2/ [+ 2°/#2/ juxtaposée à /#2/ par la virgule]. GV → NV *prennent* + CV1-SN ; → QUANT *un* + GN ; → NN *bain* + QUAL-PREPSN ; → PREP *de* + SN ; → QUANT Ø + NN *soleil.*
/#2/. AP-PRO *elle.* APP-PREPSN → PREP *en* + SN ; → QUANT Ø + NN *bikini.*
2°/#2/. AP-PRO *lui.* APP-SN → QUANT Ø + GN ; → NN *torse* + QUAL *nu.*

(b) P SIMPLE
ÉNONCIATION. Personne : 6. Temps : présent. Modalité : assertion.
ÉNONCÉ. #1 + #2.
*#1. SUJ-PRO *ils.* PRED-SV → NV *prennent* + CV1-SN ; → QUANT *un* + GN ; → NN *bain* + QUAL-PREPSN ; → PREP *de* + SN ; → QUANT Ø + NN *soleil.*

---

70 *Cf.* p. 77.

*#2. AP-PRO (*ils*). APP [/#2/ + 2°/#2/ juxtaposée à /#2/ par la virgule].
/#2/. AP-PRO *elle*. APP-PREPSN → PREP *en* + SN ; → QUANT Ø + NN *bikini*.
2°/#2/. AP-PRO *lui*. APP-SN → QUANT Ø + GN ; → NN *torse* + QUAL *nu*.

*
* *

[31] *Je l'ai vue passer dans la rue, un sac à provisions à la main.* (< Eriksson)

La fausse « subordonnée infinitive[71] » est complétée d'un CC3 à /#2/ intégrée (l'hypothèse d'une APP au lieu d'un CC3 se heurte à l'absence d'élément commun avec l'AP hypothétique que serait le pronom *la*).

P SIMPLE
ÉNONCIATION. Personne : 1. Temps : présent antérieur. Modalité : assertion.
ÉNONCÉ. #1. SUJ-PRO *je*. PRED-SV → GV + CC3 /#2/. GV → CV1 2°/#2/ + NV *ai* (auxiliaire) *vue* (auxilié).
/#2/. AP-SN → QUANT *un* + GN ; → NN *sac* + QUAL-PREPSN ; → PREP *à* + SN ; → QUANT Ø + NN *provisions*. APP-PREPSN → PREP *à* + SN ; → QUANT *la* + NN *main*.
2°/#2/. AP-PRO *la* (élidé). APP-SN/SV → NV *passer* + CC2-PREPSN ; → PREP *dans* + SN ; → QUANT *la* + NN *rue*.

*
* *

[32] *Pierre fait pleurer Marie.*

Deux interprétations : (a) « Marie pleure », (b) « on pleure Marie[72] ».

(a) P SIMPLE
ÉNONCIATION. Personne : 3. Temps : présent. Modalité : assertion.
ÉNONCÉ. #1. SUJ-SN → QUANT Ø + NN *Pierre*. PRED-SV → NV *fait* + SCOV /#2/.
/#2/ (inversée). AP-SN → QUANT Ø + NN *Marie*. APP *pleurer*.

---

71 *Cf.* p. 41-42.
72 Sur le contraste du CC2 *par sa méchanceté* et du CV2 *par ses amis* dans les variantes respectives des phrases (a) et (b), *cf.* p. 71-72 *vs* p. 73-74.

Variante *Pierre fait pleurer Marie par sa méchanceté* : PRED-SV → GV + CC2-PREPSN ; → PREP *par* + SN ; → QUANTQUAL *sa* + NN *méchanceté*. GV → NV *fait* + SCOV /#2/.

(b) P SIMPLE
ÉNONCIATION. Personne : 3. Temps : présent. Modalité : assertion.
ÉNONCÉ. #1. SUJ-SN → QUANT Ø + NN *Pierre*. PRED-SV → NV *fait* + SCOV ; → NV *pleurer* + CV1-SN ; → QUANT Ø + NN *Marie*.

Variante *Pierre fait pleurer Marie par ses amis* : PRED-SV → NV *fait* + SCOV ; → GV + CV2-PREPSN ; → PREP *par* + SN ; → QUANTQUAL *ses* + NN *amis*. GV → NV *pleurer* + CV1-SN ; → QUANT Ø + NN *Marie*.

*
* *

[33] *Tel je suis et, pourtant, tel je ne m'accepte pas.* (Duhamel)

Succession d'un ATT et d'un « attribut du complément d'objet direct », *i.e.* une /#2/ intégrée à un CV1[73].

Π = 1°P SIMPLE + 2°P SIMPLE coordonnée à 1°P par CONJ *et*

1°P *tel je suis.*
ÉNONCIATION. Personne : 1. Temps : présent. Modalité : assertion.
ÉNONCÉ. #1. SUJ-PRO *je*. PrED-SV → ATT *tel* + NVCOP *suis*.

2°P *pourtant, tel je ne m'accepte pas.*
ÉNONCIATION. Personne : 1. Temps : présent. Modalité : assertion.
ÉNONCÉ. #1. SUJ-PRO *je*. PRED-SV → CC6-ADV *pourtant* + GV ; → CV1 /#2/ + GV' ; → CC2-ADV *ne… pas* + NV *accepte*.
/#2/ (inversée). AP-PRO *me* (élidé). APP *tel*.

*
* *

73 *Cf.* p. 35-36.

[34] *Et voilà maintenant qu'André, qui avait déjà fait de sa plume une épée, vient de faire une fléchette de son stylo.*

Au départ du PRES 'présentatif' *voilà*[74], illustration de la reproduction d'un ordre des mots en chiasme[75].

P COMPLEXE

PMAT *et voilà maintenant Δ.*
ÉNONCIATION. Personne : Ø. Temps : Ø. Modalité : assertion.
ÉNONCÉ. #1. SUJ Ø. PRED-SV → CC5-CONJ *et* + GV ; → GPRES + CV1-Δ ; → ENCHCONJ *que* + SOUS-P. GPRES → PRES *voilà* + CC6-ADV *maintenant.*

SOUS-P
ÉNONCIATION. Personne : 3. Temps : présent antérieur. Modalité : assertion.
ÉNONCÉ. #1 + #2.
*#1. SUJ-SN → QUANT Ø + NN *André.* PRED-SV → GV + CV2-PREPSN ; → PREP *de* + SN ; → QUANTQUAL *son* + NN *stylo.* GV → NV *vient de* (auxiliaire) *faire* (auxilié) + CV1-SN ; → QUANT *une* + NN *fléchette.*
*#2. AP-SN (*André*). APP-Δ → ENCHPRO *qui* + S-SOUS-P.

S-SOUS-P
ÉNONCIATION. Personne : 3. Temps : passé (sécant) antérieur. Modalité : assertion.
ÉNONCÉ. #1. SUJ-PRO (*qui*). PRED-SV → GV + CV1-SN ; → QUANT *une* + NN *épée.* GV → GV' + CV2-PREPSN ; → PREP *de* + SN ; → QUANTQUAL *sa* + NN *plume.* GV' → NV *avait* (auxiliaire)… *fait* (auxilié) + CC5-ADV *déjà.*

*
* *

74 *Cf.* p. 34, (2).
75 Sur le classement de *maintenant* CC6 et de *déjà* CC5, *cf.* p. 75-76 et p. 76 (2) ; sur *venir de* auxiliaire plus que « semi-auxiliaire », *cf.* p. 53-55 et p. 54, n. 22.

[35] *Il n'y a que ceux qui ne font rien qui ne se trompent jamais.* (< Furukawa)

Sur *ceux qui* indécomposable, voir *supra*[76] (l'exemple de Hugo : *Ceux qui vivent, ce sont ceux qui luttent* = « les vivants, ce sont les lutteurs » comporte une sous-phrase ATT *ceux qui luttent* et une sous-phrase *ceux qui vivent* APP de l'AP *ce*). Le focalisateur *il y a*[77] décide de l'interprétation prédicative de la sous-phrase *qui ne se trompent jamais* (pour une interprétation déterminative, *il y a* devrait signifier « sont ici présents » et la phrase quelque chose comme « tous les présents sont des fainéants infaillibles »).

P COMPLEXE

PMAT *il n'y a que Δ Δ.*
ÉNONCIATION. Personne : 3. Temps : présent. Modalité : assertion.
ÉNONCÉ. #1 + #2.
*#1. SUJ-PRO *il.* PRED-SV → CC2-ADV *ne* (élidé)… *que* + GV ; → CC0-PRO *y* + GV' ; → NV *a* + CV1-Δ ; → ENCHPRO *ceux qui* + SOUS-P.

SOUS-P
ÉNONCIATION. Personne : 3. Temps : présent. Modalité : assertion.
ÉNONCÉ. #1. SUJ-PRO (*ceux qui*). PRED-SV → CC2-ADV *ne… rien* + NV *font.*
*#2. AP-Δ (*ceux qui ne font rien*). APP-Δ → ENCHPRO *qui* + SOUS-P.

SOUS-P
ÉNONCIATION. Personne : 3. Temps : présent. Modalité : assertion.
ÉNONCÉ. #1. SUJ-PRO (*qui*). PRED-SV → CC2-ADV *ne… jamais* + GV ; → CV1-PRO *se* + NV *trompent.*

*
* *

76 *Cf.* p. 65.
77 *Cf.* p. 79, (2).

[36] *La chambre et le salon bleus donnent sur la cour.*

La transcription d'un QUAL (*bleus*) rapporté à deux NN (*chambre* et *salon*) dont il additionne les nombres et neutralise les genres pose un problème. L'écriture inclusive : *bleu.e.s* ne faciliterait rien[78].

P SIMPLE
ÉNONCIATION. Personne : 6. Temps : présent. Modalité : assertion.
ÉNONCÉ. #1. SUJ-[{SN + 2°SN coordonné à SN par CONJ *et*} + QUAL *bleus*]. SN → QUANT *la* + GN ; → NN *chambre* + QUAL Ø. 2°SN → QUANT *le* + GN ; → NN *salon* + QUAL Ø. PRED-SV → NV *donnent* + CC1-PREPSN ; → PREP *sur* + SN ; → QUANT *la* + NN *cour.*

*

* *

[37] *Moi, ma femme, ses robes me coutent une fortune !* (< Riegel *et al.*)

Exemple de français parlé, qu'amorcent deux « topiques[79] » réinterprétés grammaticalement CC6 « cadreurs[80] ».

P SIMPLE
ÉNONCIATION. Personne : 6. Temps : présent. Modalité : assertion (exclamative).
ÉNONCÉ. #1. SUJ-SN → QUANTQUAL *ses* + NN *robes*. PRED-SV → CC6-PRO *moi* [+ SN juxtaposé à PRO par la virgule] + GV ; → GV' + CV1-SN ; → QUANT *une* + NN *fortune*. GV' → CV2-PRO *me* + NV *coûtent*. [2°SN → QUANTQUAL *ma* + NN *femme*].

*

* *

[38] *Un mars, et ça repart.*

Slogan publicitaire ellipsant la 1°P d'une P multiple. (Pour la 2°P juxtaposée plutôt que coordonnée, comparer à l'exemple [16] *supra*).

---

78 Pour le CC1 *sur la cour*, *cf.* p. 73.
79 *Cf.* p. 32, (1).
80 *Cf.* p. 77.

Π = 1°P SIMPLE + 2°P SIMPLE juxtaposée à 1°P par la virgule

1°P *un mars.*
ÉNONCIATION. Personne : Ø. Temps : Ø. Modalité : assertion.
ÉNONCÉ. #1. ⊗ SN → QUANT *un* + NN *mars.*

2°P *et ça repart.*
ÉNONCIATION. Personne : 3. Temps : présent. Modalité : assertion.
ÉNONCÉ. #1. SUJ-PRO *ça*. PRED-SV → CC5-CONJ *et* + NV *repart.*

*

* *

[39] *Pas d'argent, pas de Suisses.*

Adage ellipsant les 1°P et 2°P d'une P multiple.

Π = 1°P SIMPLE + 2°P SIMPLE juxtaposée à 1°P par la virgule

1°P *pas d'argent.*
ÉNONCIATION. Personne : Ø. Temps : Ø. Modalité : assertion.
ÉNONCÉ. #1. ⊗ SN → QUANT *pas de* (élidé) + NN *argent.*

2°P *pas de Suisses.*
ÉNONCIATION. Personne : Ø. Temps : Ø. Modalité : assertion.
ÉNONCÉ. #1. ⊗ SN → QUANT *pas de* (élidé) + NN *Suisses.*

*

* *

[40] *Deux verres, ça va ; trois verres, bonjour les dégâts !*

L'expressivité du style elliptique[81] émane des deux « topiques[82] » *deux verres* et *trois verres*, respectivement APP de l'AP *ça* et CC6 de la /P/ *bonjour* implicitant un verbe en sa qualité de prédication fermée[83] et prolongée d'une « apostrophe » *les dégâts*[84].

81 *Cf.* p. 44-45.
82 *Cf.* p. 32, (1).
83 *Cf.* p. 34-35.
84 *Cf.* p. 35-36.

II = 1°P SIMPLE + 2°P SIMPLE juxtaposée à 1°P par le point-virgule

1°P *deux verres, ça va.*
Énonciation. Personne : 3. Temps : présent. Modalité : assertion.
Énoncé. #2 + #1.
*#1. SUJ-PRO *ça*. PRED-SV → NV *va* + C Ø.
*#2 (inversée). AP-PRO (*ça*). APP-SN → QUANT *deux* + NN *verres.*

2°P *trois verres, bonjour les dégâts !*
Énonciation. Personne : Ø. Temps : Ø. Modalité : assertion (exclamative).
Énoncé. #1 + #2.
*#1. ⊗ CC6-SN + /P/ *bonjour.* SN → QUANT *trois* + NN *verres.*
*#2. AP-PRO Ø. APP-SN → QUANT *les* + NN *dégâts.*

*
* *

[41] *Si charmante soit-elle, Marie ne doit pas se croire tout permis.*

Asyndète supprimant matériellement l'enchâsseur[85].

P COMPLEXE

PMAT *Δ, Marie ne doit pas se croire tout permis.*
Énonciation. Personne : 3. Temps : présent. Modalité : assertion.
Énoncé. #1. SUJ-SN → QUANT Ø + NN *Marie.* PRED-SV → CC6-*Δ* + GV ; → CC2-ADV *ne... pas* + GV' ; → NV *doit* + SCOV ; → CV1 /#2/ + NV *croire.* *Δ* → ENCH Ø + SOUS-P.
/#2/ (inversée). AP-PRO *tout.* APP-SA/SV → CV2-PRO *se* + NV *permis.*

SOUS-P
Énonciation. Personne : 3. Temps : prospectif. Modalité : assertion.
Énoncé. #1 (inversée). SUJ-PRO *elle.* PRED-SV → ATT-SA + NV *soit.* SA → CP-ADV *si* + NA *charmante.*

*
* *

85 Sur le CP 'complément de la prédication' *si*, *cf.* p. 69, (3).

[42] *Un pas de plus, tu es mort.*

Seule l'intonation permet de trancher entre (a) une P multiple, (b) – plus vraisemblable – une P complexe avec asyndète[86].

(a) Π = 1°P SIMPLE + 2°P SIMPLE juxtaposée à 1°P par la virgule

1°P *un pas de plus.*
ÉNONCIATION. Personne : Ø. Temps : Ø. Modalité : assertion.
ÉNONCÉ. #1. ⊗ SN → QUANT *un* + GN ; → NN *pas* + QUAL-PREPADV ; → PREP *de* + ADV *plus.*

2°P *tu es mort.*
ÉNONCIATION. Personne : 2. Temps : présent antérieur. Modalité : assertion.
ÉNONCÉ. #1. SUJ-PRO *tu.* PRED-SV → NV *es* (auxiliaire) *mort* (auxilié) + C Ø.

(b) P COMPLEXE

PMAT Δ, *tu es mort.*
ÉNONCIATION. Personne : 2. Temps : présent antérieur. Modalité : assertion.
ÉNONCÉ. #1. SUJ-PRO *tu.* PRED-SV → CC6-Δ + NV *es* (auxiliaire) *mort* (auxilié). Δ → ENCH Ø + SOUS-P.

SOUS-P
ÉNONCIATION. Personne : Ø. Temps : Ø. Modalité : interrogation.
ÉNONCÉ. #1. ⊗ SN → QUANT *un* + GN ; → NN *pas* + QUAL-PREPADV ; → PREP *de* + ADV *plus.*

*
* *

[43] *Je serais vous, je ne mangerais pas ça.*

Une asyndète est postulable des deux côtés de la virgule ; soit, en développant la P de toute façon complexe, (a) « Si j'étais vous, je ne mangerais pas ça[87] »

86 Sur l'indécision de *es mort*, *cf.* p. 78, (1).
87 *Cf.* p. 76-77, (3).

ou (b) « Je serais vous que je ne mangerais pas ça » (*cf.* la « subordination inverse[88] »).

(a) P COMPLEXE

PMAT Δ, *je ne mangerais pas ça.*
ÉNONCIATION. Personne : 1. Temps : futur du passé. Modalité : assertion.
ÉNONCÉ. #1. SUJ-PRO *je.* PRED-SV → CC6-Δ + GV ; → CC2-ADV *ne… pas* + GV' ; → NV *mangerais* + CV1-PRO *ça.* Δ → ENCHCONJ Ø + SOUS-P.

SOUS-P
ÉNONCIATION. Personne : 1. Temps : futur du passé. Modalité : interrogation.
ÉNONCÉ. #1. SUJ-PRO *je.* PRED-SV → NVCOP *serais* + ATT-PRO *vous.*

(b) P COMPLEXE

PMAT *je serais vous*, Δ.
ÉNONCIATION. Personne : 1. Temps : futur du passé. Modalité : assertion.
ÉNONCÉ. #1. SUJ-PRO *je.* PRED-SV → GV + CC4-Δ ; → ENCHCONJ Ø + SOUS-P. GV → NV *serais* + ATT-PRO *vous.*

SOUS-P
ÉNONCIATION. Personne : 1. Temps : futur du passé. Modalité : assertion.
ÉNONCÉ. #1. SUJ-PRO *je.* PRED-SV → CC2-ADV *ne… pas* + GV ; → NV *mangerais…* + CV1-PRO *ça.*

*
* *

[44] *Il était, quoique riche, à la justice enclin.* (Hugo)

En dépossédant la conjonction *quoique* du rôle d'enchâsseur[89] au profit d'un complément de la #2, on fait l'économie d'une P complexe.

88 *Cf.* p. 75.
89 *Cf.* p. 78.

P SIMPLE
ÉNONCIATION. Personne : 3. Temps : passé (sécant). Modalité : assertion.
ÉNONCÉ. #1 + #2.
*#1. SUJ-PRO *il.* PRED-SV → NVCOP *était* + ATT-SA ; → CA-PREPSN + NA *enclin.* PREPSN → PREP *à* + SN ; → QUANT *la* + NN *justice.*
*#2. AP-PRO (*il*). APP-SA → CP-CONJ *quoique* + NA *riche.*

*
*   *

[45] *Quand Marie a-t-elle dit qu'elle partait ?*

Deux interprétations : (a) « quand Marie a-t-elle annoncé son départ ? », (b) « pour quand Marie a-t-elle annoncé son départ ? ». Les points communs sont 1° qu'elles font du PRO *elle* un AP que précise l'APP *Marie,* 2° le DR 'discours rapporté' que signale le symbole ®[90])[91].

(a) P COMPLEXE

PMAT *quand Marie a-t-elle dit Δ ?*
ÉNONCIATION. Personne : 3. Temps : présent antérieur. Modalité : interrogation.
ÉNONCÉ. #1. SUJ /#2/. PRED-SV → CC3-ADV *quand* + GV ; → NV *a* (auxiliaire)… *dit* (auxilié) + CV1-Δ ; → ENCHCONJ *que* (élidé) + SOUS-P.
/#2/ (inversée). AP-PRO *elle.* APP-SN → QUANT Ø + NN *Marie.*

SOUS-P
ÉNONCIATION. ® [Marie]. Personne : 3. Temps : futur du passé (sécant). Modalité : assertion.
Énoncé. #1. SUJ-PRO *elle.* PRED-SV → NV *partait* + C Ø.

(b) P COMPLEXE

PMAT *quand Marie a-t-elle dit Δ ?*
ÉNONCIATION. Personne : 3. Temps : présent antérieur. Modalité : interrogation.

90 *Cf.* p. 27-28.
91 Sur le *-t-* « euphonique » évitant un hiatus, *cf.* p. 41 ; sur l'imparfait à valeur de futur du passé, *cf.* p. 56-57.

ÉNONCÉ. #1. SUJ /#2/. PRED-SV → CV1-GADV + NV *a* (auxiliaire)... *dit*. GADV → NADV *quand* + QUAL-Δ ; → ENCHPRO *que* (élidé) + SOUS-P. /#2/ (inversée). AP-PRO *elle*. APP-SN → QUANT Ø + NN *Marie*.

SOUS-P
ÉNONCIATION. ® [Marie]. Personne : 3. Temps furur du passé (sécant). Modalité : assertion.
ÉNONCÉ. #1. SUJ-PRO *elle*. PRED-SV → CC3-PRO (*que*) + NV *partait*.

Les puristes, qui acceptent généralement, à côté du « niveau de langue supérieur » de l'interrogation totale *Marie a-t-elle dit quand elle partait ?*, le « niveau de langue inférieur » *Est-ce que Marie a dit quand elle partait ?* (la seule interprétation est b pour les deux phrases), blâment au contraire le *est-ce que* de l'interrogation partielle, taxé de « lourd » : *Quand est-ce que Marie a dit qu'elle partait ?* (interprétations a et b). La raison profonde, dont ils n'ont évidemment pas conscience, est qu'il ne s'agit plus d'un « interrogateur » *est-ce que* mais d'un focalisateur retournant les *c'est... que* familiers *C'est quand que Marie a dit qu'elle partait ? C'est comment que Pierre l'accepte ?*, etc.[92]

*

* *

[46] *Parfois, à peine ma bougie éteinte, mes yeux se fermaient si vite que je n'avais pas le temps de me dire : « Je m'endors. »* (Proust)

Phrase gigogne[93] incorporant un DD 'discours direct'[94]. Le PRO de *s'endormir* pourrait n'être qu'un CV0 *se* « sémantiquement persistant[95] ».

◊ = 1°P COMPLEXE + 2°P SIMPLE emboitée à 1°P par les deux-points-guillemets

1°P *parfois, à peine ma bougie éteinte, mes yeux se fermaient si vite que je n'avais pas le temps de me dire*[96].

---

92 *Cf.* p. 79, (2).
93 *Cf.* p. 23-24.
94 *Cf.* p. 27-28.
95 *Cf.* p. 70-71, (3).
96 *Dire* est considéré ne pas avoir plus de CV1 que dans *J'ai dit* = « je me tais », mais le verbe est en attente d'un CV1 (ce qu'indique le ⊕). Lui en donner un prématurément reviendrait à faire de la 2°P *je m'endors* une S-SOUS-P de *je n'avais pas le temps de me dire* (avec la complication d'un enchâssement sans enchâsseur autre que l'incise ou l'asyndète).

PMAT *parfois, à peine ma bougie éteinte, mes yeux se fermaient si vite* Δ.
ÉNONCIATION. Personne : 6. Temps : passé (sécant). Modalité : assertion.
ÉNONCÉ. #1. SUJ-SN → QUANTQUAL *mes* + NN *yeux*. PRED-SV → CC3-ADV *parfois* [+ /#2/ juxtaposée à ADV par la virgule] + GV ; → GV' + CC2-GADV ; → CP-GADV' + NADV *vite*. GADV' → NADV *si* + CADV-Δ ; → ENCHCONJ *que* + SOUS-P. GV' → CV1-PRO *se* + NV *fermaient*.
/#2/ (inversée). AP-SN → QUANTQUAL *ma* + NN *bougie*. APP-SA/SV → CP-ADV *à peine* + NV *éteinte*.

SOUS-P
ÉNONCIATION. Personne : 1. Temps : passé (sécant). Modalité : assertion.
ÉNONCÉ. #1. SUJ-PRO *je*. PRED-SV → CC2-ADV *ne* (élidé)… *pas* + GV ; → NV *avais* + CV1-SN ; → QUANT *le* + GN ; → NN *temps* + QUAL-PREPSN/SV ; → PREP *de* + SV ; → CV2-PRO *me* + GV ; → NV *dire* + CV1 ⊕.

2°P *je m'endors*.
ÉNONCIATION. ® [je]. Personne : 1. Temps : présent. Modalité : assertion.
ÉNONCÉ. #1. SUJ-PRO *je*. PRED-SV → CV1-PRO *me* (élidé) + NV *endors*.

*
* *

[47] *Les technocrates, c'est des mecs que, quand tu leur poses une question, une fois qu'ils ont fini de répondre, tu comprends plus la question que t'as posée.* (Coluche)

Sous-phrase pronominale à « pronom relatif universel » du français populaire[97].

P COMPLEXE

PMAT *les technocrates, c'est des mecs* Δ.
ÉNONCIATION. Personne : 3. Temps : présent. Modalité : assertion.
ÉNONCÉ. #2 + #1.
*#1. SUJ-PRO *ce* (élidé). PRED-SV → NVCOP *est* + ATT-SN ; → QUANT *des* + GN ; → NN *mecs* + QUAL-Δ ; → ENCHPRO *que* + SOUS-P.
*#2 (inversée). AP-PRO (*ce*). APP-SN → QUANT *les* + NN *technocrates*.

97 *Cf.* p. 26, n. 7.

SOUS-P

Énonciation. Personne : 2. Temps : présent. Modalité : assertion. Énoncé. #1. SUJ-PRO *tu*. PRED-SV → CC3-Δ [+ 2°Δ juxtaposé à Δ par la virgule] + GV ; → GV' + CV1-SN ; → QUANT *la* + GN ; → NN *question* + QUAL-3°Δ ; → ENCHPRO *que* + 3°S-SOUS-P. GV' → NV *comprends* + CC2-ADV *plus*. Δ → ENCHCONJ *quand* + S-SOUS-P. [2°Δ → ENCHCONJ *une fois que* (élidé) + 2°S-SOUS-P].

S-SOUS-P

Énonciation. Personne : 2. Temps : présent. Modalité : assertion. Énoncé. #1. SUJ-PRO *tu*. PRED-SV → CV2-PRO *leur* + GV ; → NV *poses* + CV1-SN ; → QUANT *une* + NN *question*.

2°S-SOUS-P

Énonciation. Personne : 6. Temps : présent antérieur. Modalité : assertion. Énoncé. #1. SUJ-PRO *ils*. PRED-SV → NV *ont* (auxiliaire) *fini de* (auxilié) + SCOV ; → NV *répondre* + C Ø.

3°S-SOUS-P

Énonciation. Personne : 2. Temps : présent antérieur. Modalité : assertion. Énoncé. #1. SUJ-PRO *tu* (élidé). PRED-SV → CV1-PRO (*que*) + NV *as* (auxiliaire) *posée* (auxilié).

*

* *

[48] *Allant et venant nerveusement dans l'appartement, Pilar me harcelait de questions, désirant tantôt savoir si j'emportais mon imperméable, ou quel pardessus elle devait mettre dans sa valise, le loden vert ou le laine en mohair noir, s'inquiétant tantôt si l'automne dans le haut Aragon serait froid.* (< Roig)

Succession de #2[98].

P COMPLEXE

PMAT *allant et venant nerveusement dans l'appartement, Pilar me harcelait de questions, désirant tantôt savoir Δ, ou Δ, s'inquiétant tantôt Δ.*

---

98 Sur le PRO *le laine* par effacement du NN *loden*, *cf.* p. 46-47.

ÉNONCIATION. Personne : 3. Temps : passé (sécant). Modalité : assertion.
ÉNONCÉ. #2 + #1.
*#1. SUJ-SN → QUANT Ø + NN *Pilar*. PRED-SV → GV + CV2-PREPSN ; → PREP *de* + SN ; → QUANT Ø + NN *questions*. GV → CV1-PRO *me* + NV *harcelait*.
*#2 (inversée). AP-SN (*Pilar*). APP-SA/SV [+ 2°SA/SV juxtaposé à SA/SV par la virgule + 3°SA/SV juxtaposé à 2°SA/SV par la virgule] → [GV + 2°GV coordonné à GV par CONJ *et*] + CC2-PREPSN ; → PREP *dans* + SN ; → QUANT *le* (élidé) + NN *appartement*. [GV + 2°GV] → [NV *allant* + 2°NV *venant*] + CC2-ADV *nerveusement*. [2°SA/SV → GV + SCOV ; → NV *savoir* + CV1-Δ {+ 2°Δ coordonné à Δ par CONJ *ou*} ; → ENCHCONJ *si* + SOUS-P. {2°Δ → ENCHA *quel* + 2°SOUS-P}. GV → NV *désirant* + CC4-ADV *tantôt*]. [3°SA/SV → GV + CV2-Δ ; → ENCHCONJ *si* + 3°SOUS-P. GV → GV' + CC4-ADV *tantôt*. GV' → CV1-PRO *se* (élidé) + NV *inquiétant*].

SOUS-P
ÉNONCIATION. Personne : 1. Temps : passé (sécant). Modalité : interrogation.
ÉNONCÉ. #1. SUJ-PRO *je* (élidé). PRED-SV → NV *emportais* + CV1-SN ; → QUANTQUAL *mon* + NN *imperméable*.

2°SOUS-P
ÉNONCIATION. Personne : 3. Temps : passé (sécant). Modalité : interrogation.
ÉNONCÉ. #1 + #2.
*#1. SUJ-PRO *elle*. PRED-SV → CV1-SN + GV ; → NV *devait* + SCOV ; → NV *mettre* + CC2-PREPSN ; → PREP *dans* + SN ; → QUANTQUAL *sa* + NN *valise*. SN → QUANTQUAL (*quel*) + NN *pardessus*.
*#2. AP-SN (*quel pardessus*). APP-SN [+ GPRO coordonné à SN par CONJ *ou*] → QUANT *le* + GN ; → NN *loden* + QUAL *vert*. [GPRO → NPRO *le laine* + QUAL-PREPSN ; → PREP *en* + GN ; → NN *mohair* + QUAL *noir*].

3°SOUS-P
ÉNONCIATION. Personne : 3. Temps : futur du passé. Modalité : interrogation.
ÉNONCÉ. #1. SUJ-SN → QUANT *le* (élidé) + GN ; → NN *automne* + QUAL-PREPSN ; → PREP *dans* + SN ; → QUANT *le* + GN ; → QUAL *haut* + NN *Aragon*. PRED-SV → NVCOP *serait* + ATT *froid*.

*

* *

[49] *Au* Monde, *comme à* Libération, *ce fait-divers permet aux internautes avides d'information de découvrir ce que les médias ont de nouveau à leur offrir : un traitement instantané, tout en étant critique et étayé.* (internet< Torterat)

Alternance de #2 intégrées et d'une #2 détachée[99].

P COMPLEXE

PMAT *au Monde, comme à Libération, ce fait-divers permet aux internautes avides d'information de découvrir* **Δ**.
Énonciation. Personne : 3. Temps : présent. Modalité : assertion.
Énoncé. #1. SUJ-SN → QUANTQUAL *ce* + NN *fait-divers*. PRED-SV → CC3-PREPSN [+ 2°PREPSN juxtaposé et coordonné à PREPSN par la virgule et CONJ *comme*] + GV ; → GV' + CV1-PREPSN/SV ; → PREP *de* + SV ; → NV *découvrir* + CV1-Δ ; → ENCHPRO *ce que* + SOUS-P. GV' → NV *permet* + CV2-PREPSN ; → PREP *à* + SN ; → QUANT *les* (contraction *à* + *les* = *aux*) + GN ; → NN *internautes* + SA ; → NA *avides* + CA-PREPSN ; → PREP *de* (élidé) + NN *information*. PREPSN → PREP *à* + SN ; → QUANT *le* (contraction *à* + *le* = *au*) + NN *Monde*. [2°PREPSN → PREP *à* + SN ; → QUANT Ø + NN *Libération*].

SOUS-P
Énonciation. Personne : 6. Temps : présent. Modalité : interrogation.
Énoncé. #1 + #2.
*#1. SUJ-SN → QUANT *les* + NN *médias*. PRED-SV → CV1 /#2/ + NV *ont*.
/#2/. AP-PRO (*ce que*). APP /#2/.
/#2/. AP-PREPPRO → PREP *de* + PRO *nouveau*. APP-PREPSN/SV → PREP *à* + SV ; → CV2-PRO *leur* + NV *offrir*.
*#2. AP-PRO (*ce que*). APP-SN → QUANT *un* + GN ; → NN *traitement* + QUAL *instantané* [+ {*critique* coordonné à *instantané* par CONJ *tout en étant* + *étayé* coordonné à *critique* par CONJ *et*}].

Dans la SOUS-P, une interprétation *difficilior* de la #2 serait envisageable.

---

99 Sur *permettre de* verbe – comme *aimer* – plutôt que coverbe – comme *vouloir* –, *cf.* p. 54, n. 22.

*#2. AP-PRO (*ce que*). APP-SN [+ /#2/ juxtaposée à SN par la virgule] → QUANT *un* + GN ; → NN *traitement* + QUAL *instantané.*
[/#2/. AP-SN (*un traitement instantané*). APP-SA → CP-CONJ *tout en étant* + NA *critique* {+ *étayé* coordonné à *critique* par CONJ *et*}].

*

* *

[50] *Et cette lutte qu'il a menée héroïquement pour rester le parfait gentleman, se culottant d'écorce, et respectant l'horaire de la City, cette lutte, il se demande pourquoi il l'a menée.* (< Härmä)

> Extrême complication de la syntaxe due à l'anticipation de deux APP et à la relégation de leur AP en queue.

P COMPLEXE

PMAT *et il se demande Δ.*
ÉNONCIATION. Personne : 3. Temps : présent. Modalité : assertion.
ÉNONCÉ. #1. SUJ-PRO *il.* PRED-SV → CC5-CONJ *et* + GV ; → GV' + CV1-Δ ; → ENCHADV *pourquoi* + SOUS-P. GV' → CV2-PRO *se* + NV *demande.*

SOUS-P
ÉNONCIATION. Personne : 3. Temps : présent antérieur. Modalité : interrogation.
ÉNONCÉ. #2 + #1.
*#1. SUJ-PRO *il.* PRED-SV → CC3-ADV (*pourquoi*) + GV ; → CV1-PRO *la* (élidé) + NV *a* (auxiliaire) *menée* (auxilié).
*#2 (inversée). AP-PRO (*la*). APP-SN [+ 2°SN juxtaposé à SN par la virgule] → QUANTQUAL *cette* + GN ; → NN *lutte* + QUAL-Δ ; → ENCHPRO *que* (élidé) + S-SOUS-P. [2°SN → QUANTQUAL *cette* + NN *lutte*].

S-SOUS-P
ÉNONCIATION. Personne : 3. Temps : présent antérieur. Modalité : assertion.
ÉNONCÉ. #1 + #2.
*#1. SUJ-PRO *il.* PRED-SV → GV + CC2-PREPSN/SV ; → PREP *pour* + SN/SV ; → NVCOP *rester* + ATT-SN ; → QUANT *le* + GN ; →

QUAL *parfait* + NN *gentleman.* GV → GV' + CC2-ADV *héroïquement.* GV' → CV1-PRO (*que*) + NV *a* (auxiliaire) *menée* (auxilié).
*#2. AP (*il*). APP-SA/SV [+ 2°SA/SV coordonné à SA/SV par CONJ *et* suivant la virgule] → GV + CV2-PREPSN ; → PREP *de* (élidé) + SN ; → QUANT Ø + NN *écorce.* GV → CV1-PRO *se* + NV *culottant.* [2°SA/SV → NV *respectant* + CV1-SN ; → QUANT *le* (élidé) + GN ; → NN *horaire* + QUAL-PREPSN ; → PREP *de* + SN ; → QUANT *la* + NN *City*].

*

* *

Il va de soi que de nouvelles phrases confrontent sans arrêt l'analyste à de nouveaux défis, parfois insoupçonnés, et l'exposent à des incertitudes dont on peut seulement espérer que la théorie lui offre le moyen de se dépêtrer.

Les « comparatives » sont particulièrement propres à illustrer ce genre d'hésitations.

Prenons par exemple *Marie est plus intelligente que Pierre.* Phrase complexe par ellipse d'un « deuxième terme » *que n'est Pierre* ? Ou phrase simple ?

- Si phrase complexe, *que* ENCHPRO (l'ATT-PRO *que* = « intelligent » reprenant au masculin l'ATT *intelligente* de la PMAT) ou ENCHCONJ (que semble favoriser la possibilité de répéter *intelligent* dans la SOUS-P : *Marie est plus intelligente que Pierre n'est intelligent*) ? La phrase [51] ci-dessous choisit la seconde option.
- Si phrase simple, l'ATT *plus intelligente que Pierre* est un SA dont le NA *intelligente* est escorté par un CP *plus… que Pierre*, donc un GADV à NADV *plus* et à CADV *que Pierre* forçant à dégrader le connectif *que* en LIG + TRANS[100]. C'est l'option PREP que choisit la phrase [52][101].

100 *Cf.* p. 78-79.

101 Ne subsisterait que LIG dans le troisième *que* de par exemple « Qu'est-ce que c'est *que* ça, s'il vous plaît ? » (Rostand), avec un premier *que* (élidé) PRO, un second *que* ENCHPRO et le troisième *que* formant avec le PRO *ça* un groupe prépositionnel. Essai d'analyse complète (hors Δ CC6 *s'il vous plaît*) : PMAT *qu'est-ce* Δ *?* Énonciation. Personne : 3. Temps : présent. Modalité : interrogation. Énoncé. #1 (inversée). SUJ-PRO *ce.* PRED-SV

- Aucune garantie, jamais, que la solution imaginée soit la bonne ou la meilleure (pour par exemple *Marie est plus intelligente que jolie* ou *Marie est aussi intelligente que jolie*, on serait fondé à voir deux adjectifs *intelligente* et *jolie* coordonnés par une CONJ *plus... que* et *aussi... que*). Ni qu'elle doive s'arrêter au seuil de plongées plus microscopiques.
- Faudrait-il (voir la note à la phrase [20] *supra*) saisir le QUANT *beaucoup de* en bloc ou le découper en un CD-ADV *beaucoup* suivi du QUANT *de* alors que par exemple *Pierre a plus de chance que (qu'il n'a) d'adresse* oblige à détacher *plus* de *de* pour le connecter à *que* ?
- Peut-on décomposer l'ENCH *au moment où* sans faire subir le même traitement à l'archaïsme *au moment que* (*cf.* la phrase [65]) ? Et *du temps que* ou *au moment où* seront-ils vus enchâsseurs conjonctivaux = « quand » ou syntagmes nominaux prépositionnels *du temps* et *au moment* + enchâsseurs pronominaux *que* et *où*[102] ?
- Comment traiter les espèces de mutants que sont les collocations non entièrement figées mais en voie de figement comme *aux dires de* (un pluriel vs le singulier *au dire de* = « selon eux/elles ou selon lui/elle ») ?
- Dans le sillage des *au fur et à mesure, de loin en loin*, etc., se hasardera-t-on à globaliser *de vous à moi, de gré à gré, de rue en rue, de Charybde en Scylla, de génération en génération* (*cf.* la phrase [62] *infra*), etc., ou à y retrouver des PREP discontinues *de... à* et *de... en* ?

Le mieux pourrait être l'ennemi du bien. En ce sens, le parapluie ouvert par le *Code de terminologie grammaticale* de 1949 : « il serait oiseux et parfois impossible de tout analyser », redevient salutaire, car certains tours idiomatiques découragent les décorticages. Voyez encore une fois la combinaison *qu'est-ce que ?* de la note de bas de page donnée *supra*, toujours transparente, à la rigueur, dans « *Qu'est-ce que* tu parles de voler ? » (Molière) = “tu parles de voler quelque chose : quoi ?”, mais plus dans « *Qu'est-ce que* tu vas te mêler de ça ? » (Courteline) = “pourquoi te mêler de ça ?”.

Rassemblant des difficultés jusqu'ici disséminées et en produisant d'inédites, les quinze exemples suivants (dont les trois derniers émanent

→ ATT /#2/ + NVCOP *est*. /#2/. AP-PRO *que* (élidé). APP-Δ → ENCHPRO *que* + SOUS-P. SOUS-P. Énonciation. Personne : 3. Temps : présent. Modalité : assertion. Énoncé. #1. SUJ-PRO *ce* (élidé). PRED-SV → ATT /#2/ + NVCOP *est*. /#2/. AP-PRO *que*. APP-PREPPRO → PREP *que* + PRO *ça*.

102 *Cf.* p. 41-42.

des groupes d'Aix-en-Provence et de Fribourg[103]) jouent cartes sur table. Ce serait maintenant, dans le vocabulaire du whist, aux partenaires de « passer », d'« emballer »... ou de « couper ».

*
* *

[51] *Les évènements peuvent rendre la situation plus difficile encore demain qu'elle n'était hier.* (Delvaux)

P COMPLEXE

PMAT *les évènements peuvent rendre la situation plus difficile encore demain* Δ.
ÉNONCIATION. Personne : 6. Temps : présent. Modalité : assertion.
ÉNONCÉ. #1. SUJ-SN → QUANT *les* + NN *évènements*. PRED-SV → NV *peuvent* + SCOV ; → NV *rendre* + CV1 /#2/.
/#2/. AP-SN → QUANT *la* + NN *situation*. APP-SA → CP-GADV + NA *difficile*. GADV → GADV' + CADV-Δ ; → ENCHCONJ *que* (élidé) + SOUS-P. GADV' → GADV'' + CADV *demain*. GADV'' → NADV *plus* + CADV *encore*.

SOUS-P
ÉNONCIATION. Personne : 3. Temps : passé (sécant). Modalité : assertion.
ÉNONCÉ. #1. SUJ-PRO *elle*. PRED-SV → CC2-ADV *ne* (élidé) + GV ; → NVCOP *était* + CC2-ADV *hier*.

*
* *

[52] *Les pêches sont plus agréables au goût que les autres fruits que la nature nous offre dans la même saison.* (< Beauzée)

P COMPLEXE

PMAT *les pêches sont plus agréables au gout que les autres fruits* Δ.
ÉNONCIATION. Personne : 6. Temps : présent. Modalité : assertion.

103 *Cf.* p. 21, n. 1 et n. 2.

ÉNONCÉ. #1. SUJ-SN → QUANT *les* + NN *pêches*. PRED-SV → NVCOP *sont* + ATT-SA ; → CP-GADV + GA ; → NA *agréables* + CA-PREPSN ; → PREP *à* + SN ; → QUANT *le* (contraction *à* + *le* = *au*) + NN *gout*. GADV → NADV *plus* + CADV-PREPSN ; → PREP *que* + SN ; → QUANT *les* + GN ; → QUAL *autres* + GN' ; → NN *fruits* + QUAL-*Δ* ; → ENCHPRO *que* + SOUS-P.

SOUS-P
ÉNONCIATION. Personne : 3. Temps : présent. Modalité : assertion.
ÉNONCÉ. #1. SUJ-SN → QUANT *la* + NN *nature*. PRED-SV → GV + CC2-PREP-SN ; → PREP *dans* + SN ; → QUANT *la* + GN ; → QUAL *même* + NN *saison*. GV → CV1-PRO (*que*) + GV' ; → CV2-PRO *nous* + NV *offre*.

*

* *

[53] *J'allais tenir compagnie à ma sœur Catherine pendant qu'elle s'occupait des vaches et je lui faisais la lecture* (Carles).

Π = 1°P COMPLEXE + 2°P SIMPLE coordonnée à 1°P par CONJ *et*.

1°P *j'allais tenir compagnie à ma sœur Catherine pendant qu'elle s'occupait des vaches*.

PMAT *j'allais tenir compagnie à ma sœur Catherine Δ*.
ÉNONCIATION. Personne : 1. Temps : passé (sécant). Modalité : assertion.
ÉNONCÉ. #1. SUJ-PRO *je* (élidé). PRED-SV → NV *allais* + SCOV ; → GV + CC2-*Δ* ; → ENCHCONJ *pendant que* (élidé) + SOUS-P. GV → GV' + CV2-PREPSN ; → PREP *à* + SN ; → QUANTQUAL *ma* + GN ; → NN *sœur* + QUAL *Catherine*. GV' → NV *tenir* + CV1-SN ; → QUANT Ø + NN *compagnie*.

SOUS-P
ÉNONCIATION. Personne : 3. Temps : passé (sécant). Modalité : assertion.
ÉNONCÉ. #1. SUJ-PRO *elle*. PRED-SV → GV + CV2-PREPSN ; → PREP *de* + SN ; → QUANT *les* (contraction *de* + *les* = *des*) + NN *vaches*. GV → CV1-PRO *se* (élidé) + NV *occupait*.

2°P *je lui faisais la lecture.*
ÉNONCIATION. Personne : 1. Temps : passé (sécant). Modalité : assertion.
ÉNONCÉ. #1. SUJ-PRO *je.* PRED-SV → CV2-PRO *lui* + GV ; → NV *faisais* + CV1-SN ; → QUANT *la* + NN *lecture.*

*

* *

[54] *Gaston s'est mis à hurler que lui vivant, on ne jetterait pas dans l'eau bouillante cette pauvre petite bête qui avait un regard si affectueux !* (Franquin)

P COMPLEXE

PMAT *Gaston s'est mis à hurler* Δ !
ÉNONCIATION. Personne : 3. Temps : présent antérieur. Modalité : assertion (exclamative).
ÉNONCÉ. #1. SUJ-SN → QUANT Ø + NN *Gaston.* PRED-SV → GV + SCOV ; → NV *hurler* + CV1-Δ ; → ENCHCONJ *que* + SOUS-P. GV → CV1-PRO *se* (élidé) + NV *est* (auxiliaire) *mis à* (auxilié).

SOUS-P
ÉNONCIATION. ® [Gaston]. Personne : 3. Temps : futur du passé. Modalité : assertion.
ÉNONCÉ. #1. SUJ-PRO *on.* PRED-SV → CC3 /#2/ + GV ; → GV' + CV1-SN ; → QUANTQUAL *cette* + GN ; → GN' + QUAL-Δ ; → ENCHPRO *qui* + S-SOUS-P. GN' → QUAL *pauvre* + GN" ; → QUAL *petite* + NN *bête.* GV' → GV" + CC2-PREPSN ; → PREP *dans* + SN ; → QUANT *la* (élidé) + GN ; → NN *eau* + QUAL *bouillante.* GV" → CC2-ADV *ne… pas* + NV *jetterait.*
/#2/. AP-PRO *lui.* APP *vivant.*

S-SOUS-P
ÉNONCIATION. Personne : 3. Temps : passé (sécant). Modalité : assertion.
ÉNONCÉ. #1. SUJ-PRO (*qui*). PRED-SV → NV *avait* + CV1-SN ; → QUANT *un* + GN ; → NN *regard* + QUAL-SA ; → CD-ADV *si* + NA *affectueux.*

*

* *

[55] *Le bruit des voix joyeuses et fortes qui s'interpellaient autour des tentes invisibles mettait dans l'air une note d'imprévu, de liberté et de sauvagerie, comme celle qui flotte sur une troupe rassemblée ou un navire en partance* (...). (Gracq, < Dister)

P COMPLEXE

PMAT *le bruit des voix joyeuses et fortes Δ mettait dans l'air une note d'imprévu, de liberté et de sauvagerie, comme Δ.*
ÉNONCIATION. Personne : 3. Temps : passé (sécant). Modalité : assertion.
ÉNONCÉ. #1 + #2.
*#1. SUJ-SN → QUANT *le* + GN ; → GN' + QUAL-Δ ; → ENCHPRO *qui* + SOUS-P. GN' → NN *bruit* + QUAL-PREPSN ; → PREP *de* + SN ; → QUANT *les* (contraction *de* + *les* = *des*) + GN ; → NN *voix* + QUAL *joyeuses* [+ *fortes* coordonné à *joyeuses* par CONJ *et*]. PRED-SV → GV + CV1-SN ; → QUANT *une* + GN ; → NN *note* + QUAL-PREPSN [+ 2°PREPSN juxtaposé à PREPSN par la virgule + 3°PREPSN coordonné à 2°PREPSN par CONJ *et*] → PREP *de* (élidé) + SN ; → QUANT Ø + NN *imprévu.* [2°PREPSN → PREP *de* + SN ; → QUANT Ø + NN *liberté*]. [3°PREPSN → PREP *de* + SN ; → QUANT Ø + NN *sauvagerie*]. GV → NV *mettait* + CC2-PREPSN ; → PREP *dans* + SN ; → QUANT *le* (élidé) + NN *air.*

SOUS-P
ÉNONCIATION. Personne : 6. Temps : passé (sécant). Modalité : assertion.
ÉNONCÉ. #1. SUJ-PRO (*qui*). PRED-SV → GV + CC2-PREPSN ; → PREP *autour de* + SN ; → QUANT *les* (contraction *de* + *les* = *des*) + GN ; → NN *tentes* + QUAL *invisibles.* GV → CV1-PRO *se* (élidé) + NV *interpellaient.*
*#2. AP-SN (*une note d'imprévu, de liberté et de sauvagerie*). APP-PREPΔ → PREP *comme* + Δ ; → ENCHPRO *celle qui* + S-SOUS-P[104].

S-SOUS-P
ÉNONCIATION. Personne : 3. Temps : présent. Modalité : assertion.
ÉNONCÉ. #1. SUJ-PRO (*celle qui*). PRED-SV → NV *flotte* + CC2-PREPSN ; → PREP *sur* + SN [+ 2°SN coordonné à SN par CONJ *ou*]

104 Sur le PRO *celle qui* solidarisé plutôt que découpé en un antécédent *celle* + ENCHPRO *qui*, voir p. 64-65.

→ QUANT *une* + GN ; → NN *troupe* + QUAL *rassemblée.* [2°SN → QUANT *un* + GN ; → NN *navire* + QUAL-PREPSN ; → PREP *en* + SN ; → QUANT Ø + NN *partance*].

*

* *

[56] *Ce pauvre piano, qui lui avait causé tant de vaniteuses satisfactions, le voir s'en aller, c'était pour Emma Bovary comme l'indéfinissable suicide d'une partie d'elle-même.* (Flaubert)

PCOMPLEXE

PMAT *ce pauvre piano, Δ, le voir s'en aller, c'était pour Emma Bovary comme l'indéfinissable suicide d'une partie d'elle-même.*
ÉNONCIATION. Personne : 3. Temps : passé (sécant). Modalité : assertion.
ÉNONCÉ. #2 + #1.
*#1. SUJ-PRO *ce* (élidé). PRED-SV → GVCOP + ATT-SN ; → CP-ADV *comme* + GN ; → QUANT *le* (élidé) + GN' ; → GN'' + QUAL-PREPPRO ; → PREP *de* (élidé) + PRO *elle-même.* GN'' → GN''' + QUAL-PREPSN ; → PREP *de* (élidé) + SN ; → QUANT *une* + NN *partie.* GN''' → QUAL *indéfinissable* + NN *suicide.* GVCOP → NV *était* + CC6-PREPSN ; → PREP *pour* + SN ; → QUANT Ø + NN *Emma Bovary.*
*#2. AP-PRO (*ce*). APP-SV [+ SN juxtaposé à SV par la virgule + Δ juxtaposé à SN par la virgule] → CV1 /#2/ + NV *voir.* [SN → QUANTQUAL *ce* + GN ; → QUAL *pauvre* + NN *piano*]. [Δ → ENCHPRO *qui* + SOUS-P].
/#2/. AP-PRO *le.* APP-SV → CV0/CC0 *s'en* + NV *aller.*

SOUS-P
ÉNONCIATION. Personne : 3. Temps : passé (sécant) antérieur. Modalité : assertion.
ÉNONCÉ. #1. SUJ-PRO (*qui*). PRED-SV → GV + CV1-SN ; → QUANT *tant de* + GN' ; → QUAL *vaniteuses* + NN *satisfactions.* GV → CV2-PRO *lui* + NV *avait* (auxiliaire) *causé* (auxilié).

*

* *

[57] *Et ce banc, qui avait plus d'un siècle, ne s'étonnait pas de leur amour, en ayant déjà vu bien d'autres ; il en avait bien entendu, des douces paroles, sortir, toujours les mêmes, de génération en génération, de la bouche des jeunes.* (Loti)

Π = 1°P COMPLEXE + 2°P SIMPLE juxtaposée à 1°P par le point-virgule

1°P *et ce banc, qui avait plus d'un siècle, ne s'étonnait pas de leur amour, en ayant déjà vu bien d'autres.*

PMAT *et ce banc, Δ, ne s'étonnait pas de leur amour, en ayant déjà vu bien d'autres.*
ÉNONCIATION. Personne : 3. Temps : passé (sécant). Modalité : assertion.
ÉNONCÉ. #1 + #2.
*#1. SUJ-SN → QUANTQUAL *ce* + NN *banc.* PRED-SV → CC5-CONJ *et* + GV ; → CC2-ADV *ne… pas* + GV' ; → GV" + CV2-PREPSN ; → PREP *de* + SN ; → QUANTQUAL *leur* + NN *amour.* GV" → CV1-PRO *se* (élidé) + NV *étonnait.*
*#2. AP (*ce banc*). APP-Δ [+ SA/SV juxtaposé à Δ par la virgule] → ENCHPRO *qui* + SOUS-P. [SA/SV → CV1-GPRO + GV ; → NV *ayant* (auxiliaire)… *vu* (auxilié) + CC5-ADV *déjà.* GPRO → QUAL-PRO *en* + GPRO' ; → QUANT *bien de* (élidé) + NPRO *autres*].

SOUS-P
ÉNONCIATION. Personne : 3. Temps : passé (sécant). Modalité : assertion.
ÉNONCÉ. #1. SUJ-PRO (*qui*). PRED-SV → NV *avait* + CV1-SN ; → QUANT *plus d'un* + NN *siècle.*

2°P *il en avait bien entendu, des douces paroles, sortir, toujours les mêmes, de génération en génération, de la bouche des jeunes.*
ÉNONCIATION. Personne : 3. Temps : passé (sécant) antérieur. Modalité : assertion.
ÉNONCÉ. #1 + #2.
*#1. SUJ-PRO *il.* PRED-SV → CV1 /#2/ + GV ; → NV *avait* (auxiliaire)… *entendu* (auxilié) + CC2-ADV *bien.*
/#2/. AP-PRO *en.* APP-SN/SV → GV + CC2-PREPSN ; → PREP *de* + SN ; → QUANT *la* + GN ; → NN *bouche* + QUAL-PREPSN ; → PREP

de + SN ; → QUANT *les* (contraction *de* + *les* = *des*) + NN *jeunes*. GV → NV *sortir* + CC3-LOC *de génération en génération*.
*#2. AP-PRO (*en*). APP-SN [+ 2°GPRO juxtaposé à SN par la virgule] → QUANT *des* + GN ; → QUAL *douces* + NN *paroles*. [GPRO → CP-ADV *toujours* + NPRO *les mêmes*]

Avec possibilité[105] d'analyser le CC3 *de génération en génération* : PREPSN → PREP *de* + GN ; → GN' + QUAL-SNPREP ; → PREP *en* + SN ; → QUANT Ø + NN *génération*. GN' → QUANT Ø + NN *génération*.

*

* *

[58] *Pour la première fois depuis son mariage, l'idée de l'infidélité lui apparut comme pouvant être associée à celle de son ménage.* (Maurois, < Halmoy)

P SIMPLE
Énonciation. Personne : 3. Temps : passé (global). Modalité : assertion.
Énoncé. #1. SUJ-SN → QUANT *la* (élidé) + GN ; → NN *idée* + QUAL-PREPSN ; → PREP *de* + SN ; → QUANT *la* (élidé) + NN *infidélité*. PRED-SV → CC3-PREPSN + GVCOP ; → GVCOP' + ATT-SA/SV ; → CP-ADV *comme* + GA/GV ; → NV *pouvant* + SCOV ; → NVCOP *être* + ATT-SA/SV ; → NV *associée* + CV2-PREPSN ; → PREP *à* + GPRO ; → NPRO *celle* + QUAL-PREPSN ; → PREP *de* + SN ; → QUANTQUAL *son* + NN *ménage*. GVCOP' → CC6-PRO *lui*[106] + NVCOP *apparut*. PREPSN → PREP *pour* + SN ; → QUANT *la* + GN ; → GN' + QUAL-PREPSN ; → PREP *depuis* + SN ; → QUANTQUAL *son* + NN *mariage*. GN' → QUAL *première* + NN *fois*.

*

* *

[59] *Une fois remontés dans la cabine, Märtha et le Génie papotèrent un moment pour laisser retomber la pression puis retournèrent chacun chez soi pour un repos bien mérité.* (Ingelman-Sundberg)

---

105 *Cf.* p. 122-123.
106 Sur *lui* CC6, *cf.* p. 76-77, (3).

Π = 1°P simple + 2°P simple coordonnée à 1°P par CONJ *puis.*

1°P *une fois remontés dans la cabine, Märtha et le Génie papotèrent un moment pour laisser retomber la pression.*
Énonciation. Personne : 6. Temps : passé (global). Modalité : assertion.
Énoncé. #2 + #1.
*#1. SUJ-SN [+ 2°SN coordonné à SN par CONJ *et*] → QUANT Ø + NN *Märtha.* [2°SN → QUANT *le* + NN *Génie*]. PRED-SV → GV + CC2-PREPSN/SV ; → PREP *pour* + SV ; → NV *laisser* + SCOV /#2/.
GV → NV *papotèrent* + CC2-SN ; → QUANT *un* + NN *moment.*
/#2/ (inversée). AP-SN → QUANT *la* + NN *pression.* APP *retomber.*
*#2. AP-SN (*Martha et le Génie*). APP-SA/SV → CP-ADV *une fois* + GV ; → NV *remontés* + CC2-PREPSN ; → PREP *dans* + SN ; → QUANT *la* + NN *cabine.*

2°P *retournèrent chacun chez soi pour un repos bien mérité.*
Énonciation. Personne : 6. Temps : passé (global). Modalité : assertion.
Énoncé. #1. SUJ /#2/. PRED-SV → NV *retournèrent* + CC2-PREPSN ; → PREP *pour* + SN ; → QUANT *un* + GN ; → NN *repos* + QUAL-SA ; → CD-ADV *bien* + NA *mérité.*
/#2/. AP ⊗. APP-GPRO → NPRO *chacun* + QUAL-PREPPRO ; → PREP *chez* + PRO *soi.*

*
* *

[60] *Un pauvre Athénien devenu philosophe, appelé Socrate le Blanc, parlait haut et fort du Beau devant quatre ou cinq jeunes gens très bien qui, buvant, l'œil pensif, quelque liqueur vineuse, noyèrent un instant leur esprit dans cette contemplation avant de plonger soudain dans un sommeil réparateur.* (Julien)

P COMPLEXE

PMAT *un pauvre Athénien devenu philosophe, appelé Socrate le Blanc, parlait haut et fort du Beau devant quatre ou cinq jeunes gens très bien Δ.*
Énonciation. Personne : 3. Temps : passé (sécant). Modalité : assertion.
Énoncé. #1 + #2.

*#1. SUJ-SN → QUANT *un* + GN ; → GN' + QUAL-SA/SV ; → NVCOP *devenu* + ATT-SN ; → QUANT Ø + NN *philosophe.* GN' → QUAL *pauvre* + NN *Athénien.* PRED-SV → GV + CC2-PREPSN ; → PREP *devant* + QUANT *quatre* [+ *cinq* coordonné à *quatre* par CONJ *ou*] + GN ; → GN' + QUAL-Δ ; → ENCHPRO *qui* + SOUS-P. GN' → GN'' + QUAL-GADV ; → CD-ADV *très* + NADV *bien.* GN'' → QUAL *jeunes* + NN *gens.* GV → GV' + CV2-PREPSN ; → PREP *de* + SN ; → QUANT *le* (contraction *de* + *le* = *du*) + NN *Beau.* GV' → NV *parlait* + CC2-ADV *haut* [+ *fort* coordonné à *haut* par CONJ *et*].
*#2. AP-SN (*un pauvre Athénien*). APP-SA/SV → NV *appelé* + CV1-SN ; → QUANT Ø + NN *Socrate le Blanc.*

SOUS-P
Énonciation. Personne : 6. Temps : passé (global). Modalité : assertion.
Énoncé. #1 + #2.
*#1. SUJ-PRO (*qui*). PRED-SV → GV + CC2-PREPSN/SV ; → PREP *avant de* + SV ; → GV + CC2-PREPSN ; → PREP *dans* + SN ; → QUANT *un* + GN ; → NN *sommeil* + QUAL *réparateur.* GV → NV *plonger* + CC2-ADV *soudain.* GV → GV' + CC2-PREPSN ; → PREP *dans* + SN ; → QUANTQUAL *cette* + NN *contemplation.* GV' → GV'' + CV1-SN ; → QUANTQUAL *leur* + NN *esprit.* GV'' → NV *noyèrent* + CC2-SN ; → QUANT *un* + NN *instant.*
*#2. AP-PRO (*qui*). APP-SA/SV [+ SN juxtaposé à SA/SV par la virgule] → NV *buvant* + CV1-SN ; → QUANTQUAL *quelque* + GN ; → NN *liqueur* + QUAL *vineuse.* [SN → QUANT *le* (élidé) + GN ; → NN *œil* + QUAL *pensif*].

Pour l'interprétation de *Socrate le Blanc* en tant que nom propre à QUANT Ø, voir la phrase [15]. Sur l'hésitation possible entre un CC3 ou une APP *l'œil pensif*, voir la phrase [30].

*
* *

[61] *Oh ! alors, si vous l'aviez vu, le pauvre vieux, si vous l'aviez vu venir vers moi les bras tendus, m'embrasser, me serrer les mains, courir égaré dans la chambre, en faisant : « Mon Dieu ! mon Dieu !... »* (Daudet)

◊ = 1°P simple + 2°P simple juxtaposée à 1°P par la virgule + 3°P simple emboitée à 2°P par les deux-points-guillemets[107].

1°P *oh ! alors, si vous l'aviez vu, le pauvre vieux.*
ÉNONCIATION. Personne : 5. Temps : futur du passé (sécant) antérieur. Modalité : interrogation.
ÉNONCÉ. #1 + #2.
*#1. SUJ-PRO *vous.* PRED-SV → CC6-/P/ *oh ! alors* + GV ; → CC5-CONJ *si* + GV' ; → CV1-PRO *le* (élidé) + NV *aviez vu.*
*#2. AP-PRO (*le*). APP-SN → QUANT *le* + GN ; → QUAL *pauvre* + NN *vieux.*

2°P *si vous l'aviez vu venir vers moi les bras tendus, m'embrasser, me serrer les mains, courir égaré dans la chambre, en faisant...*
ÉNONCIATION. Personne : 5. Temps : futur du passé (sécant) antérieur. Modalité : interrogation.
ÉNONCÉ. #1. SUJ-PRO *vous.* PRED-SV → CC5-CONJ *si* + GV ; → CV1 /#2/ + NV *aviez* (auxiliaire) *vu* (auxilié).
/#2/ AP-PRO *le* (élidé). APP-SN/SV [+ 2°SN/SV juxtaposé à SN/SV par la virgule + 3°SN/SV juxtaposé à 2°SN/SV par la virgule + 4°{SN/SV + SA/SV juxtaposé à SN/SV} juxtaposés à 3°SN/SV par la virgule] → GV + CC2-SN ; → QUANT *les* + GN ; → NN *bras* + QUAL *tendus.* [2°SN/SV → CV1-PRO *me* (élidé) + NV *embrasser*]. [3°SN/SV → CV2-PRO *me* + GV ; → NV *serrer* + CV1-SN ; → QUANT *les* + NN *mains*]. [4°{SN/SV + SA/SV} → {GV + 2°GV} + CC3-PREPSA/SV ; → PREP *en* + SV ; → NV *faisant* + CV1 ⊕]. {GV + 2°GV} → {NV *courir* + 2°NV *égaré*} + CC2-PREPSN ; → PREP *dans* + SN ; → QUANT *la* + NN *chambre.*

3°P. ® [le vieux]. #1. ⊗ SN [+ 2°SN juxtaposé à SN par le point d'exclamation] → QUANTQUAL *mon* + NN *Dieu.* [2°SN → QUANTQUAL *mon* + NN *Dieu*].

---

107 Sur *si* CC5 à l'initiale de phrase, *cf.* p. 75-76 (l'option d'un ENCHCONJ obligerait à l'ellipse d'une PMAT !).

*

* *

[62] *J'ai une chose à dire, c'est que je ne vais pas toute seule chez Papi et Mamie* (exemple oral).

Π = 1°P SIMPLE + 2°P COMPLEXE juxtaposée à 1°P par la virgule

1°P *j'ai une chose à dire.*
ÉNONCIATION. Personne : 1. Temps : présent. Modalité : assertion.
ÉNONCÉ. #1. SUJ-PRO *je* (élidé). PRED-SV → NV *ai* + CV1 /#2/.
/#2/. AP-SN → QUANT *une* + NN *chose*. APP-PREPSN/SV → PREP *à* + SV ; → NV *dire* + C Ø.

2°P *c'est que je ne vais pas toute seule chez Papi et Mamie.*
PMAT *c'est Δ.*
ÉNONCIATION. Personne : 3. Temps : présent. Modalité : assertion.
ÉNONCÉ. #1. SUJ-PRO *ce* (élidé). PRED-SV → NVCOP *est* + ATT-Δ ; → ENCHCONJ + SOUS-P.

SOUS-P
ÉNONCIATION. Personne : 1. Temps : présent. Modalité : assertion.
ÉNONCÉ. #1 SUJ /#2/. PRED-SV → CC2-ADV *ne... pas* + GV ; → *vais* + CC2-PREPSN ; → PREP *chez* + SN [+ 2°SN coordonné à SN par CONJ *et*] → QUANT Ø + NN *Papi*. [2°SN → QUANT Ø + NN *Mamie*].
/#2/. AP-PRO *je*. APP-SA → CP-ADV *toute* + NA *seule*.

*

* *

[63] *L'essentiel c'est tout de même, le roman, qu'il existe.* (< Béguelin)

P COMPLEXE

PMAT *l'essentiel c'est tout de même, le roman, Δ.*
ÉNONCIATION. Personne : 3. Temps : présent. Modalité : assertion.
ÉNONCÉ. #1. SUJ /#2/. PRED-SV → GVCOP + ATT-Δ ; → ENCHCONJ *que* (élidé) + SOUS-P. GVCOP → NVCOP *est* + CC6-ADV *tout de même.*
/#2/ (inversée). AP-PRO *ce* (élidé). APP-SN → QUANT *le* (élidé) + NN *essentiel.*

SOUS-P
Énonciation. Personne : 3. Temps : présent. Modalité : assertion.
Énoncé. #2 + #1.
*#1. SUJ-PRO *il*. PRED-SV → NV *existe* + C Ø.
*#2 (inversée). AP-PRO (*il*). APP-SN → QUANT *le* + NN *roman*.

*
* *

[64] *Elle nous raconte son parcours tout en insistant sur le fait que heureusement que son père est là car sinon elle n'aurait pu réussir.* (< Deulofeu)

P COMPLEXE

PMAT *elle nous raconte son parcours tout en insistant sur le fait* Δ.
Énonciation. Personne : 3. Temps : présent. Modalité : assertion.
Énoncé. #1. SUJ-PRO *elle*. PRED-SV → GV + CC2-PREPSA/SV ; → PREP *tout en* + SA/SV ; → NV *insistant* + CC2-PREPSN ; → PREP *sur* + SN ; → QUANT *le* + GN ; → NN *fait* + QUAL-Δ ; → ENCHCONJ *que*[108] + SOUS-P [+ 2°SOUS-P coordonnée à SOUS-P par conjonction *car*]. GV → GV' + CV1-SN ; → QUANTQUAL *son* + NN *parcours*. GV' → CV2-PRO *nous* + NV *raconte*.

SOUS-P
Énonciation. Personne : 3. Temps : présent. Modalité : assertion.
Énoncé. #1. SUJ-SN → QUANTQUAL *son* + NN *père*. PRED-SV → CC6-ADV *heureusement* + GV coordonné à *heureusement* par CONJ *que* ; → NVCOP *est* + ATT-ADV *là*.

2°SOUS-P
Énonciation. Personne : 3. Temps : futur du passé antérieur. Modalité : assertion.
Énoncé. #1. SUJ-PRO *elle*. PRED-SV → CC6-ADV *sinon* + GV ; → CC2-ADV *ne* (élidé) + GV' ; → NV *aurait* (auxiliaire) *pu* (auxilié) + SCOV *réussir*.

108 Sur *que* « conjonction de coordination », voir p. 78.

*

* *

[65] *Quelques auteurs ont assuré que Peau-d'Âne, au moment que ce prince avait mis l'œil à la serrure, les siens l'avaient aperçu.* (< Berrendonner citant Perrault)

P COMPLEXE

PMAT *quelques auteurs ont assuré* Δ.
ÉNONCIATION. Personne : 6. Temps : présent antérieur. Modalité : assertion.
ÉNONCÉ. #1. SUJ-SN → QUANT *quelques* + NN *auteurs*. PRED-SV → NV *ont* (auxiliaire) *assuré* (auxilié) + CV1-*Δ* ; → ENCHCONJ *que* + SOUS-P.

SOUS-P
ÉNONCIATION. Personne : 6. Temps : passé (sécant) antérieur. Modalité : assertion.
ÉNONCÉ. #1. SUJ-PRO *les siens*. PRED-SV → CC6-SN + GV ; → CC3-*Δ* + GV' ; → CV1-PRO *le* (élidé) + NV *avaient* (auxiliaire) *aperçu* (auxilié). *Δ* → ENCHCONJ *au moment que* + S-SOUS-P. SN → QUANT Ø + NN *Peau-d'Âne*.

S-SOUS-P
Énonciation. Personne : 3. Temps : passé (sécant) antérieur. Modalité : assertion.
ÉNONCÉ. #1. SUJ-SN → QUANTQUAL *ce* + NN *prince*. PRED-SV → GV + CC2-PREP-SN ; → PREP *à* + SN ; → QUANT *la* + NN *serrure*. GV → NV *avait* (auxiliaire) + *mis* (auxilié) + CV1-SN ; → QUANT *le* (élidé) + NN *œil*.

Peau-d'Âne est CC6 comme *moi* et *ma femme* dans la phrase [37]. Sur les deux analyses possibles de *au moment que*, CONJ ou SN + PRO[109]. Soit, en choisissant l'alternative de *que* PRO : SOUS-P. Énoncé. #1. SUJ-PRO *les siens*. PRED-SV → CC6-SN + GV ; → CC3-PREPSN + GV' ; → CV1-PRO *le* (élidé) + NV *avaient* (auxiliaire) *aperçu* (auxilié). PREPSN → PREP *à* + SN ; → QUANT *le* (contraction *à* + *le* = *au*) + GN ; → NN *moment* + QUAL-*Δ* ; → ENCHPRO *que* + S-SOUS-P. SN → QUANT Ø + NN *Peau-d'Âne*.

109 *Cf.* p. 41-42 et p. 122-123.

*

* *

L'intérêt des options est qu'elles promettent d'enrichir ou d'affiner les descriptions et les théories en laissant la porte ouverte à toutes les discussions. Deux exemples encore.

- Le mot *comme* bénéficie déjà d'une large panoplie d'emplois : ENCHCONJ (La Fontaine, *Fables*, I, 22 : « *Comme* il disait ces mots… » = "quand"[110]), ENCHADV (phrase [14] : *comme sied à un train allemand* = « de la façon que »), ADV (phrase [6] : *le chat était comme fou* = « quasi »), CONJ (phrase [49] : *au Monde, comme à Libération…* = « ou »), PREP (phrase [55] : *comme celle* = « pareille à »). Que serait-il dans par exemple *On entendit comme une fusillade* (< Chervel) ? ADV = « à peu près » ? Est-il absolument exclu qu'il grossisse les rangs des QUANTQUAL = « une sorte de fusillade[111] » ?
- Que deviennent les CC4-ADV *tantôt* de la phrase multiple *Tantôt Marie aime Pierre, tantôt elle aime Arthur*[112] dans la phrase unique *Marie aime tantôt Pierre, tantôt Arthur* ? Restent-ils CC4 (moyennant l'ellipse de *elle aime*) ? Ou mutent-ils en CC2-ADV = « alternativement » ? (il manquerait toujours une coordination : *Marie aime tour à tour Pierre et Arthur*). Ou forment-ils une CONJ discontinue *tantôt… tantôt* = « et/ou » ?

La science grammaticale vit de perplexités autant que de certitudes. Une technique sûre devrait cependant lui permettre de ne capituler devant aucune énigme. Les phrases suivantes, qui ont alimenté tant de discussions linguistiques en raison de la nature de *tout* (PRO ou ADV), de la mobilité de *tous/toutes* (un *floating quantifier* 'quantifieur flottant' de la grammaire américaine) et de la portée de sa négation (*tous/toutes les x ne sont pas y* = « pas tous/toutes les x ne sont y »), se voudraient un encouragement à l'audace. On se remémorera seulement que les « articles », déclarés par fonction quantifiants, avaient été classés auparavant adjectifs par nature[113].

---

110 *Cf.* p. 78.
111 *Cf.* p. 65-67.
112 *Cf.* p. 75.
113 *Cf.* p. 46 et p. 62-63.

[66] *Tous les chrétiens sont charitables.*

P SIMPLE
ÉNONCIATION. Personne : 6. Temps : présent. Modalité : assertion.
ÉNONCÉ. #1. SUJ-SN → SA + NN *chrétiens*. SA → CD-ADV *tous* + QUANT *les*. PRED-SV → NVCOP *sont* + *charitables*.

*
* *

[67] *Les chrétiens sont tous charitables.*

P SIMPLE
ÉNONCIATION. Personne : 6. Temps : présent. Modalité : assertion.
ÉNONCÉ. #1. SUJ-SN → QUANT *les* + NN *chrétiens*. PRED-SV → NVCOP *sont* + ATT /#2/. /#2/. AP-PRO *tous*. APP *charitables*.

À comparer aux paraphrases (a) *Les chrétiens en leur totalité sont charitables*, (b) *Les chrétiens sont en leur totalité charitables*. (a) SUJ-SN → QUANT *les* + GN ; → NN *chrétiens* + QUAL-PREPSN ; → PREP *en* + SN ; → QUANTQUAL *leur* + NN *totalité*. PRED-SV → NVCOP *sont* + ATT *charitables*. (b) SUJ-SN → QUANT *les* + GN ; → NN *chrétiens*. PRED-SV → NVCOP *sont* + ATT-SA ; → CP-PREPSN + NA *charitables*. PREPSN → PREP *en* + SN ; → QUANTQUAL *leur* + NN *totalité*.

*
* *

[68] *Est-ce que les chrétiens ne seraient pas tous charitables ?*

P SIMPLE
ÉNONCIATION. Personne : 6. Temps : futur du passé. Modalité : interrogation.
ÉNONCÉ. #1. SUJ-SN → QUANT *les* + NN *chrétiens*. PRED-SV → INTER *est-ce que* + GV ; → CC2-ADV *ne… pas* + GV' ; → NVCOP *seraient* + ATT /#2/.
/#2/. AP-PRO *tous*. APP *charitables*.

*
* *

[69] *Tous les chrétiens ne sont pas charitables.*

P SIMPLE
ÉNONCIATION. Personne : 6. Temps : présent. Modalité : assertion.
ÉNONCÉ. #1. SUJ-SN → <u>SA</u> + NN *chrétiens.* <u>SA</u> → CD-ADV *tous* + QUANT *les.* PRED-SV → CC2-ADV *ne… pas* + GV ; → NV *sont* + ATT /#2/.
/#2/. AP-PRO ⊗. APP *charitables.*

Comparer à la paraphrase *Les chrétiens ne sont pas charitables en leur totalité.* SUJ-SN → QUANT *les* + NN *chrétiens.* PRED-SV → CC2-ADV *ne… pas* + GV ; → NVCOP *sont* + ATT-SA ; → NA *charitables* + CP-PREPSN ; → PREP *en* + SN ; → QUANTQUAL *leur* + NN *totalité.*

*
* *

J'ai gardé pour la bonne bouche la « forme la plus complexe de proposition relative qu'on pouvait trouver au temps du Ménestrel de Reims et qui a survécu jusqu'aujourd'hui » (Brunot 1905-1953, II : 428), une construction du « langage vivant » qui, enchainant une sous-phrase en *qui* à une sous-phrase en *que*, « se dérobe aux exigences d'une logique trop minutieuse » (*ibid.* : 430) : *L'homme que tu dis qui ressemble à un chat…* ou *L'hypothèse que je crois qui a été négligée…* (Léard 1990), etc. La gageure n'a plus rien d'insurmontable.

[70] *Une hypothèse que je crois qui a été négligée serait-elle enfin la bonne ?*

P COMPLEXE

PMAT *une hypothèse* Δ *serait-elle enfin la bonne ?*
ÉNONCIATION. Personne : 3. Temps : futur du passé. Modalité : interrogation.
ÉNONCÉ. #1 (inversée). SUJ /#2/. PRED-SV → <u>GVCOP</u> + ATT-PRO *la bonne.* <u>GVCOP</u> → NVCOP *serait* + CC5-ADV *enfin.*
/#2/ (inversée). AP-PRO (*elle*). APP-SN → QUANT *une* + GN ; → NN *hypothèse* + QUAL-Δ ; → ENCHPRO *que* + SOUS-P.

SOUS-P
ÉNONCIATION. Personne : 1. Temps : présent. Modalité : assertion.
ÉNONCÉ. #1. SUJ-PRO *je*. PRED-SV → CV1 /#2/ + NV *crois*.
/#2/. AP-PRO (*que*). APP-Δ → ENCHPRO *qui* + S-SOUS-P.

S-SOUS-P
ÉNONCIATION. Personne : 3. Temps : présent antérieur. Modalité : assertion.
ÉNONCÉ. #1. SUJ-PRO (*qui*). PRED-SV → NVCOP *a* (auxiliaire) *été* (auxilié) + ATT *négligée*.

*

*   *

Le dessein du chapitre 5 sera maintenant de suggérer que – ou de vérifier si – « l'analyse linguistique est nécessaire… et suffisante pour mettre en valeur la beauté d'un véritable texte littéraire » (Henry (1960 : 165), rejoignant le vœu de Tesnière (1959 : 632) : « Utilisation du stemma pour l'étude du style »). À défaut d'esthétique, c'est au minimum la syntaxe et la compréhension en profondeur de la langue qui en sortent éclairées.

ILLUSTRATIONS LITTÉRAIRES

Les textes ou les extraits analysés ci-après ont été choisis, dans un réservoir littéraire évidemment inépuisable, au double titre de leurs qualités stylistiques et des constructions grammaticales qui les sous-tendent. Pour que la chronologie révèle suffisamment d'évolutions et de constantes, il a paru inutile de remonter au-delà du XVIe siècle. Sauf indication expresse (®), ce sont les auteurs qui font à chaque fois office d'énonciateur.

[1] Ronsard, *Sonnet pour Hélène* (livre II, n° 42, édition de 1587 en graphie originale).

Quand vous serez bien vieille, au soir à la chandelle,
Assise aupres du feu, devidant et filant,
Direz chantant mes vers, en vous esmerveillant,
Ronsard me celebroit du temps que j'estois belle.
Lors vous n'aurez servante oyant telle nouvelle,
Desja sous le labeur à demy sommeillant,
Qui au bruit de mon nom ne s'aille resveillant,
Benissant vostre nom de louange immortelle.
Je seray sous la terre et fantôme sans os
Par les ombres myrteux je prendray mon repos :
Vous serez au fouyer une vieille accroupie,
Regrettant mon amour et vostre fier desdain.
Vivez, si m'en croyez, n'attendez à demain :
Cueillez dés aujourd'huy les roses de la vie.

Le sonnet comporte 4 phrases graphiques (Σ), la première occupant le premier quatrain, la deuxième formant le second quatrain, la troisième à cheval sur le premier et le second tercets, la quatrième achevant le second tercet[1].

1 Le sonnet illustre aux vers 1-2 la difficulté (que seule l'intuition permet de surmonter) de distinguer attribut de la prédication première (*vieille*) et appositions de la prédication

1°Σ
◊ = 1°P COMPLEXE + 2°P COMPLEXE emboitée à 1°P sans marquage graphique.

1°P *quand vous serez bien vieille, au soir à la chandelle, assise auprès du feu, dévidant et filant, direz chantant mes vers, en vous émerveillant.*
PMAT *Δ, direz chantant mes vers, en vous émerveillant.*
ÉNONCIATION. Personne : 5. Temps : futur. Modalité : assertion.
ÉNONCÉ. #1. SUJ /#2/. PRED-SV → CC3-Δ + GV ; → GV' + CC3-PREPSA/SV ; → PREP *en* + GV ; → CV1-PRO *vous* + NV *émerveillant.* GV' → NV *direz* + CV1 ⊕. Δ → ENCHCONJ *quand* + SOUS-P.
/#2/. AP ⊗. APP-SA/SV → NV *chantant* + CV1-SN ; → QUANTQUAL *mes* + NN *vers.*

SOUS-P
ÉNONCIATION. Personne : 5. Temps : futur. Modalité : assertion.
ÉNONCÉ. #1 + #2.
*#1. SUJ-PRO *vous.* PRED-SV → GV + CC3-PREPSN ; → PREP *à* + SN ; → QUANT *le* (contraction *à* + *le* = *au*) + GN ; → NN *soir* + QUAL-PREPSN ; → PREP *à* + SN ; → QUANT *la* + NN *chandelle.* GV → NVCOP *serez* + ATT-GA ; → CP-ADV *bien* + NA *vieille.*
*#2. AP-PRO (*vous*). APP-SA/SV [+ 2°SA/SV juxtaposé à SA/SV par la virgule] → NV *assise* + CC2-PREPSN ; → PREP *auprès de* + SN ; → QUANT *le* (contraction *de* + *le* = *du*) + NN *feu.* [2°SA/SV → {NV *dévidant* + 2°NV *filant* coordonné à NV par CONJ *et*} + C Ø].

2°P *Ronsard me célébrait du temps que j'étais belle.*
ÉNONCIATION. ® [Hélène]. Personne : 3. Temps : passé (sécant). Modalité : assertion.
ÉNONCÉ. #1. SUJ-SN → QUANT Ø + NN *Ronsard.* PRED-SV → GV + CC2-Δ ; → ENCHCONJ *du temps que* + SOUS-P. GV → CV1-PRO *me* + NV *célébrait.*

---

seconde (les participes *assise* et *dévidant, filant*). Au vers 3, sur *direz* en attente de CV1, revoir au chapitre 4, l'exemple [46]. Sur les deux analyses possibles de *du temps que* (vers 4), voir p. 41-42. Sur *telle nouvelle* (vers 5) indécis entre QUANTQUAL *telle* et QUANT Ø + QUAL *telle*, *cf.* p. 65-67. Sur le tour de l'« extraordinaire » *s'aille réveillant* (vers 7), *cf.* p. 53-54, n. 22. Pour *à demain* (vers 13), un possible CV1 « sous la menace » d'un CC2 temporel, *cf.* p. 70-71.

SOUS-P
ÉNONCIATION. Personne : 1. Temps : passé (sécant). Modalité : assertion.
ÉNONCÉ. #1. SUJ-PRO *je* (élidé). PRED-SV → NVCOP *étais* + ATT *belle.*

2°Σ
P COMPLEXE *lors vous n'aurez servante oyant telle nouvelle, déjà sous le labeur à demi sommeillant, qui au bruit de mon nom ne s'aille réveillant, bénissant votre nom de louange immortelle.*

PMAT *lors vous n'aurez servante oyant telle nouvelle, déjà sous le labeur à demi sommeillant, Δ.*
ÉNONCIATION. Personne : 5. Temps : futur. Modalité : assertion.
ÉNONCÉ. #1 + #2.
*#1. SUJ-PRO *vous.* PRED-SV → CC3-ADV *lors* + GV ; → CC2-ADV *ne* (élidé) + GV' ; → NV *aurez* + CV1-SN ; → QUANT Ø + GN ; → NN *servante* + QUAL-SA/SV ; → NV *oyant* + CV1-SN ; → QUANTQUAL *telle* + NN *nouvelle.*
*#2. AP-SN (*servante*). APP-SA/SV [+ Δ juxtaposé à SA/SV par la virgule] → CC5-ADV *déjà* + GV ; → <u>CC3-PREPSN</u> + GV' ; → CP-ADV *à demi* + NV *sommeillant.* <u>PREPSN</u> → PREP *sous* + SN ; → QUANT *le* + NN *labeur.* [Δ → ENCHPRO *qui* + SOUS-P].

SOUS-P
ÉNONCIATION. Personne : 3. Temps : prospectif simultané. Modalité : assertion.
ÉNONCÉ. #1 + #2.
*#1. SUJ-PRO (*qui*). PRED-SV → <u>CC3-PREPSN</u> + GV ; → CC2-ADV *ne* + GV' ; → CV1-PRO *se* (élidé) + NV *aille* (auxiliaire) *réveillant* (auxilié). <u>PREP-SN</u> → PREP *à* + SN ; → QUANT *le* (contraction *à* + *le* = *au*) + GN ; → NN *bruit* + QUAL-PREPSN ; → PREP *de* + SN ; → QUANTQUAL *mon* + NN *nom.*
*#2. AP-PRO (*qui*). APP-SA/SV → <u>GV</u> + CV2-PREPSN ; → PREP *de* + SN ; → QUANT Ø + GN ; → NN *louange* + QUAL *immortelle.* <u>GV</u> → NV *bénissant* + CV1-SN ; → QUANTQUAL *votre* + NN *nom.*

3°Σ
Π = 1°P SIMPLE + 2°P SIMPLE coordonnée à 1°P par CONJ *et* + 3°P SIMPLE juxtaposée à [1°P + 2°P] par les deux-points.

1°P *je serai sous la terre.*
ÉNONCIATION. Personne : 1. Temps : futur. Modalité : assertion.
ÉNONCÉ. #1. SUJ-PRO *je*. PRED-SV → NVCOP *serai* + ATT-PREPSN ; → PREP *sous* + SN ; → QUANT *la* + NN *terre.*

2°P *fantôme sans os par les ombres myrteux je prendrai mon repos.*
ÉNONCIATION. Personne : 1. Temps : futur. Modalité : assertion.
ÉNONCÉ. #1. SUJ /#2/. PRED-SV → CC3-PREPSN + GV ; → NV *prendrai* + CV1-SN ; → QUANTQUAL *mon* + NN *repos.* PREPSN → PREP *par* + SN ; → QUANT *les* + GN ; → NN *ombres* + QUAL *myrteux.* /#2/ (inversée). AP-PRO *je*. APP-SN → QUANT Ø + GN ; → NN *fantôme* + QUAL-PREPSN ; → PREP *sans* + SN ; → QUANT Ø + NN *os.*

3°P *vous serez au foyer une vieille accroupie, regrettant mon amour et votre fier dédain.*
ÉNONCIATION. Personne : 5. Temps : futur. Modalité : assertion.
ÉNONCÉ. #1 + #2.
*#1. SUJ-PRO *vous*. PRED-SV → NVCOP *serez* + ATT-SN ; → QUAL-PREPSN + GN ; → QUANT *une* + GN' ; → NN *vieille* + QUAL *accroupie.* PREPSN → PREP *à* + SN ; → QUANT *le* (contraction *à* + *le* = *au*) + NN *foyer.*
*#2. AP-PRO (*vieille*). APP-SA/SV → NV *regrettant* + CV1-SN [+ 2°SN coordonné à SN par CONJ *et*] → QUANTQUAL *mon* + NN *amour.* [2°SN → QUANTQUAL *votre* + GN ; → QUAL *fier* + NN *dédain*].

4°Σ
Π = 1°P SIMPLE + 2°P SIMPLE juxtaposée à 1°P par la virgule + 3°P SIMPLE juxtaposée à 2°P par la virgule + 4°P juxtaposée à 3°P par les deux-points.

1°P *vivez.*
ÉNONCIATION. Personne : 5. Temps : présent. Modalité : injonction.
ÉNONCÉ. #1. SUJ-PRO Ø. PRED-SV → NV *vivez* + C Ø.

2°P *si m'en croyez.*
ÉNONCIATION. Personne : 5. Temps : présent. Modalité : injonction.
ÉNONCÉ. #1. SUJ-PRO Ø. PRED-SV → CC5-CONJ *si* + GV ; → CV1-PRO *me* (élidé) + GV' ; → CV2-PRO *en* + NV *croyez.*

3°P *n'attendez à demain.*
ÉNONCIATION. Personne : 5. Temps : présent. Modalité : injonction.
ÉNONCÉ. #1. SUJ-PRO Ø. PRED-SV → CC2-ADV *ne* (élidé) + GV ; → NV *attendez* + CC2-PREPADV ; → PREP *à* + ADV *demain.*

4°P *cueillez dès aujourd'hui les roses de la vie.*
ÉNONCIATION. Personne : 5. Temps : présent. Modalité : injonction.
ÉNONCÉ. #1. SUJ-PRO Ø. PRED-SV → GV + CV1-SN ; → QUANT *les* + GN ; → NN *roses* + QUAL-PREPSN ; → PREP *de* + SN ; → QUANT *la* + NN *vie.* GV → NV *cueillez* + CC2-PREPADV ; → PREP *dès* + ADV *aujourd'hui.*

*
* *

[2] Corneille, *Le Cid*, I, 6 (1636).

– Au surplus, pour ne te point flatter,
Je te donne à combattre un homme à redouter ;
Je l'ai vu, tout couvert de sang et de poussière,
Porter partout l'effroi dans une armée entière,
J'ai vu, par sa valeur, cent escadrons rompus ;
Et, pour te dire encor quelque chose de plus,
Plus que brave soldat, plus que grand capitaine,
C'est…
– De grâce, achevez.
– Le père de Chimène.

Trois phrases graphiques.

1°Σ
Π = 1°P SIMPLE + 2°P SIMPLE juxtaposée à 1°P par le point-virgule + 3°P SIMPLE juxtaposée à 2°P par la virgule + 4°P juxtaposée à 3°P par le point-virgule.

1°P *au surplus, pour ne te point flatter, je te donne à combattre un homme à redouter.*
ÉNONCIATION. Personne : 1. Temps : présent. Modalité : assertion.
ÉNONCÉ. #1. SUJ-PRO *je.* PRED-SV → CC5-PREPSN + GV ; → CC6-PREPSN/SV + GV' ; → CV2-PRO *te* + GV" ; → NV *donne* + CV1 /#2/.

PREPSN/SV → PREP *pour* + SN/SV ; → CC2-ADV *ne… point* + GV ; → CV1-PRO *te* + NV *flatter*. PREPSN → PREP *à* + SN ; → QUANT *le* (contraction *à* + *le* = *au*) + NN *surplus*.
/#2/ (inversée). AP-SN → QUANT *un* + GN ; → NN *homme* + QUAL-PREPSN/SV ; → PREP *à* + *redouter*. APP-PREPSN/SV ; → PREP *à* + SV ; → NV *combattre* + C Ø.

2°P *je l'ai vu, tout couvert de sang et de poussière, porter partout l'effroi dans une armée entière.*
Énonciation. Personne : 1. Temps : présent antérieur. Modalité : assertion.
Énoncé. #1 + #2.
*#1. SUJ-PRO *je*. PRED-SV → CV1 /#2/ + NV *ai* (auxiliaire) *vu* (auxilié).
/#2/. AP-PRO *le* (élidé). APP-SN/SV → GV + CC2-PREPSN ; → PREP *dans* + SN ; → QUANT *une* + GN ; → NN *armée* + QUAL *entière*. GV → GV' + CV1-SN ; → QUANT *le* (élidé) + NN *effroi*. GV' → NV *porter* + CC2-ADV *partout*.
*#2. AP (*le*). APP-SA → CP-ADV *tout* + GA ; → NA *couvert* + CA-PREPSN [+ 2°PREPSN coordonné à PREPSN par CONJ *et*] → PREP *de* + SN ; → QUANT Ø + NN *sang*. [2°PREPSN → PREP *de* + SN ; → QUANT Ø + NN *poussière*].

3°P *j'ai vu, par sa valeur, cent escadrons rompus.*
Énonciation. Personne : 1. Temps : présent antérieur. Modalité : assertion.
Énoncé. #1. SUJ-PRO *je* (élidé). PRED-SV → NV *ai* (auxiliaire) *vu* (auxilié) + CV1 /#2/.
/#2/. AP-SN → QUANT *cent* + NN *escadrons*. APP-SA/SV → CV2-PREPSN + NV *rompus*. CV2-PREPSN → PREP *par* + SN ; → QUANTQUAL *sa* + NN *valeur*.

4°P *et, pour te dire encore quelque chose de plus, plus que brave soldat, plus que grand capitaine, c'est…*
Énonciation. Personne : 3. Temps : présent. Modalité : assertion.
Énoncé. #1 + #2.
*#1. SUJ-PRO *ce* (élidé). PRED-SV → CC5-CONJ *et* + GV ; → CC6-PREPSN/SV + GV' ; → NVCOP *est* + ⊕. PREPSN/SV → PREP *pour*

+ SV ; → GV + CV1 /#2/. GV → CV2-PRO *te* + GV' ; → NV *dire* + CC6-ADV *encore*[2].
/#2/. AP-PRO *quelque chose.* APP-PREPADV → PREP *de* + ADV *plus.*
*#2 (inversée). AP (*ce*). APP-PREPSN [+ 2°PREPSN juxtaposé à PREPSN par la virgule] → PREP *plus que* + SN ; → QUANT Ø + GN ; → QUAL *brave* + NN *soldat.* [2°PREPSN → PREP *plus que* + SN ; → QUANT Ø + GN ; → QUAL *grand* + NN *capitaine*].

2°Σ
P SIMPLE *de grâce, achevez.*
ÉNONCIATION. Personne : 5. Temps : présent. Modalité : injonction.
ÉNONCÉ. #1. SUJ Ø. PRED-SV → CC6-ADV *de grâce* + NV *achevez.*

3°Σ
P SIMPLE *le père de Chimène.*
ÉNONCIATION. Personne : Ø. Temps : Ø. Modalité : assertion.
ÉNONCÉ. #1. ⊗ SN → QUANT *le* + GN ; → NN *père* + QUAL-PREPSN ; → PREP *de* + SN ; → QUANT Ø + NN *Chimène.*

Le vers 2 tolèrerait l'analyse de *à combattre* CV1 de *donne* et de *un homme à redouter* CV1 de *combattre.*

*
* *

[3] La Fontaine, *Fables*, II, 9 (1668).

Le Lion et le Moucheron
« Va-t'en, chétif insecte, excrément de la terre ! »
C'est en ces mots que le Lion
Parloit un jour au Moucheron.
L'autre lui déclara la guerre.
« Penses-tu, lui dit-il, que ton titre de roi
Me fasse peur ni me soucie ?
Un bœuf est plus puissant que toi :
Je le mène à ma fantaisie. »
À peine il achevoit ces mots

2 Sur *encore* CC6 (et non CC5) au vers 6, *cf.* p. 76, (2).

Que lui-même il sonna la charge,
Fut le trompette et le héros.
Dans l'abord il se met au large ;
Puis prend son temps, fond sur le cou
Du lion, qu'il rend presque fou.
Le quadrupède écume, et son œil étincelle ;
Il rugit ; on se cache ; on tremble à l'environ ;
Et cette alarme universelle
Est l'ouvrage d'un moucheron.
Un avorton de mouche en cent lieux le harcelle :
Tantôt pique l'échine, et tantôt le museau,
Tantôt entre au fond du naseau.

Dix phrases graphiques[3].

1°Σ
P SIMPLE *le lion et le moucheron.*
Énonciation. Personne : Ø. Temps : Ø. Modalité : assertion.
Énoncé. #1. SUJ-SN [+ 2°SN coordonné à SN par CONJ *et*] → QUANT *le* + NN *lion.* [2°SN → QUANT *le* + NN *moucheron*]. PRED ⊕.

2°Σ
P SIMPLE *va-t'en, chétif insecte, excrément de la terre !*
Énonciation. → [le lion]. Personne : 2. Temps : présent. Modalité : injonction.
Énoncé. #1 + #2.
*#1. SUJ Ø. PRED-SV→ NV *va* + CV0/CC0-PRO *t'en.*
*#2. AP (Ø). APP-SN [+ 2°SN juxtaposé à SN par la virgule] → QUANT Ø + GN ; → QUAL *chétif* + NN *insecte.* [2°SN → QUANT Ø + GN ; → NN *excrément* + QUAL-PREPSN ; → PREP *de* + SN ; → QUANT *la* + NN *terre*].

3 Note générale : la succession d'une virgule et d'une conjonction permet soit de donner la priorité à la seconde (*cf.* p. 23-24), soit de lui reconnaitre la fonction de CC5 (*cf.* p. 75-76). Notre option CC5 aux vers 15, 17 et 20 ne sera pas forcément partagée (voir au surplus p. 137). Sur les titres assimilés à des prédications incomplètes, *cf.* p. 148. Pour l'association au vers 1 d'un pronom CV0 à un pronom CC0, voir p. 71-72. Sur la sous-phrase pronominale prédicative des vers 2-3, se rapporter à p. 79, (2). Sur l'interprétation au vers 7 de *que* préposition, *cf.* p. 122-123. Sur la « subordination inverse » aux vers 9-10, voir p. 24-26 et p. 75. Pour le CC1 *sur le cou* au vers 13, comp. p. 73. Le classement, au vers 19, de *un avorton de mouche* parmi les quantiqualifiants procède de ce qui est dit à la page 66.

3°Σ
P COMPLEXE *c'est en ces mots que le lion parlait un jour au moucheron.*
PMAT *c'est en ces mots Δ.*
ÉNONCIATION. Personne : 3. Temps : présent. Modalité : assertion.
ÉNONCÉ. #1. SUJ /#2/. PRED-SV → NVCOP *est* + ATT-PREPSN → PREP *en* + SN ; → QUANTQUAL *ces* + NN *mots.*
/#2/. AP-PRO *ce* (élidé). APP-Δ → ENCHPRO *que* (élidé) + SOUS-P.

SOUS-P
ÉNONCIATION. Personne : 3. Temps : passé (sécant). Modalité : assertion.
ÉNONCÉ. #1. SUJ-PRO *le lion.* PRED-SV → CC3-SN (*que*) + GV ; → GV' + CV2-PREPSN ; → PREP *à* + SN ; → QUANT *le* (contraction *à* + *le* = *au*) + NN *moucheron.* GV' → NV *parlait* + CC2-SN ; → QUANT *un* + NN *jour.*

4°Σ
P SIMPLE *l'autre lui déclara la guerre.*
ÉNONCIATION. Personne : 3. Temps : passé (global). Modalité : assertion.
ÉNONCÉ. #1. SUJ-PRO *l'autre.* PRED-SV → GV + CV1-SN ; → QUANT *la* + NN *guerre.* GV → CV2-PRO *lui* + NV *déclara.*

5°Σ
P COMPLEXE *penses-tu, lui dit-il, que ton titre de roi me fasse peur ni me soucie ?*

PMAT *penses-tu,* Δ, Δ *?*
ÉNONCIATION. ® [le moucheron]. Personne : 2. Temps : présent. Modalité : interrogation.
ÉNONCÉ. #1 (inversée). SUJ-PRO *tu.* PRED-SV → GV + CV1-Δ [+ 2°Δ coordonné à Δ par CONJ *ni*] → ENCHCONJ *que* + SOUS-P. [2°Δ → ENCHCONJ ⊗ + 2°SOUS-P]. GV → NV *penses* + CC6-3°Δ ; → INC + 3°SOUS-P.

SOUS-P
ÉNONCIATION. ® [le moucheron]. Personne : 3. Temps : prospectif. Modalité : assertion.
ÉNONCÉ. #1. SUJ-SN → QUANTQUAL *ton* + GN ; → NN *titre* + QUAL-PREPSN ; → PREP *de* + SN ; → QUANT Ø + NN *roi.* PRED-SV → GV + CV1-SN ; → QUANT Ø + NN *peur.* GV → CV2-PRO *me* + NV *fasse.*

2°SOUS-P
ÉNONCIATION. ® [le moucheron]. Personne : 3. Temps : prospectif (homonyme de présent). Modalité : assertion.
ÉNONCÉ. #1. SUJ ⊗. PRED-SV → CV1-PRO *me* + NV *soucie.*

3°SOUS-P
ÉNONCIATION. Personne : 3. Temps : passé (global) [homonyme de présent]. Modalité : assertion.
ÉNONCÉ. #1 (inversée). SUJ-PRO *il.* PRED-SV → CV2-PRO *lui* + NV *dit.*

6°Σ
Π = P SIMPLE + 2°P SIMPLE juxtaposée à 1°P par les deux-points.

1°P *un bœuf est plus puissant que toi.*
ÉNONCIATION. ® [le moucheron]. Personne : 3. Temps : présent. Modalité : assertion.
ÉNONCÉ. #1. SUJ-SN → QUANT *un* + NN *bœuf.* PRED-SV → NVCOP *est* + ATT-SA ; → CP-GADV + NA *puissant.* GADV → NADV *plus* + CADV-PREPPRO ; → PREP *que* + PRO *toi.*

2°P *je le mène à ma fantaisie.*
ÉNONCIATION. ® [le moucheron]. Personne : 1. Temps : présent. Modalité : assertion.
ÉNONCÉ. #1. SUJ-PRO *je.* PRED-SV → GV + CC2-PREPSN ; → PREP *à* + SN ; → QUANTQUAL *ma* + NN *fantaisie.* GV → CV1-PRO *le* + NV *mène.*

7°Σ
P COMPLEXE *à peine il achevait ces mots que lui-même il sonna la charge, fut le trompette et le héros.*

PMAT *à peine il achevait ces mots Δ.*
ÉNONCIATION. Personne : 3. Temps : passé (sécant). Modalité : assertion.
ÉNONCÉ. #1. SUJ-PRO *il.* PRED-SV → CC3-ADV *à peine* + GV ; → GV' + CC4-Δ ; → ENCHCONJ *que* + SOUS-P [+ 2°SOUS-P juxtaposée à SOUS-P par la virgule]. GV' → NV *achevait* + CV1-SN ; → QUANTQUAL *ces* + NN *mots.*

SOUS-P
ÉNONCIATION. Personne : 3. Temps : passé (global). Modalité : assertion.
ÉNONCÉ. #1. SUJ /#2/. PRED-SV → NV *sonna* + CV1-SN ; → QUANT *la* + NN *charge.*
/#2/ (inversée). AP-PRO *il.* APP-GPRO → NPRO *lui* + QUAL *même.*

2°SOUS-P
ÉNONCIATION. Personne : 3. Temps : passé (global). Modalité : assertion.
ÉNONCÉ. #1. SUJ ⊗. PRED-SV → NVCOP *fut* + ATT-SN [+ 2°SN coordonné à SN par CONJ *et*] → QUANT *le* + NN *trompette.* [2°SN → QUANT *le* + NN *héros*].

8°Σ
Π = 1°P SIMPLE + 2°P SIMPLE juxtaposée à 1°P par le point-virgule + 3°P COMPLEXE juxtaposée à 2°P par la virgule.

1°P *dans l'abord, il se met au large.*
ÉNONCIATION. Personne : 3. Temps : présent. Modalité : assertion.
ÉNONCÉ. #1. SUJ-PRO *il.* PRED-SV → CC3-PREPSN + GV ; → CV1 /#2/ + NV *met.* PREPSN → PREP *dans* + SN ; → QUANT *le* (élidé) + NN *abord.*
/#2/. AP-PRO *se.* APP-PREPSN → PREP *à* + SN ; → QUANT *le* + NN *large.*

2°P *puis prend son temps.*
ÉNONCIATION. Personne : 3. Temps : présent. Modalité : assertion.
ÉNONCÉ. #1. SUJ ⊗. PRED-SV → CC5-ADV *puis* + GV ; → NV *prend* + CV1-SN ; → QUANTQUAL *son* + NN *temps.*

3°P *fond sur le cou du lion, qu'il rend presque fou.*
PMAT *fond sur le cou du lion, Δ.*
ÉNONCIATION. Personne : 3. Temps : présent. Modalité : assertion.
ÉNONCÉ. #1 + #2.
*#1. SUJ ⊗. PRED-SV → NV *fond* + CC1-PREPSN ; → PREP *sur* + SN ; → QUANT *le* + GN ; → NN *cou* + QUALPREPSN ; → PREP *de* + SN ; → QUANT *le* (contraction *de* + *le* = *du*) + NN *lion.*
*#2. AP-SN (*le lion*). APP-Δ → ENCHPRO *que* (élidé) + SOUS-P.

SOUS-P
ÉNONCIATION. Personne : 3. Temps : présent. Modalité : assertion.
ÉNONCÉ. #1. SUJ-PRO *il*. PRED-SV → CV1 /#2/ + NV *rend*.
/#2/. AP-PRO (*que*). APP-SA → CP-ADV *presque* + NA *fou*.

9°Σ
Π = 1°P SIMPLE + 2°P SIMPLE juxtaposée à 1°P par la virgule + 3°P SIMPLE juxtaposée à 2°P par le point-virgule + 4°P SIMPLE juxtaposée à 3°P par le point-virgule + 5°P SIMPLE juxtaposée à 4°P par le point-virgule + 6°P SIMPLE juxtaposée à 5°P par le point-virgule.

1°P *le quadrupède écume.*
ÉNONCIATION. Personne : 3. Temps : présent. Modalité : assertion.
ÉNONCÉ. #1. SUJ-SN → QUANT *le* + NN *quadrupède*. PRED-SV → NV *écume* + C Ø.

2°P *et son œil étincelle.*
ÉNONCIATION. Personne : 3. Temps : présent. Modalité : assertion.
ÉNONCÉ. #1. SUJ-SN → QUANTQUAL *son* + NN *œil*. PRED-SV → CC5-CONJ *et* + NV *étincelle*.

3°P *il rugit.*
ÉNONCIATION. Personne : 3. Temps : présent. Modalité : assertion.
ÉNONCÉ. #1. SUJ-PRO *il*. PRED-SV → NV *rugit* + C Ø.

4°P *on se cache.*
ÉNONCIATION. Personne : 3. Temps : présent. Modalité : assertion.
ÉNONCÉ. #1. SUJ-PRO *on*. PRED-SV → CV1-PRO *se* + NV *cache*.

5°P *on tremble à l'environ.*
ÉNONCIATION. Personne : 3. Temps : présent. Modalité : assertion.
ÉNONCÉ. #1. SUJ-PRO. PRED-SV → NV *tremble* + CC2-PREPSN ; → PREP *à* + SN ; → QUANT *le* (élidé) + NN *environ*.

6°P *et cette alarme universelle est l'ouvrage d'un moucheron.*
ÉNONCIATION. Personne : 3. Temps : présent. Modalité : assertion.
ÉNONCÉ. #1. SUJ-SN → QUANTQUAL *cette* + GN ; → NN *alarme* + QUAL universelle. PRED-SV → CC5-CONJ *et* + GV ; → NVCOP

est + ATT-SN ; → QUANT *la* (élidé) + GN ; → NN *œuvre* + QUAL-PREPSN ; → PREP *de* (élidée) + SN ; → QUANT *un* + NN *moucheron.*

10°Σ
Π = 1°P SIMPLE + 2°P SIMPLE juxtaposée à 1°P par les deux-points + 3°P SIMPLE juxtaposée à 2°P par la virgule + 4°P SIMPLE juxtaposée à 3°P par la virgule.

1°P *un avorton de mouche en cent lieux le harcelle.*
Énonciation. Personne : 3. Temps : présent. Modalité : assertion.
Énoncé. #1. SUJ-SN → QUANTQUAL *un avorton de* + NN *mouche.* PRED-SV → CC3-PREPSN + GV ; → CV1-PRO *le* + NV *harcelle.* PREPSN → PREP *en* + SN ; → QUANT *cent* + NN *lieux.*

2°P *tantôt pique l'échine.*
Énonciation. Personne : 3. Temps : présent. Modalité : assertion.
Énoncé. #1. SUJ ⊗. PRED-SV → CC4-ADV *tantôt* + GV ; → NV *pique* + CV1-SN ; → QUANT *la* (élidé) + NN *échine.*

3°P *et tantôt le museau.*
Énonciation. Personne : Ø. Temps : Ø. Modalité : assertion.
Énoncé. #1. SUJ ⊗. PRED-SV → CC5-CONJ *et* + GV ; → CC4-ADV *tantôt* + GV' ; → NV ⊗ + CV1-SN ; → QUANT *le* + NN *museau.*

4°P *tantôt entre au fond du naseau.*
Énonciation. Personne : 3. Temps : présent. Modalité : assertion.
Énoncé. #1. SUJ ⊗. PRED-SV → CC4-ADV *tantôt* + GV ; → NV *entre* + CC2-PREPSN ; → PREP *à* + SN ; → QUANT *le* (contraction *à* + *le* = *au*) + GN ; → NN *fond* + QUAL-PREPSN ; → PREP *de* + SN ; → QUANT *le* (contraction *de* + *le* = *du*) + NN *naseau.*

*
* *

[4] La Fontaine, *Fables*, VII, 1 (1678) [graphie modernisée].

Les animaux malades de la peste
Un mal qui répand la terreur,

Mal que le Ciel en sa fureur
Inventa pour punir les crimes de la terre,
La peste (puisqu'il faut l'appeler par son nom),
Capable d'enrichir en un jour l'Achéron,
Faisait aux animaux la guerre.
Ils ne mouraient pas tous, mais tous étaient frappés :
On n'en voyait point d'occupés
À chercher le soutien d'une mourante vie;
Nul mets n'excitait leur envie;
Ni loups ni renards n'épiaient
La douce et l'innocente proie;
Les tourterelles se fuyaient :
Plus d'amour, partant plus de joie.

Trois phrases graphiques.

1°Σ
P SIMPLE *les animaux malades de la peste.*
Énonciation. Personne : Ø. Temps : Ø. Modalité : assertion.
Énoncé. #1. SUJ-SN → QUANT *les* + GN ; → NN *animaux* + QUAL-SA ; → NA *malades* + CA-PREPSN ; → PREP *de* + SN ; → QUANT *la* + NN *peste.* PRED ⊕.

2°Σ
◊ = 1°P COMPLEXE + 2°P SIMPLE emboitée à 1°P par les parenthèses.

1°P *un mal qui répand la terreur, mal que le Ciel en sa fureur inventa pour punir les crimes de la terre, la peste, capable d'enrichir en un jour l'Achéron, faisait aux animaux la guerre.*

PMAT *un mal Δ, mal Δ, la peste, capable d'enrichir en un jour l'Achéron, faisait aux animaux la guerre.*
Énonciation. Personne : 3. Temps : passé (sécant). Modalité : assertion.
Énoncé. #1 + #2.
*#1. SUJ-SN → QUANT *un* + GN ; → NN *mal* + QUAL-Δ ; → ENCHPRO *qui* + SOUS-P. PRED-SV → GV + CV1-SN ; → QUANT *la* + NN *guerre.* GV → NV *faisait* + CV2-PREPSN ; → PREP *à* + SN ; → QUANT *les* (contraction *à* + *les* = *aux*) + NN *animaux.*

SOUS-P
Énonciation. Personne : 3. Temps : présent. Modalité : assertion.
Énoncé. #1. SUJ-PRO (*qui*). PRED-SV → NV *répand* + CV1-SN ; → QUANT *la* + NN *terreur.*
*#2. AP (*un mal*). APP-SN [+ 2°SN juxtaposé à SN par la virgule + SA juxtaposé à 2°SN par la virgule] → QUANT Ø + GN ; → NN *mal* + QUAL-Δ ; → ENCHPRO *que* + SOUS-P. [2°SN → QUANT *la* + NN *peste*]. [SA → NA *capable* + CA-PREPSN/SV ; → PREP *de* (élidé) + SV ; → GV + CV1-SN ; → QUANT *le* (élidé) + NN *Achéron.* GV → NV *enrichir* + CC2-PREPSN ; → PREP *en* + SN ; → QUANT *un* + NN *jour.*

SOUS-P
Énonciation. Personne : 3. Temps : passé (global). Modalité : assertion.
Énoncé. #1. SUJ-SN → QUANT *le* + NN *Ciel.* PRED-SV → CC3-PREPSN + GV ; → NV *inventa* + CC2-PREPSN ; → PREP *pour* + SN/SV ; → NV *punir* + CV1-SN ; → QUANT *les* + GN ; → NN *crimes* + QUAL-PREPSN ; → PREP *de* + SN ; → QUANT *la* + NN *terre.* PREPSN → PREP *en* + SN ; → QUANTQUAL *sa* + NN *fureur.*

2°P *puisqu'il faut l'appeler par son nom.*
Énonciation. Personne : 3. Temps présent. Modalité : assertion.
Énoncé. #1. SUJ-PRO *il.* PRED-SV → CC5-CONJ *puisque* (élidé) + GV ; → NV *faut* + SCOV ; → CV1 /#2/ + NV *appeler.*
/#2/. AP-PRO *le* (élidé). APP-PREPSN → PREP *par* + SN ; → QUANTQUAL *son* + NN *nom.*

3°Σ
Π = 1°P SIMPLE + 2°P SIMPLE coordonnée à 1°P par CONJ *mais* + 3°P SIMPLE juxtaposée à 2°P par les deux-points + 4°P SIMPLE juxtaposée à 3°P par le point-virgule + 5°P SIMPLE juxtaposée à 4°P par le point-virgule + 6°P SIMPLE juxtaposée à 5°P par le point-virgule + 7°P SIMPLE juxtaposée à 6°P par les deux-points.

1°P *ils ne mouraient pas tous.*
Énonciation. Personne : 6. Temps : passé (sécant). Modalité : assertion.
Énoncé. #1. SUJ /#2/. PRED-SV → CC2-ADV *ne... pas* + NV *mouraient.*
/#2/. AP-PRO *ils.* APP-PRO *tous.*

2°P *tous étaient frappés.*
ÉNONCIATION. Personne : 6. Temps : passé (sécant). Modalité : assertion.
ÉNONCÉ. #1. SUJ-PRO *tous.* PRED-SV → NVCOP *étaient* + ATT *frappés.*

3°P *on n'en voyait point d'occupés à chercher le soutien d'une mourante vie.*
ÉNONCIATION. Personne : 3. Temps : passé (sécant). Modalité : assertion.
ÉNONCÉ. #1. SUJ-PRO *on.* PRED-SV → CC2-ADV *ne* (élidé)… *point* + GV ; → CV1 /#2/.
/#2/. AP-PRO *en.* APP-PREPSA → PREP *de* (élidé) + SA ; → NA *occupés* + CA-PREPSN/SV ; → PREP *à* + SV ; → NV *chercher* + CV1-SN ; → QUANT *le* + GN ; → NN *soutien* + QUAL-PREPSN ; → PREP *de* (élidé) + SN ; → QUANT *une* + GN ; → QUAL *mourante* + NN *vie.*

4°P *nul mets n'excitait leur envie.*
ÉNONCIATION. Personne : 3. Temps : passé (sécant). Modalité : assertion.
ÉNONCÉ. #1. SUJ-SN → QUANT *nul* + NN *mets.* PRED-SV → CC2-ADV *ne* (élidé) + GV ; → NV *excitait* + CV1-SN ; → QUANTQUAL *leur* + NN *envie.*

5°P *ni loups ni renards n'épiaient la douce et l'innocente proie.*
ÉNONCIATION. Personne : 6. Temps : passé (sécant). Modalité : assertion.
ÉNONCÉ. #1. SUJ-SN [+ 2°SN coordonné à SN par CONJ *ni… ni*] → QUANT Ø + NN *loups.* [2°SN → QUANT Ø + NN *renards*]. PRED-SV → CC2-ADV *ne* (élidé) + GV *épiaient* + CV1-SN [+ 2°SN coordonné à SN par CONJ *et*] → QUANT *la* + GN ; → QUAL *douce* + ⊕. [2°SN → QUANT *la* (élidé) + GN ; → QUAL *innocente* + NN *proie*].

6°P *les tourterelles se fuyaient.*
ÉNONCIATION. Personne : 6. Temps : passé (sécant). Modalité : assertion.
ÉNONCÉ. #1. SUJ-SN → QUANT *les* + NN *tourterelles.* PRED-SV → CV1-PRO *se* + NV *fuyaient.*

7°P *plus d'amour, partant plus de joie.*
ÉNONCIATION. Personne : Ø. Temps : Ø. Modalité : assertion.
ÉNONCÉ. #1. ⊗ SN [+ 2°SN coordonné à SN par CONJ *partant*] → QUANT *plus de* (élidé) + NN *amour.* [2°SN → QUANT *plus de* + NN *joie*].

*

* *

[5] Bossuet, *Oraison funèbre d'Henriette de France* (1669, exorde cité d'après la collection des Classiques Larousse).

Celui qui règne dans les cieux, et de qui relèvent tous les empires, à qui seul appartient la gloire, la majesté et l'indépendance, est aussi le seul qui se glorifie de faire la loi aux rois, et de leur donner, quand il lui plaît, de grandes et de terribles leçons. Soit qu'il élève les trônes, soit qu'il les abaisse, soit qu'il communique sa puissance aux princes, soit qu'il la retire à lui-même, et ne leur laisse que leur propre faiblesse, il leur apprend leurs devoirs d'une manière souveraine et digne de lui.

Deux phrases graphiques.

1°Σ
P COMPLEXE.

PMAT *Δ est aussi le seul Δ*.
Énonciation. Personne : 3. Temps : présent. Modalité : assertion.
Énoncé. #1. SUJ-*Δ* [+ 2°*Δ* juxtaposé à *Δ* par la virgule + 3°*Δ* juxtaposé à 2°*Δ* par la virgule] → ENCHPRO *celui qui*[4] + SOUS-P. [2°*Δ* → ENCHPRO *qui* + 2°SOUS-P]. [3°*Δ* → ENCHPRO *qui* + 3°SOUS-P]. PRED-SV → GVCOP + ATT-GPRO ; → NPRO *le seul* + QUAL-4°*Δ* ; → ENCHPRO *qui* + 4°SOUS-P. GVCOP → NVCOP *est* + CC5-ADV *aussi.*

SOUS-P
Énonciation. Personne : 3. Temps : présent. Modalité : assertion.
Énoncé. #1. SUJ-PRO (*celui qui*). PRED-SV → NV *règne* + CC2-PREPSN ; → PREP *dans* + SN ; → QUANT *les* + NN *cieux.*

2°SOUS-P
Énonciation. Personne : 6. Temps : présent. Modalité : assertion.
Énoncé. #1 (inversée). SUJ-SN → CD *tous* + GN ; → QUANT *les* + NN *empires.* PRED-SV → CC5-CONJ *et* + GV ; → CV2-PREPPRO + NV *relèvent.* PREPPRO → PREP *de* + NPRO (*qui*).

4 Sur *celui qui* indécomposable, voir p. 64-65.

3°SOUS-P
Énonciation. Personne : 3. Temps : présent. Modalité : assertion.
Énoncé. #1 (inversée). SUJ-SN [+ 2°SN juxtaposé à SN par la virgule + 3°SN coordonné à 2°SN par CONJ *et*] → QUANT *la* + NN *gloire*. [2°SN → QUANT *la* + NN *majesté*]. [3°SN → QUANT *la* (élidé) + NN *indépendance*]. PRED-SV → CV2 /#2/ + NV *appartient*.
/#2/. AP-PREPPRO → PREP *à* + PRO (*qui*). APP *seul*.

4°SOUS-P
Énonciation. Personne : 3. Temps : présent. Modalité : assertion.
Énoncé. #1. SUJ-PRO (*qui*). PRED-SV → GV + CV2-PREPSN/SV [+ 2°PREPSN/SV juxtaposé et coordonné à PREPSN/SV par la virgule et CONJ *et*] ; → PREP *de* + GV ; → GV' + CV2-PREPSN ; → PREP *à* + SN ; → QUANT *les* (contraction *à* + *les* = *aux*) + NN *rois*. GV' → NV *faire* + CV1-SN ; → QUANT *la* + NN *loi*. [2°PREPSN/SV → PREP *de* + GV ; → GV' + CC3-*Δ* ; → ENCHCONJ *quand* + S-SOUS-P. GV' → GV'' + CV1-SN {+ 2°SN coordonné à SN par CONJ *et*} → QUANT *de* + GN ; → QUAL *grandes* + ⊕]. {2°SN → QUANT *de* + GN ; → QUAL *terribles* + NN *leçons*}. GV'' → CV2-PRO *leur* + NV *donner*]. GV → CV1-PRO *se* + NV *glorifie*.

S-SOUS-P
Énonciation. Personne : 3. Temps : présent. Modalité : assertion.
Énoncé. #1. SUJ-PRO *il*. PRED-SV → CV2-PRO *lui* + NV *plaît*.

2°Σ
P COMPLEXE.

PMAT *Δ, il leur apprend leurs devoirs d'une manière souveraine et digne de lui.*
Énonciation. Personne : 3. Temps : présent. Modalité : assertion.
Énoncé. #1. SUJ-PRO *il*. PRED-SV → CC6-*Δ* [+ 2°*Δ* juxtaposé à *Δ* par la virgule + 3°*Δ* juxtaposé à 2°*Δ* par la virgule + 4°*Δ* juxtaposé à 3°*Δ* par la virgule] + GV ; → GV' + CC2-PREPSN ; → PREP *de* (élidée) + SN ; → QUANT *une* + GN ; → NN *manière* + [QUAL *souveraine* + SA coordonné à *souveraine* par CONJ *et* ; → NA *digne* + CA-PREPPRO ; → PREP *de* + PRO *lui*]. GV' → GV'' + CV1-SN ; → QUANTQUAL *leurs* + NN *devoirs*. GV'' → CV2-PRO *leur* + NV *apprend*. *Δ* → ENCHCONJ *que* (élidé) + SOUS-P. [2°*Δ* → ENCHCONJ *que* (élidé) + 2°SOUS-P].

[3°Δ → ENCHCONJ *que* (élidé) + 3°SOUS-P]. [4°Δ → ENCHCONJ *que* (élidé) + 4°SOUS-P {+ 5°Δ juxtaposé à 4°Δ par la virgule} → ENCHCONJ ⊗ + 5°SOUS-P].

SOUS-P
ÉNONCIATION. Personne : 3. Temps : prospectif (homonyme du présent). Modalité : assertion.
ÉNONCÉ. #1. SUJ-PRO *il.* PRED-SV → CC4-CONJ *soit* + GV ; → NV *élève* + CV1-SN ; → QUANT *les* + NN *trônes.*

2°SOUS-P
ÉNONCIATION. Personne : 3. Temps : prospectif (homonyme du présent). Modalité : assertion.
Énoncé. #1. SUJ-PRO *il.* PRED-SV → CC4-CONJ *soit* + GV ; → CV1-PRO *les* + NV *abaisse.*

3°SOUS-P
ÉNONCIATION. Personne : 3. Temps : prospectif (homonyme du présent). Modalité : assertion.
ÉNONCÉ. #1. SUJ-PRO *il.* PRED-SV → CC4-CONJ *soit* + GV ; → GV' + CV2-PREPSN ; → PREP *à* + SN ; → QUANT *les* (contraction *à* + *les* = *aux*) + NN *princes.* GV' → NV *communique* + CV1-SN ; → QUANTQUAL *sa* + NN *puissance.*

4°SOUS-P
ÉNONCIATION. Personne : 3. Temps : prospectif (homonyme du présent). Modalité : assertion.
ÉNONCÉ. #1. SUJ-PRO *il.* PRED-SV → CC4-CONJ *soit* + GV ; → CV1-PRO *la* + GV' ; → NV *retire* + CC2-GPRO ; → PREP *à* + GPRO' ; → NPRO *lui* + QUAL *même.*

5°SOUS-P
ÉNONCIATION. Personne : 3. Temps : prospectif (homonyme du présent). Modalité : assertion.
ÉNONCÉ. #1. SUJ-PRO ⊗. PRED-SV → CC5-CONJ *et* + GV ; → CC2-ADV *ne… que* + GV' ; → GV'' + CV1-SN ; → QUANTQUAL *leur* + GN ; → QUAL *propre* + NN *faiblesse.* GV'' → CV2-PRO *leur* + NV *laisse…*

À noter dans la première phrase graphique les options différentes (à accepter ou non) pour *et* CC5 ou CONJ derrière la virgule. Observer aussi dans la 3°SOUS-P que l'accord du verbe s'effectue avec le premier des sujets postposés (il serait concevable de sous-entendre par deux fois *appartient*). Ne pas se tromper pour le reste à la fonction CC2 (et non CV2) de *à lui* dans la 4°SOUS-P.

*

* *

[6] Pascal, Fragment 397 des *Pensées* (1670).

L'homme n'est qu'un roseau, le plus faible de la nature ; mais c'est un roseau pensant. Il ne faut pas que l'univers entier s'arme pour l'écraser : une vapeur, une goutte d'eau, suffit pour le tuer. Mais, quand l'univers l'écraserait, l'homme serait encore plus noble que ce qui le tue, puisqu'il sait qu'il meurt, et l'avantage que l'univers a sur lui, l'univers n'en sait rien.

Trois phrases graphiques.

1°Σ
Π = 1°P SIMPLE + 2°P SIMPLE juxtaposée à 1°P par le point-virgule.

1°P *l'homme n'est qu'un roseau, le plus faible de la nature.*
ÉNONCIATION. Personne : 3. Temps : présent. Modalité : assertion.
ÉNONCÉ. #1 + #2.
*#1. SUJ-SN → QUANT *le* (élidé) + NN *homme.* PRED-SV → CC2-ADV *ne* (élidé)… *que* (élidé) + GV ; → NVCOP *est* + ATT-SN ; → QUANT *un* + NN *roseau.*
*#2. AP (*l'homme*). APP-SA → CP-GADV + NA *faible.* GADV → NADV *le plus* + CADV-PREPSN ; → PREP *de* + SN ; → QUANT *la* + NN *nature.*

2°P *mais c'est un roseau pensant.*
ÉNONCIATION. Personne : 3. Temps : présent. Modalité : assertion.
ÉNONCÉ. #1. SUJ-PRO *ce* (élidé). PRED-SV → CC5-CONJ *mais* + GV ; → NVCOP *est* + ATT-SN ; → QUANT *un* + GN ; → NN *roseau* + QUAL *pensant.*

2°Σ
Π = 1°P COMPLEXE + 2°P SIMPLE juxtaposée à 1°P par les deux-points.

1°P *il ne faut pas que l'univers entier s'arme pour l'écraser.*

PMAT *il ne faut pas Δ.*
ÉNONCIATION. Personne : 3. Temps : présent. Modalité : assertion.
ÉNONCÉ. #1. SUJ-PRO *il.* PRED-SV → CC2-ADV *ne… pas* + GV ; → NV *faut* + CV1-*Δ* ; → ENCHCONJ *que* + SOUS-P.

SOUS-P
ÉNONCIATION. Personne : 3. Temps : prospectif (homonyme du présent). Modalité : assertion.
ÉNONCÉ. #1. SUJ-SN → QUANT *le* (élidé) + GN ; → NN *univers* + QUAL *entier.* PRED-SV → CV1-PRO *se* (élidé) + GV ; → NV *arme* + CC2-PREPSN/SV ; → PREP *pour* + SV ; → CV1-PRO *le* (élidé) + NV *écraser.*

2°P *une vapeur, une goutte d'eau, suffit pour le tuer.*
ÉNONCIATION. Personne : 3. Temps : présent. Modalité : assertion.
ÉNONCÉ. #1. SUJ-SN [+ 2°SN juxtaposé à SN par la virgule] → QUANT *une* + NN *vapeur.* [2°SN → QUANT *une* + GN ; → NN *goutte* + QUAL-PREPSN ; → PREP *de* (élidé) + NN *eau*]. PRED-SV → NV *suffit* + CC2-PREPSN/SV ; → PREP *pour* + SV ; → CV1-PRO *le* + NV *tuer.*

3°Σ
Π = 1°P COMPLEXE + 2°P COMPLEXE juxtaposée à 1°P par la virgule.

1°P *mais, quand l'univers l'écraserait, l'homme serait encore plus noble que ce qui le tue, puisqu'il sait qu'il meurt.*

PMAT *mais, Δ, l'homme serait encore plus noble que Δ, Δ.*
ÉNONCIATION. Personne : 3. Temps : futur du passé. Modalité : assertion.
ÉNONCÉ. #1. SUJ-SN → QUANT *le* (élidé) + NN *homme.* PRED-SV → CC5-CONJ *mais* + GV ; → CC6-*Δ* + GV' ; → GV'' + CC6-*Δ* ; → ENCHCONJ *puisque* (élidé) + SOUS-P. GV'' → GV'''COP + ATT-SA ; → CP-GADV + NA *noble.* GADV → NADV *plus… que* + CADV-*Δ* ; → ENCHPRO *ce qui* + 2°SOUS-P. GV''' → NVCOP *serait* + CC6-ADV *encore.* *Δ* → ENCHCONJ *quand* + 3°SOUS-P.

SOUS-P
ÉNONCIATION. Personne : 3. Temps : présent. Modalité : assertion.

Énoncé. #1. SUJ-PRO *il.* PRED-SV → NV *sait* + CV1-Δ ; → ENCHCONJ *que* (élidé) + S-SOUS-P.

S-SOUS-P
Énonciation. Personne : 3. Temps : présent. Modalité : assertion.
Énoncé. #1. SUJ-PRO *il.* PRED-SV → NV *meurt* + C Ø.

2°SOUS-P
Énonciation. Personne : 3. Temps : présent. Modalité : assertion.
Énoncé. #1. SUJ-PRO (*ce qui*). PRED-SV → CV1-PRO *le* + NV *tue.*

3°SOUS-P
Énonciation. Personne : 3. Temps : futur du passé. Modalité : interrogation.
Énoncé. #1. SUJ-SN → QUANT *le* (élidé) + NN *univers.* PRED-SV → CV1-PRO *le* (élidé) + NV *écraserait.*

2°P *et l'avantage que l'univers a sur lui, l'univers n'en sait rien*[5].

PMAT *et l'avantage Δ, l'univers n'en sait rien.*
Énonciation. Personne : 3. Temps : présent. Modalité : assertion.
Énoncé. #1. SUJ-SN → QUANT *le* (élidé) + NN *univers.* PRED-SV → CC5-CONJ *et* + GV ; → CC6-SN + GV' ; → CC2-ADV *ne* (élidé) + GV" ; → CV1-GPRO + NV *sait.* GPRO → QUAL-PRO *en* + NPRO *rien.* SN → QUANT *le* (élidé) + GN ; → NN *avantage* + QUAL-Δ ; → ENCHPRO *que* + SOUS-P.

SOUS-P
Énonciation. Personne : 3. Temps : présent. Modalité : assertion.
Énoncé. #1. SUJ-SN → QUANT *le* (élidé) + NN *univers.* PRED-SV → CV1-PRO (*que*) + GV ; → NV *a* + CC2-PREPPRO ; → PREP *sur* + PRO *lui.*

> La modalité de *quand l'univers l'écraserait* a été déclarée interrogative à l'instar de *si l'univers l'écrasait*[6] : *quand* + futur du passé = *si* + imparfait (= futur du passé sécant).

---

5 Pour la réinterprétation grammaticale du « topique » *l'avantage que l'univers a sur lui* en CC6 « cadreur », voir p. 32-33, (1) et p. 71-72.

6 *Cf.* p. 30, (2), (b).

*
* *

[7] Boileau, *L'art poétique* (1674, chant premier, v. 1-12 dans la collection des Classiques Larousse).

C'est en vain qu'au Parnasse un téméraire auteur
Pense de l'art des vers atteindre la hauteur :
S'il ne sent point du ciel l'influence secrète,
Si son astre en naissant ne l'a formé poète,
Dans son génie étroit il est toujours captif ;
Pour lui Phébus est sourd, et Pégase est rétif.
Ô vous donc qui, brûlant d'une ardeur périlleuse,
Courez du bel esprit la carrière épineuse,
N'allez pas sur des vers sans fruit vous consumer,
Ni prendre pour génie un amour de rimer :
Craignez d'un vain plaisir les trompeuses amorces,
Et consultez longtemps votre esprit et vos forces.

Deux phrases graphiques (une par strophe).

1°Σ
Π = 1°P COMPLEXE + 2°P COMPLEXE juxtaposée à 1°P par les deux-points + 3°P SIMPLE juxtaposée à 2°P par le point-virgule + 4°P SIMPLE juxtaposée à 3°P par la virgule.

1°P *c'est en vain qu'au Parnasse un téméraire auteur pense de l'art des vers atteindre la hauteur.*

PMAT *c'est en vain Δ.*
Énonciation. Personne : 3. Temps : présent. Modalité : assertion.
Énoncé. #1. SUJ /#2/. PRED-SV → NVCOP *est* + ATT-ADV *en vain.* /#2/. AP-PRO *ce* (élidé). APP-Δ → ENCHPRO *que* (élidé) + SOUS-P.

SOUS-P
Énonciation. Personne : 3. Temps : présent. Modalité : assertion.
Énoncé. #1. SUJ-SN → QUANT *un* + GN ; → QUAL *téméraire* + NN *auteur.* PRED-SV → CC3-PRO (*que*) + GV ; → <u>CC3-PREPSN</u> + GV' ;

→ NV *pense* + SCOV ; → QUAL-PREPSN + GV ; → NV *atteindre* + CV1-GN ; → QUANT *la* + NN *hauteur.* PREPSN → PREP *de* + SN ; → QUANT *le* (élidé) + GN ; → NN *art* + QUAL-PREPSN ; → PREP *de* + SN ; → QUANT *les* (contraction *de* + *les* = *des*) + NN *vers.* PREPSN → PREP *à* + SN ; → QUANT *le* (contraction *à* + *le* = *au*) + NN *Parnasse.*

2°P *s'il ne sent point du ciel l'influence secrète, si son astre en naissant ne l'a formé poète, dans son génie étroit il est toujours captif.*

PMAT Δ, *dans son génie étroit il est toujours captif.*
Énonciation. Personne : 3. Temps : présent. Modalité : assertion.
Énoncé. #1. SUJ-PRO *il.* PRED-SV → CC6-Δ [+ 2°Δ juxtaposé à Δ par la virgule] + GV ; → CC3-PREPSN + GV' ; → NVCOP *est* + ATT-SA ; → CP-ADV *toujours* + NA *captif.* PREPSN → PREP *dans* + SN ; → QUANTQUAL *son* + GN ; → NN *génie* + QUAL *étroit.* Δ → ENCHCONJ *si* + SOUS-P. [2°Δ → ENCHCONJ *si* + 2°SOUS-P].

SOUS-P
Énonciation. Personne : 3. Temps : présent. Modalité : interrogation.
Énoncé. #1. SUJ-PRO *il.* PRED-SV → CC2-ADV *ne… point* + GV ; → NV *sent* + CV1-SN ; → QUAL-PREPSN + GN ; → QUANT *la* (élidé) + GN' ; → NN *influence* + QUAL *secrète.* PREPSN → PREP *de* + SN ; → QUANT *le* (contraction *de* + *le* = *du*) + NN *ciel.*

2°SOUS-P
Énonciation. Personne : 3. Temps : présent composé. Modalité : interrogation.
Énoncé. #1. SUJ-SN → QUANTQUAL *son* + NN *astre.* PRED-SV → CC3-PREPSA/SV + GV ; → CC2-ADV *ne* + GV' ; → CV1 /#2/ + *a* (auxiliaire) *formé* (auxilié). PREPSA/SV → PREP *en* + NV *naissant.* /#2/. AP-PRO *le* (élidé). APP-SN → QUANT Ø + NN *poète.*

3°P *pour lui Phébus est sourd.*
Énonciation. Personne : 3. Temps : présent. Modalité : assertion.
Énoncé. #1. SUJ-SN → QUANT Ø + NN *Phébus.* PRED-SV → CC6-PREPPRO + GV ; → NVCOP *est* + ATT *sourd.* PREPPRO → PREP *pour* + PRO *lui.*

4°P *et Pégase est rétif.*
ÉNONCIATION. Personne : 3. Temps : présent. Modalité : assertion.
ÉNONCÉ. #1. SUJ-SN → QUANT Ø + NN *Pégase.* PRED-SV → CC5-CONJ *et* + GV ; → NVCOP *est* + ATT *rétif.*

2°Σ
Π = 1°P COMPLEXE + 2°P SIMPLE juxtaposée à 1°P par les deux-points + 3°P SIMPLE juxtaposée à 2°P par la virgule.

1°P *ô vous donc qui, brûlant d'une ardeur périlleuse, courez du bel esprit la carrière épineuse, n'allez pas sur des vers sans fruit vous consumer, ni prendre pour génie un amour de rimer.*

PMAT *ô vous donc Δ, n'allez pas sur des vers sans fruit vous consumer, ni prendre pour génie un amour de rimer.*
ÉNONCIATION. Personne : 5. Temps : présent simultané. Modalité : injonction.
ÉNONCÉ. #2 + #1.
*#1. SUJ-PRO Ø. PRED-SV → CC5-CONJ *donc* + GV [+ 2°GV juxtaposé et coordonné à GV par la virgule et CONJ *ni*] → CC2-ADV *ne* (élidé)… *pas* + GV' ; → <u>GV''</u> + CC3-PREPSN ; → PREP *sur* + SN ; → QUANT *des* + NN *vers.* <u>GV''</u> → <u>GV'''</u> + CC2-PREPSN ; → PREP *sans* + SN ; → QUANT Ø + NN *fruit.* <u>GV'''</u> → NV *allez* (auxiliaire)… *consumer* (auxilié) + CV1-PRO *vous.* [GV'2 → NV *prendre* + CV1 /#2/].
/#2/ (inversée). AP-SN → QUANT *un* + GN ; → NN *amour* + QUAL-PREPSN/SV ; → PREP *de* + NV *rimer.* APP-PREPSN → PREP *pour* + SN ; → QUANT Ø + NN *génie.*
*#2. AP-PRO (Ø). APP-GPRO → CP-/P/ *ô* + GPRO' ; → NPRO *vous* + QUAL-*Δ* ; → ENCHPRO *qui* + SOUS-P.

SOUS-P
ÉNONCIATION. Personne : 5. Temps : présent. Modalité : assertion.
ÉNONCÉ. #1 + #2.
*#1 SUJ-PRO (*qui*). PRED-SV → NV *courez* + CV1-SN ; → <u>QUAL-PREPSN</u> + GN ; → QUANT *la* + GN' ; → NN *carrière* + QUAL *épineuse.* <u>PREPSN</u> → PREP *de* + SN ; → QUANT *le* (contraction *de* + *le* = *du*) + GN ; → QUAL *bel* + NN *esprit.*

*#2. AP-PRO (*qui*). APP-SA/SV → NV *brûlant* + CV2-PREPSN ; → PREP *de* (élidé) + SN ; → QUANT *une* + GN ; → NN *ardeur* + QUAL *périlleuse.*

2°P
Énonciation. Personne : 5. Temps : présent. Modalité : injonction.
Énoncé. #1. SUJ-PRO Ø. PRED-SV → NV *craignez* + CV1-SN ; → QUAL-PREPSN + GN ; → QUANT *les* + GN' ; → QUAL *trompeuses* + NN *amorces.* PREPSN → PREP *de* (élidé) + SN ; → QUANT *un* + GN ; → QUAL *vain* + NN *plaisir.*

3°P *et consultez longtemps votre esprit et vos forces.*
Énonciation. Personne : 5. Temps : présent. Modalité : injonction.
Énoncé. #1. SUJ-PRO Ø. PRED-SV → CC5-CONJ *et* + GV ; → GV' + CV1-SN [+ 2°SN coordonné à CV1 par CONJ *et*] → QUANTQUAL *votre* + NN *esprit.* [2°SN → QUANTQUAL *vos* + NN *forces*]. GV' → NV *consultez* + CC2-ADV *longtemps.*

On s'en sera rendu compte, les antépositions de qualifiants que multiplie la syntaxe classique (« de l'art des vers atteindre la hauteur » ou « du ciel l'influence secrète » ou « du bel esprit la carrière épineuse ») posent un défi particulier à la description linéaire. Remarquer au vers 4 la violation de la règle normative moderne qui prétend imposer au « gérondif » l'agent du verbe voisin : « …si son astre en naissant ne l'a formé poète » = "à la naissance du téméraire auteur". Au vers 7, la phrase à prédication fermée *ô* débouchant sur l'« apostrophe » *vous* complémente la prédication seconde[7].

*
* *

[8] Racine, *Phèdre*, I, 3 (1677).

Noble et brillant auteur d'une triste famille,
Toi dont ma mère osait se vanter d'être fille,
Qui peut-être rougis du trouble où tu me vois,
Soleil, je te viens voir pour la dernière fois !

Une phrase graphique.

7 Comparer p. 69, (3) et p. 76, (1).

P COMPLEXE
PMAT *noble et brillant auteur d'une triste famille, toi Δ, soleil, je te viens voir pour la dernière fois !*
ÉNONCIATION. Personne : 1. Temps : présent. Modalité : assertion (exclamative).
ÉNONCÉ. #2 + #1.
*#1. SUJ-PRO *je*. PRED-SV → CV1-PRO *te* + GV ; → GV' + CC2-PREPSN ; → PREP *pour* + SN ; → QUANT *la* + GN ; → QUAL *dernière* + NN *fois*. GV' → NV *viens* + SCOV *voir*.
*#2. AP (*te*). APP-SN [+ /#2/ juxtaposée à SN par la virgule + 2ºSN juxtaposé à SN par la virgule] → QUANT Ø + GN ; → QUAL *noble* [+ *brillant* coordonné à *noble* par CONJ *et*] + GN' ; → NN *auteur* + QUAL-PREPSN ; → PREP *de* (élidé) + SN ; → QUANT *une* + GN ; → QUAL *triste* + NN *famille*. [2ºSN → QUANT Ø + NN *soleil*].
/#2/. AP-PRO *toi*. APP-*Δ* [+ 2º*Δ* juxtaposé à *Δ* par la virgule] → ENCHPRO *dont* + SOUS-P. [2º*Δ* → ENCHPRO *qui* + 2ºSOUS-P].

SOUS-P
ÉNONCIATION. Personne : 3. Temps : passé (sécant). Modalité : assertion.
ÉNONCÉ. #1. SUJ-SN → QUANTQUAL *ma* + NN *mère*. PRED-SV → CV2-PRO (*dont*) + GV ; → NV *osait* + SCOV ; → GV + CV2-PREPSN/SV ; → PREP *de* (élidé) + GV ; → NVCOP *être* + ATT-SN ; → QUANT Ø + NN *fille*. GV → CV1-PRO *se* + NV *vanter*.

2ºSOUS-P
ÉNONCIATION. Personne : 2. Temps : présent. Modalité : assertion.
ÉNONCÉ. #1. SUJ-PRO (*qui*). PRED-SV → CC6-ADV *peut-être* + GV ; → NV *rougis* + CV2-PREPSN ; → PREP *de* + SN ; → QUANT *le* (contraction *de* + *le* = *du*) + GN ; → NN *trouble* + QUAL-Δ → ENCHPRO *où* + S-SOUS-P.

S-SOUS-P
ÉNONCIATION. Personne : 2. Temps : présent. Modalité : assertion.
ÉNONCÉ. #1. SUJ-PRO *tu*. PRED-SV → CC3-PRO (*où*) + GV ; → CV1-PRO *me* + NV *vois*.

Les APP successives sont rangées dans l'ordre de leur apparition, qui correspond à autant d'enrichissements sémiques de l'AP. Au vers 4, la montée classique du PRO *te* devant le verbe le soustrait à la SCOV dont il relèverait en langue moderne.

*

* *

[9] Racine, *Phèdre*, V, 6 (1677)[8]

À peine nous sortions des portes de Trézène
(Il était sur son char ; ses gardes affligés
Imitaient son silence, autour de lui rangés ;
Il suivait tout pensif le chemin de Mycènes ;
Sa main sur ses chevaux laissait flotter les rênes ;
Ses superbes coursiers qu'on voyait autrefois
Pleins d'une ardeur si noble obéir à sa voix,
L'œil morne maintenant, et la tête baissée,
Semblaient se conformer à sa triste pensée),
Un effroyable cri, sorti du fond des flots,
Des airs en ce moment a troublé le repos ;
Et du sein de la terre une voix formidable
Répond en gémissant à ce cri redoutable.

Une phrase graphique[9].

◊ = Π (= 1°P COMPLEXE + 2°P SIMPLE juxtaposée à 1°P par le point-virgule) + 2°Π emboitée à Π par la parenthèse (2°Π = 3°P SIMPLE + 4°P SIMPLE juxtaposée à 3°P par le point-virgule + 5°P SIMPLE juxtaposée à 4°P par le point-virgule + 6°P SIMPLE juxtaposée à 5°P par le point-virgule + 7°P COMPLEXE juxtaposée à 6°P par le point-virgule).

1°P *à peine nous sortions des portes de Trézène, un effroyable cri, sorti du fond des flots, des airs en ce moment a troublé le repos.*

PMAT *à peine nous sortions des portes de Trézène*, Δ.

8 Passage reponctué : la mise entre parenthèses des vers 2-9 permet de rattacher les vers 10 et suivants au vers 1.

9 La ponctuation originelle en prévoyait deux : v. 1-9 puis v. 10-13.

ÉNONCIATION. Personne : 4. Temps : passé (sécant). Modalité : assertion.
ÉNONCÉ. #1. SUJ-PRO *nous*. PRED-SV → GV + CC4-Δ ; → ENCH ⊗ + SOUS-P. GV → CC3-ADV *à peine* + GV' ; → NV *sortions* + CC2-PREPSN ; → PREP *de* + SN ; → QUANT *les* (contraction *de* + *les* = *des*) + GN ; → NN *portes* + QUAL-PREPSN ; → PREP *de* + SN ; → QUANT Ø + NN *Trézène*.

SOUS-P
ÉNONCIATION. Personne : 3. Temps : présent antérieur. Modalité : assertion.
ÉNONCÉ. #1 + #2.
*#1. SUJ-SN → QUANT *un* + GN ; → QUAL *effroyable* + NN *cri*. PRED-SV → QUAL-PREPSN + GV ; → CC3-PREPSN + GV' ; → NV *a* (auxiliaire) + *troublé* (auxilié) + CV1-GN ; → QUANT *le* + NN *repos*. PREP-SN → PREP *en* + SN ; → QUANTQUAL *ce* + NN *moment*. PREPSN → PREP *de* + SN ; → QUANT *les* (contraction *de* + *les* = *des*) + NN *airs*.
*#2. AP-SN (*un effroyable cri*). APP-SA/SV → NV *sorti* + CC2-PREPSN ; → PREP *de* + SN ; → QUANT *le* (contraction *de* + *le* = *du*) + GN ; → NN *fond* + QUAL-PREPSN ; → PREP *de* + SN ; → QUANT *les* (contraction *de* + *les* = *des*) + NN *flots*.

2°P *et du sein de la terre une voix formidable répond en gémissant à ce cri redoutable.*
ÉNONCIATION. Personne : 3. Temps : présent. Modalité : assertion.
ÉNONCÉ. #1. SUJ-SN → QUANT *une* + GN ; → NN *voix* + QUAL *formidable*. PRED-SV → CC5-CONJ *et* + GV ; → CC3-PREPSN + GV' ; → GV'' + CV2-PREPSN ; → PREP *à* + SN ; → QUANTQUAL *ce* + GN ; → NN *cri* + QUAL *redoutable*. GV'' → NV *répond* + CC2-PREPSA/SV ; → PREP *en* + NV *gémissant*. PREPSN → PREP *de* + SN ; → QUANT *le* (contraction *de* + *le* = *du*) + GN ; → NN *sein* + QUAL-PREPSN ; → PREP *de* + SN ; → QUANT *la* + NN *terre*.

3°P *il était sur son char.*
ÉNONCIATION. Personne : 3. Temps : passé (sécant). Modalité : assertion.
ÉNONCÉ. #1. SUJ-PRO *il*. PRED-SV → NVCOP *était* + ATT-PREPSN ; → PREP *sur* + SN ; → QUANTQUAL *son* + NN *char*.

4°P *ses gardes affligés imitaient son silence, autour de lui rangés.*
ÉNONCIATION. Personne : 3. Temps : passé (sécant). Modalité : assertion.
ÉNONCÉ. #1 + #2.
*#1. SUJ-SN → QUANTQUAL *ses* + GN ; → NN gardes + QUAL *affligés*. PRED-SV → NV *imitaient* + CV1-SN ; → QUANTQUAL *son* + NN *silence.*
*#2. AP-SN (*ses gardes affligés*). APP-SA/SV → CC2-PREPSN + NV *rangés*. PREPSN → PREP *autour de* + NPRO *lui*[10].

5°P *il suivait tout pensif le chemin de Mycènes.*
ÉNONCIATION. Personne : 3. Temps : passé (sécant). Modalité : assertion.
ÉNONCÉ. #1. SUJ /#2/. PRED-SV → NV *suivait* + CV1-SN ; → QUANT *le* + GN ; → NN *chemin* + QUAL-PREPSN ; → PREP *de* + SN ; → QUANT Ø + NN *Mycènes.*
/#2/. AP-PRO *il*. APP-SA → CP-ADV *tout* + NA *pensif.*

6°P *sa main sur ses chevaux laissait flotter les rênes.*
ÉNONCIATION. Personne : 3. Temps : passé (sécant). Modalité : assertion.
ÉNONCÉ. #1. SUJ-SN → QUANTQUAL *sa* + NN *main*. PRED-SV → NV *laissait* + SCOV /#2/.
/#2/ (inversée). AP-SN → QUANT *les* + NN *rênes*. APP-SN/SV → CC2-PREPSN + NV *flotter*. PREPSN → PREP *sur* + SN ; → QUANTQUAL *ses* + NN *chevaux.*

7°P *ses superbes coursiers qu'on voyait autrefois pleins d'une ardeur si noble obéir à sa voix, l'œil morne maintenant, et la tête baissée, semblaient se conformer à sa triste pensée.*

PMAT *ses superbes coursiers* Δ, *l'œil morne maintenant, et la tête baissée, semblaient se conformer à sa triste pensée.*
ÉNONCIATION. Personne : 6. Temps : passé (sécant). Modalité : assertion.
ÉNONCÉ. #1 + #2.
*#1. SUJ-SN → QUANTQUAL *ses* + GN ; → GN' + QUAL-Δ ; → ENCHPRO *que* (élidé) + SOUS-P. GN' → QUAL *superbes* + NN *coursiers*. PRED-SV → NVCOP *semblaient* + ATT-SN/SV ; → GV + CV2-PREPSN ; → PREP *à* + SN ; → QUANTQUAL *sa* + GN ; → QUAL *triste* + NN *pensée*. GV → CV1-PRO *se* + NV *conformer.*

---

10 Sur le CC2 antéposé *autour de lui* au vers 3, *cf.* p. 73-74.

SOUS-P
Énonciation. Personne : 3. Temps : passé (sécant). Modalité : assertion.
Énoncé. #1. SUJ-PRO *on.* PRED-SV → CV1 /#2/ + GV ; → NV *voyait* + CC2-ADV *autrefois.*
/#2/. AP-SN → NPRO (*que*) + QUAL-SA ; → NA *pleins* + CA-PREPSN ; → PREP *de* (élidé) + SN ; → QUANT *une* + GN ; → NN *ardeur* + QUAL-SA ; → CD-ADV *si* + NA *noble.* APP-SN/SV → NV *obéir* + CV2-PREPSN ; → PREP *à* + SN ; → QUANTQUAL *sa* + NN *voix.*
*#2. AP (*ses superbes coursiers*). APP-SN [+ 2°SN juxtaposé et coordonné à SN par la virgule et CONJ *et*] → QUANT *le* (élidé) + GN ; → GN' + QUAL-ADV *maintenant.* GN' → NN *œil* + QUAL *morne.* [2°SN → QUANT *la* + GN ; → NN *tête* + QUAL *baissée*].

À suivre la ponctuation initiale du « récit de Théramène », on comprendrait comiquement qu'Hippolyte saute sur son char aussitôt franchie l'enceinte de la ville : « À peine nous sortions des portes de Trézène, / Il était sur son char… » (une solution alternative aurait été de laisser le vers 1 ouvert par des points de suspension).

*

* *

[10] Voltaire, extrait de la remarque 4 des *Remarques sur les Pensées de Pascal* (1728).

Cette prétendue duplicité de l'homme est une idée aussi absurde que métaphysique : j'aimerais autant dire que le chien, qui mord et qui caresse, est double ; que la poule, qui a tant de soin de ses petits et qui ensuite les abandonne jusqu'à les méconnaître, est double ; que la glace, qui représente à la fois des objets différens, est double ; que l'arbre, qui est tantôt chargé, tantôt dépouillé de feuilles, est double.

Une phrase graphique.

Π = 1°P SIMPLE + 2°P COMPLEXE juxtaposée à 1°P par les deux-points.

1°P *cette prétendue duplicité de l'homme est une idée aussi absurde que métaphysique.*
Énonciation. Personne : 3. Temps : présent. Modalité : assertion.
Énoncé. #1. SUJ-SN → QUANTQUAL *cette* + GN ; → QUAL *prétendue* + GN' ; → NN *duplicité* + QUAL-PREPSN ; → PREP *de* + SN ; →

QUANT *le* (élidé) + NN *homme*. PRED-SV → NVCOP *est* + ATT-SN ; → QUANT *une* + GN ; → NN *idée* + QUAL *absurde* [+ 2°QUAL *métaphysique* coordonné à QUAL par CONJ *aussi… que*].

2°P *j'aimerais autant dire que le chien, qui mord et qui caresse, est double ; que la poule, qui a tant de soin de ses petits et qui ensuite les abandonne jusqu'à les méconnaître, est double ; que la glace, qui représente à la fois des objets différens, est double ; que l'arbre, qui est tantôt chargé, tantôt dépouillé de feuilles, est double.*

PMAT *j'aimerais autant dire Δ.*
Énonciation. Personne : 1. Temps : futur du passé. Modalité : assertion.
Énoncé. #1. SUJ-PRO *je* (élidé). PRED-SV → GV + CC5-ADV *autant*. GV → NV *aimerais* + SCOV ; → NV *dire* + CV1-*Δ* [+ 2°*Δ* juxtaposé à *Δ* par le point-virgule + 3°*Δ* juxtaposé à 2°*Δ* par le point-virgule + 4°*Δ* juxtaposé à 3°*Δ* par le point-virgule] → ENCHCONJ *que* + SOUS-P. [2°*Δ* → ENCHCONJ *que* + 2°SOUS-P]. [3°*Δ* → ENCHCONJ *que* + SOUS-3°P]. [4°*Δ* → ENCHCONJ *que* + 4°SOUS-P].

SOUS-P
Énonciation. Personne : 3. Temps : présent. Modalité : assertion.
Énoncé. #1 + #2.
*#1. SUJ-SN → QUANT *le* + NN *chien*. PRED-SV → NV *est* + ATT *double*.
*#2. AP (*le chien*). APP-*Δ* [+ 2°*Δ* coordonné à *Δ* par CONJ *et*] → ENCHPRO *qui* + S-SOUS-P. [2°*Δ* → ENCHPRO *qui* + 2°S-SOUS-P].

S-SOUS-P
Énonciation. Personne : 3. Temps : présent. Modalité : assertion.
Énoncé. #1. SUJ-PRO (*qui*). PRED-SV → NV *mord* + C Ø.

2°S-SOUS-P
Énonciation. Personne : 3. Temps : présent. Modalité : assertion.
Énoncé. #1. SUJ-PRO (*qui*). PRED-SV → NV *caresse* + C Ø.

2°SOUS-P
Énonciation. Personne : 3. Temps : présent. Modalité : assertion.
Énoncé. #1 + #2.
*#1. SUJ-SN → QUANT *la* + NN *poule*. PRED-SV → NV *est* + ATT *double*.

*#2. AP (*la poule*). APP-Δ [+ 2°Δ coordonné à Δ par CONJ *et*] → ENCHPRO *qui* + S-SOUS-P. [2°Δ2 → ENCHPRO *qui* + 2°S-SOUS-P].

S-SOUS-P
Énonciation. Personne : 3. Temps : présent. Modalité : assertion.
Énoncé. #1. SUJ-PRO (*qui*). PRED-SV → NV *a* + CV1-SN ; → QUANT *tant de* + GN ; → NN *soin* + QUAL-PREPSN ; → PREP *de* + SN ; → QUANTQUAL *ses* + NN *petits.*

2°S-SOUS-P
Énonciation. Personne : 3. Temps : présent. Modalité : assertion.
Énoncé. #1. SUJ-PRO (*qui*). PRED-SV → CC5-ADV *ensuite* + GV ; → GV' + CC2-PREPSN/SV ; → PREP *jusqu'à* + SV ; → CV1-PRO *les* + NV *méconnaître.* GV' → CV1-PRO *les* + NV *abandonne.*

3°SOUS-P
Énonciation. Personne : 3. Temps : présent. Modalité : assertion.
Énoncé. #1 + #2.
*#1. SUJ-SN → QUANT *la* + NN *glace.* PRED-SV → NV *est* + ATT *double.*
*#2. AP (*la glace*). APP-Δ → ENCHPRO *qui* + S-SOUS-P.

S-SOUS-P
Énonciation. Personne : 3. Temps : présent. Modalité : assertion.
Énoncé. #1. SUJ-PRO (*qui*). PRED-SV → GV + CV1-SN ; → QUANT *des* + GN ; → NN *objets* + QUAL *différents.* GV → NV *représente* + CC2-ADV *à la fois.*

4°SOUS-P
Énonciation. Personne : 3. Temps : présent. Modalité : assertion.
Énoncé. #1 + #2.
*#1. SUJ-SN → QUANT *le* (élidé) + NN *arbre.* PRED-SV → NV *est* + ATT *double.*
*#2. AP (*l'arbre*). APP-Δ → ENCHPRO *qui* + S-SOUS-P.

S-SOUS-P
Énonciation. Personne : 3. Temps : présent. Modalité : assertion.

ÉNONCÉ. #1. SUJ-PRO (*qui*). PRED-SV → NVCOP *est* + ATT-SA/SV [+ 2°SA/SV coordonné à SA/SV par CONJ *tantôt… tantôt*[11]] → NV *chargé* + CV2-PREPSN ⇨. [2°SA/SV → NV *dépouillé* + CV2-PREPSN ; → PREP *de* + SN ; → QUANT Ø + NN *feuilles*].

Pour les deux adjectifs *absurde* et *métaphysique* coordonnés par *aussi… que*, *cf.* p. 122-123. Hypothèse de rechange : PRED-SV → NVCOP *est* + ATT-SN ; → QUANT *une* + GN ; → NN *idée* + SA ; → CD-GADV + NA *absurde*. GADV → NADV *aussi… que* + CADV *métaphysique* (avec l'anomalie de transcription graphique que les deux parties du GADV *aussi… que* devraient accueillir entre elles l'adjectif *absurde* qui les précède plutôt que l'adjectif *métaphysique* qui les suit).

*

* *

[11] Diderot, extrait de la *Lettre sur les aveugles à l'usage de ceux qui voient* (1749).

Un phénomène est-il, à notre avis, au-dessus de l'homme ? nous disons aussitôt : c'est l'ouvrage d'un Dieu ; *notre vanité ne se contente pas à moins. Ne pourrions-nous pas mettre dans nos discours un peu moins d'orgueil, et un peu plus de philosophie ? Si la nature nous offre un nœud difficile à délier, laissons-le pour ce qu'il est ; et n'employons pas à le couper la main d'un être qui devient ensuite pour nous un nouveau nœud plus indissoluble que le premier. Demandez à un Indien pourquoi le monde reste suspendu dans les airs, il vous répondra qu'il est porté sur le dos d'un éléphant ; et l'éléphant, sur quoi l'appuiera-t-il ? sur une tortue ; et la tortue, qui la soutiendra ?… Cet Indien vous fait pitié ; et l'on pourrait vous dire comme à lui : Monsieur Holmes, mon ami, confessez d'abord votre ignorance, et faites-moi grâce de l'éléphant et de la tortue.*

Cinq phrases graphiques.

1°Σ

◊ = 1°P SIMPLE + 2°P SIMPLE juxtaposée à 1°P par le point d'interrogation + 3°P SIMPLE emboitée à 2°P par les deux-points + 4°P SIMPLE juxtaposée à 3°P par le point-virgule.

---

11 Sur le tandem *tantôt… tantôt* interprété comme une conjonction discontinue, *cf.* p. 137 (une autre solution a été préférée aux vers 20-21 de la fable de La Fontaine *supra* (exemple [3])).

1°P *un phénomène est-il, à notre avis, au-dessus de l'homme ?*
Énonciation. Personne : 3. Temps : présent. Modalité : interrogation.
Énoncé. #1 (inversée). SUJ /#2/. PRED-SV → GVCOP + ATT-PREPSN ; → PREP *au-dessus de* + SN ; → QUANT *le* (élidé) + NN *homme.* GVCOP → NVCOP *est* + CC6-PREPSN ; → PREP *à* + SN ; → QUANTQUAL *notre* + NN *avis.*
/#2/ (inversée). AP-PRO *il.* APP-SN → QUANT *un* + NN *phénomène.*

2°P nous disons aussitôt.
Énonciation. Personne : 4. Temps : présent. Modalité : assertion.
Énoncé. #1. SUJ-PRO *nous.* PRED-SV → NV *disons* + CC5-ADV *aussitôt.*

3°P *c'est l'ouvrage d'un Dieu.*
Énonciation. ® [nous]. Personne : 3. Temps : présent. Modalité : assertion.
Énoncé. #1. SUJ-PRO *ce* (élidé). PRED-SV → NVCOP *est* + ATT-SN ; → QUANT *le* (élidé) + GN ; → NN *ouvrage* + QUAL-PREPSN ; → PREP *de* (élidé) + SN ; → QUANT *un* + NN *Dieu.*

4°P *notre vanité ne se contente pas à moins.*
Énonciation. Personne : 3. Temps : présent. Modalité : assertion.
Énoncé. #1. SUJ-SN → QUANTQUAL *notre* + NN *vanité.* PRED-SV → CC2-ADV *ne… pas* + GV ; → GV' + CC2-ADV *à moins.* GV' → CV1-PRO *se* + NV *contente.*

2°Σ
P SIMPLE *ne pourrions-nous pas mettre dans nos discours un peu moins d'orgueil, et un peu plus de philosophie ?*
Énonciation. Personne : 4. Temps : futur du passé. Modalité : interrogation.
Énoncé. #1 (inversée). SUJ-PRO *nous.* PRED-SV → CC2-ADV *ne… pas* + GV ; → NV *pourrions* + SCOV ; → GV + CV1-SN [+ 2°SN juxtaposé et coordonné à SN par la virgule et CONJ *et*] → CD-ADV *un peu moins* + GN ; → QUANT *de* (élidé) + NN *orgueil.* [2°SN a CD-ADV *un peu plus* + GN ; → QUANT *de* + NN *philosophie*]. GV → NV *mettre* + CC2-PREPSN ; → PREP *dans* + SN ; → QUANTQUAL *nos* + NN *discours.*

3°Σ

Π = 1°P COMPLEXE + 2°P COMPLEXE juxtaposée à 1°P par le point-virgule.

1°P *si la nature nous offre un nœud difficile à délier, laissons-le pour ce qu'il est.*

PMAT *Δ, laissons-le pour Δ.*
ÉNONCIATION. Personne : 4. Temps : présent. Modalité : injonction.
ÉNONCÉ. #1. SUJ-PRO Ø. PRED-SV → CC6-*Δ* + GV ; → NV *laissons* + CV1 /#2/. *Δ* → ENCHCONJ *si* + SOUS-P.
/#2/. AP-PRO *le*. APP-PREP2°*Δ* → PREP *pour* + 2°*Δ* ; → ENCHPRO *ce que* (élidé) + 2°SOUS-P.

SOUS-P
ÉNONCIATION. Personne : 3. Temps : présent. Modalité : interrogation.
ÉNONCÉ. #1. SUJ-SN → QUANT *la* + NN *nature*. PRED-SV → GV + CV1-SN ; → QUANT *un* + GN ; → NN *nœud* + SA ; → NA *difficile* + CA-PREPSN/SV ; → PREP *à* + SV ; → NV *délier* + C Ø.

2°SOUS-P
ÉNONCIATION. Personne : 3. Temps : présent. Modalité : interrogation.
ÉNONCÉ. #1. SUJ-PRO *il*. PRED-SV → ATT-PRO (*ce que*) + NVCOP *est*.

2°P *et n'employons pas à le couper la main d'un être qui devient ensuite pour nous un nouveau nœud plus indissoluble que le premier.*

PMAT *et n'employons pas à le couper la main d'un être Δ.*
ÉNONCIATION. Personne : 4. Temps : présent. Modalité : injonction.
ÉNONCÉ. #1. SUJ-PRO Ø. PRED-SV → CC5-CONJ *et* + GV ; → CC2-ADV *ne* (élidé)… *pas* + GV' ; → GV'' + CV1-SN ; → QUANT *la* + GN ; → NN *main* + QUAL-PREPSN ; → PREP *de* (élidé) + SN ; → QUANT *un* + GN ; → NN *être* + QUAL-*Δ* ; → ENCHPRO *qui* + SOUS-P. GV'' → NV *employons* + CC2-PREPSN/SV ; → PREP *à* + SV ; → CV1-PRO *le* + NV *couper*.

SOUS-P
ÉNONCIATION. Personne : 3. Temps : présent. Modalité : assertion.
ÉNONCÉ. #1. SUJ-PRO (*qui*). PRED-SV → GVCOP + ATT-SN ; → QUANT *un* + GN ; → GN' + QUAL-SA ; → CD-GADV + NA *indissoluble*. GADV → NADV *plus* + CADV-PREPPRO ; → PREP *que* + PRO

le premier. GN' → QUAL *nouveau* + NN *nœud.* GVCOP → GV'COP + CC6-PREPPRO ; → PREP *pour* + PRO *nous.* GV'COP → NVCOP *devient* + CC5-ADV *ensuite.*

4°Σ
Π = 1°P COMPLEXE + 2°P COMPLEXE juxtaposée à 1°P par la virgule + 3°P SIMPLE juxtaposée à 2°P par le point-virgule + 4°P SIMPLE juxtaposée à 3°P + 5°P SIMPLE juxtaposée à 4°P par le point-virgule.

1°P *demandez à un Indien pourquoi le monde reste suspendu dans les airs.*

PMAT *demandez à un Indien Δ.*
ÉNONCIATION. Personne : 5. Temps : présent. Modalité : injonction.
ÉNONCÉ. #1. SUJ-PRO Ø. PRED-SV → GV + CV1-*Δ* ; → ENCHADV *pourquoi* + SOUS-P. GV → NV *demandez* + CV2-PREPSN ; → PREP *à* + SN ; → QUANT *un* + NN *Indien.*

SOUS-P
ÉNONCIATION. Personne : 3. Temps : présent. Modalité : interrogation.
ÉNONCÉ. #1. SUJ-SN → QUANT *le* + NN *monde.* PRED-SV → CC3-ADV (*pourquoi*) + GV ; → NVCOP *reste* + ATT-SA/SV ; → NV *suspendu* + CC2-PREPSN ; → PREP *dans* + SN ; → QUANT *les* + NN *airs.*

2°P *il vous répondra qu'il est porté sur le dos d'un éléphant.*

PMAT *il vous répondra Δ.*
ÉNONCIATION. Personne : 3. Temps : futur. Modalité : assertion.
ÉNONCÉ. #1. SUJ-PRO *il.* PRED-SV → GV + CV1-*Δ* ; → ENCHCONJ *que* (élidé) + SOUS-P. GV → CV2-PRO *vous* + NV *répondra.*

SOUS-P
ÉNONCIATION. ® [l'Indien]. Personne : 3. Temps : présent. Modalité : assertion.
ÉNONCÉ. #1. SUJ-PRO *il.* PRED-SV → NVCOP *est* + ATT-SA/SV ; → NV *porté* + CC2-PREPSN ; → PREP *sur* + SN ; → QUANT *le* + GN ; → NN *dos* + QUAL-PREPSN ; → PREP *de* (élidé) + GN ; → QUANT *un* + NN *éléphant.*

3°P *et l'éléphant, sur quoi l'appuiera-t-il ?*
Énonciation. Personne : 3. Temps : futur. Modalité : interrogation.
Énoncé. #1 + #2.
*#1 (inversée). SUJ-PRO *il*. PRED-SV → CC5-CONJ *et* + GV ; → CC3-PREPPRO + GV' ; → CV1-PRO *le* (élidé) + NV *appuiera*. PREPPRO → PREP *sur* + PRO *quoi*.
*#2. AP-PRO (*il*). APP-SN → QUANT *le* (élidé) + NN *éléphant*.

4°P *sur une tortue.*
Énonciation. ® [l'Indien]. Personne : Ø. Temps : Ø. Modalité : assertion.
Énoncé. #1. ⊗ + PREPSN ; → PREP *sur* + SN ; → QUANT *une* + NN *tortue*.

5°P *et la tortue, qui la soutiendra ?*
Énonciation. Personne : 3. Temps : futur. Modalité : interrogation.
Énoncé. #1 + #2.
*#1. SUJ-PRO *qui*. PRED-SV → CC5-CONJ *et* + GV ; → CV1-PRO *la* + NV *soutiendra*.
*#2. AP-PRO (*la*). APP-SN → QUANT *la* + NN *tortue*.

5°Σ
◊ = 1°P SIMPLE + 2°P SIMPLE juxtaposée à 1°P par le point-virgule + 3°P SIMPLE emboitée à 2°P par les deux-points + 4°P SIMPLE juxtaposée à 3°P par la virgule.

1°P *cet Indien vous fait pitié.*
Énonciation. Personne : 3. Temps : présent. Modalité : assertion.
Énoncé. #1. SUJ-SN → QUANTQUAL *cet* + NN *Indien*. PRED-SV → CV2-PRO *vous* + GV ; → NV *fait* + CV1-SN ; → QUANT Ø + NN *pitié*.

2°P *et l'on pourrait vous dire comme à lui.*
Énonciation. Personne : 3. Temps : futur du passé. Modalité : assertion.
Énoncé. #1. SUJ-PRO *l'on*. PRED-SV → CC5-CONJ *et* + GV ; → NV *pourrait* + SCOV ; → GV + CC2-PREPPRO ; → PREP *comme à* + PRO *lui*. GV → CV2-PRO *vous* + NV *dire*.

3°P *Monsieur Holmes, mon ami, confessez d'abord votre ignorance.*
Énonciation. ® [on]. Personne : 5. Temps : présent. Modalité : injonction.

ÉNONCÉ. #2 + #1.
*#1. SUJ-PRO Ø. PRED-SV → GV + CV1-SN ; → QUANTQUAL *votre* + NN *ignorance.* GV → NV *confessez* + CC5-ADV *d'abord.*
*#2. AP (Ø). APP-SN [+ 2°SN juxtaposé à SN par la virgule] → QUANT Ø + GN ; → *Monsieur* + QUAL-SN ; → QUANT Ø + NN *Holmes.* [2°SN → QUANTQUAL *mon* + NN *ami*].

4°P *et faites-moi grâce de l'éléphant et de la tortue.*
ÉNONCIATION. Personne : 5. Temps : présent. Modalité : injonction.
ÉNONCÉ. #1. SUJ-PRO Ø. PRED-SV → GV + CV2-PREPSN [+ 2°PREPSN coordonné à PREPSN par CONJ *et*] → PREP *de* + SN ; → QUANT *le* (élidé) + NN *éléphant.* [2°PREPSN → PREP *de* + SN ; → QUANT *la* + NN *tortue*]. GV → GV' + CV1-SN ; → QUANT Ø + NN *grâce.* GV' → NV *faites* + CV2-PRO *moi.*

*
* *

[12] G. de Nerval (poème *El Desdichado* paru dans le recueil *Les Chimères*, 1854).

> *Je suis le ténébreux, – le veuf, – l'inconsolé,*
> *Le prince d'Aquitaine à la tour abolie :*
> *Ma seule* étoile *est morte, – et mon luth constellé*
> *Porte le* soleil *noir de la* Mélancolie.
> *Dans la nuit du tombeau, toi qui m'as consolé,*
> *Rends-moi le Pausilippe et la mer d'Italie,*
> *La* fleur *qui plaisait tant à mon cœur désolé,*
> *Et la treille où le pampre à la rose s'allie.*
> *Suis-je Amour ou Phébus, Lusignan ou Biron ?*
> *Mon front est rouge encore du baiser de la reine ;*
> *J'ai rêvé dans la grotte où nage la sirène…*
> *Et j'ai deux fois vainqueur traversé l'Achéron,*
> *Modulant tour à tour sur la lyre d'Orphée*
> *Les soupirs de la sainte et les cris de la fée.*

Cinq phrases graphiques (la quatrième ponctuée par des points de suspension).

1°Σ
Π = 1°P SIMPLE + 2°P SIMPLE juxtaposée à 1°P par les deux-points + 3°P SIMPLE juxtaposée à 2°P par la virgule et le tiret.

1°P *je suis le ténébreux, – le veuf, – l'inconsolé, le prince d'Aquitaine à la tour abolie.*
ÉNONCIATION. Personne : 1. Temps : présent. Modalité : assertion.
ÉNONCÉ. #1. SUJ-PRO *je.* PRED-SV → NVCOP *suis* + ATT-SN [+ 2°SN juxtaposé à SN par la virgule et le tiret + 3°SN juxtaposé à 2° SN par la virgule et le tiret + 4°SN juxtaposé à 3°SN par la virgule] → QUANT *le* + NN *ténébreux.* [2°SN → QUANT *le* + NN *veuf*]. [3°SN → QUANT *le* (élidé) + NN *inconsolé*]. [4°SN → QUANT *le* + GN ; → GN' + QUAL-PREPSN ; → PREP *à* + SN ; → QUANT *la* + GN ; → NN *tour* + QUAL *abolie.* GN' → NN *prince* + QUAL-PREPSN ; → PREP *de* (élidé) + SN ; → QUANT Ø + NN *Aquitaine*].

2°P *ma seule étoile est morte.*
ÉNONCIATION. Personne : 3. Temps : présent antérieur. Modalité : assertion.
ÉNONCÉ. #1. SUJ-SN → QUANTQUAL *ma* + GN ; → QUAL *seule* + NN *étoile.* PRED-SV → NV *est* (auxiliaire) *morte* (auxilié)[12] + C Ø.

3°P *et mon luth constellé porte le soleil noir de la Mélancolie.*
ÉNONCIATION. Personne : 3. Temps : présent. Modalité : assertion.
ÉNONCÉ. #1. SUJ-SN → QUANTQUAL *mon* + GN ; → NN *luth* + QUAL *constellé.* PRED-SV → CC5-CONJ *et* + GV ; → NV *porte* + CV1-SN ; → QUANT *le* + GN ; → GN' + QUAL-PREPSN ; → PREP *de* + SN ; → QUANT *la* + NN *Mélancolie.* GN' → NN *soleil* + QUAL *noir.*

2°Σ
P COMPLEXE *dans la nuit du tombeau, toi qui m'as consolé, rends-moi le Pausilippe et la mer d'Italie, la fleur qui plaisait tant à mon cœur désolé, et la treille où le pampre à la rose s'allie.*

PMAT *dans la nuit du tombeau, toi Δ, rends-moi le Pausilippe et la mer d'Italie, la fleur Δ, et la treille Δ.*
ÉNONCIATION. Personne : 2. Temps : présent. Modalité : injonction.

12 Pour *est morte* analysé présent antérieur au vers 3, *cf.* p. 78-79, (1).

ÉNONCÉ. #1 + #2.
*#1. SUJ Ø. PRED-SV → GV + CV1-SN + [2°SN coordonné à SN par CONJ *et* + 3°SN juxtaposé à {SN + 2°SN} par la virgule + 4°SN juxtaposé et coordonné à 3°SN par la virgule et CONJ *et*] → QUANT *le* + NN *Pausilippe.* [2°SN → QUANT *la* + GN ; → NN *mer* + QUAL-PREPSN ; → PREP *de* (élidé) + SN ; → QUANT Ø + NN *Italie*]. [3°SN → QUANT *la* + GN ; → NN *fleur* + QUAL-Δ ; → ENCHPRO *qui* + SOUS-P]. [4°SN → QUANT *la* + GN ; → NN *treille* + QUAL-2°Δ ; → ENCHPRO *où* + 2°SOUS-P]. GV → NV *rends* + CV2-PRO *moi.*

SOUS-P
ÉNONCIATION. Personne : 3. Temps : passé (sécant). Modalité : assertion.
ÉNONCÉ. #1. SUJ-PRO (*qui*). PRED-SV → GV + CV2-PREPSN ; → PREP *à* + SN ; → QUANTQUAL *mon* + GN ; → NN *cœur* + QUAL *désolé.* GV → NV *plaisait* + CC2-ADV *tant.*

2°SOUS-P
ÉNONCIATION. Personne : 3. Temps : présent. Modalité : assertion.
ÉNONCÉ. #1. SUJ-SN → QUANT *le* + NN *pampre.* PRED-SV → CC3-PRO (*où*) + GV ; → CV2-PREPSN + GV' ; → CV1-PRO *se* (élidé) + NV *allie.* PREPSN → PREP *à* + SN ; → QUANT *la* + NN *rose.*
*#2. AP (Ø). APP /#2/.
/#2/. AP-PRO *toi.* APP-Δ → ENCHPRO *qui* + SOUS-P.

SOUS-P
ÉNONCIATION. Personne : 2. Temps : présent antérieur. Modalité : assertion.
ÉNONCÉ. #1. SUJ-PRO (*qui*). PRED-SV → CC3-PREPSN + GV ; → CV1-PRO *me* (élidé) + NV *as* (auxiliaire) *consolé* (auxilié). PREPSN → PREP *dans* + SN ; → QUANT *la* + GN ; → NN *nuit* + QUAL-PREPSN ; → PREP *de* + SN ; → QUANT *le* (contraction *de* + *le* = *du*) + NN *tombeau.*

3°Σ
P SIMPLE *suis-je Amour ou Phébus, Lusignan ou Biron ?*
ÉNONCIATION. Personne : 1. Temps : présent. Modalité : interrogation.
ÉNONCÉ. #1 (inversée). SUJ-PRO *je.* PRED-SV → NVCOP *suis* + ATT-SN + [2°SN coordonné à SN par CONJ *ou* + 3°SN juxtaposé à

{SN + 2°SN} par la virgule + 4°SN coordonné à 3°SN par CONJ *ou*] → QUANT Ø + NN *Amour*. [2°SN → QUANT Ø + NN *Phébus*]. [3°SN → QUANT Ø + NN *Lusignan*]. [4°SN → QUANT + NN *Biron*].

4°Σ
Π = 1°P SIMPLE + 2°P COMPLEXE juxtaposée à 1°P par le point-virgule.

1°P *mon front est rouge encore du baiser de la reine.*
ÉNONCIATION. Personne : 3. Temps : présent. Modalité : assertion.
ÉNONCÉ. #1. SUJ-SN → QUANTQUAL *mon* + NN *front*. PRED-SV → NVCOP *est* + ATT-SA ; → GA + CA-PREPSN ; → PREP *de* + SN ; → QUANT *le* (contraction *de* + *le* = *du*) + GN ; → NN *baiser* + QUAL-PREPSN ; → PREP *de* + SN ; → QUANT *la* + NN *reine*. GA → NA *rouge* + CP-ADV *encore*.

2°P *j'ai rêvé dans la grotte où nage la sirène.*
PMAT *j'ai rêvé dans la grotte Δ.*
ÉNONCIATION. Personne : 1. Temps : présent antérieur. Modalité : assertion.
ÉNONCÉ. #1. SUJ-PRO *je* (élidé). PRED-SV → NV *ai* (auxilaire) *rêvé* (auxilié) + CC2-PREPSN ; → PREP *dans* + SN ; → QUANT *la* + GN ; → NN *grotte* + QUAL-Δ ; → ENCHPRO *où* + SOUS-P.

SOUS-P
ÉNONCIATION. Personne : 3. Temps : présent. Modalité : assertion.
ÉNONCÉ. #1 (inversée). SUJ-SN → QUANT *la* + NN *sirène*. PRED-SV → CC3-PRO (*où*) + NV *nage*.

5°Σ
P SIMPLE *et j'ai deux fois vainqueur traversé l'Achéron, modulant tour à tour sur la lyre d'Orphée, les soupirs de la sainte et les cris de la fée.*
ÉNONCIATION. Personne : 1. Temps : présent antérieur. Modalité : assertion.
ÉNONCÉ. #1 + #2.
*#1. SUJ /#2/. PRED-SV → CC5-CONJ *et* + GV ; → NV *ai* (auxiliaire) *traversé* (auxilié) + CV1-SN ; → QUANT *le* (élidé) + NN *Achéron*.
/#2/. AP-PRO *je* (élidé). APP-SN → QUAL-SN + GN ; → QUANT Ø + NN *vainqueur*. SN → QUANT *deux* + NN *fois*.
*#2. AP-PRO (*je*). APP-SA/SV → SA/SV' + CV1-SN [+ 2°SN coordonné à SN par CONJ *et*] → QUANT *les* + GN ; → NN *soupirs* +

QUAL-PREPSN ; → PREP *de* + SN ; → QUANT *la* + NN *sainte*. [2°SN → QUANT *les* + GN ; → NN *cris* + QUAL-PREPSN ; → PREP *de* + SN ; → QUANT *la* + NN *fée*]. SA/SV' → SA/SV'' + CC2-PREPSN ; → PREP *sur* + SN ; → QUANT *la* + GN ; → NN *lyre* + QUAL-PREPSN ; → PREP *de* (élidé) + SN ; → QUANT Ø + NN *Orphée*. SA/SV'' → NV *modulant* + CC2-ADV *tour à tour*[13].

Aux vers 1 et 3, on s'interrogera sur un éventuel rôle grammatical des tirets.

*

* *

[13] V. Hugo (poème extrait de *La légende des siècles*, 1859).

Après la bataille
Mon père, ce héros au sourire si doux,
Suivi d'un seul housard qu'il aimait entre tous
Pour sa grande bravoure et pour sa haute taille,
Parcourait à cheval, le soir d'une bataille,
Le champ couvert de morts sur qui tombait la nuit.
Il lui sembla dans l'ombre entendre un faible bruit.
C'était un Espagnol de l'armée en déroute
Qui se traînait sanglant sur le bord de la route,
Râlant, brisé, livide, et mort plus qu'à moitié.
Et qui disait : « À boire ! à boire par pitié ! »
Mon père, ému, tendit à son housard fidèle
Une gourde de rhum qui pendait à sa selle,
Et dit : « Tiens, donne à boire à ce pauvre blessé. »
Tout à coup, au moment où le housard baissé
Se penchait vers lui, l'homme, une espèce de maure,
Saisit un pistolet qu'il étreignait encore,
Et vise au front mon père en criant : « Caramba ! »
Le coup passa si près que le chapeau tomba
Et que le cheval fit un écart en arrière.
« Donne-lui tout de même à boire », dit mon père.

Neuf phrases graphiques.

---

13 Pour la locution inanalysée *tour à tour* = « successivement » du vers 13, *cf.* p. 41-42.

1°Σ
P SIMPLE *après la bataille.*
Énonciation. Personne : Ø. Temps : Ø. Modalité : assertion.
Énoncé. #1. SUJ-PREPSN → PREP *après* + SN → QUANT *la* + NN *bataille.* PRED ⊕.

2°Σ
P COMPLEXE *mon père, ce héros au sourire si doux, suivi d'un seul housard qu'il aimait entre tous pour sa grande bravoure et pour sa haute taille, parcourait à cheval, le soir d'une bataille, le champ couvert de morts sur qui tombait la nuit.*

PMAT *mon père, ce héros au sourire si doux, suivi d'un seul housard* Δ, *parcourait à cheval, le soir d'une bataille, le champ couvert de morts* Δ.
Énonciation. Personne : 3. Temps : passé (sécant). Modalité : assertion.
Énoncé. #1 + #2.
*#1. SUJ-SN → QUANTQUAL *mon* + NN *père.* PRED-SV → GV + CV1-SN ; → QUANT *le* + GN ; → GN' + QUAL-Δ ; → ENCHPRO *qui* + SOUS-P. GN' → NN *champ* + QUAL-SA/SV ; → NV *couvert* + CV2-PREPSN ; → PREP *de* + SN ; → QUANT Ø + NN *morts.* GV → GV' + CC3-SN ; → QUANT *le* + GN ; → NN *soir* + QUAL-PREPSN ; → PREP *de* (élidé) + SN ; → QUANT *une* + NN *bataille.* GV' → NV *parcourait* + CC2-PREPSN ; → PREP *à* + SN ; → QUANT Ø + NN *cheval.*

SOUS-P
Énonciation. Personne : 3. Temps : passé sécant. Modalité : assertion.
Énoncé. #1 (inversée). SUJ-SN → QUANT *la* + NN *nuit.* PRED-SV → CC2-PREPPRO + NV *tombait.* PREPPRO → PREP *sur* + NPRO (*qui*).
*#2. AP-SN (*mon père*). APP-SN [+ 2°SA/SV juxtaposé à SN par la virgule] → QUANTQUAL *ce* + GN ; → NN *héros* + QUAL-PREPSN ; → PREP *à* + SN ; → QUANT *le* (contraction *à* + *le* = *au*) + GN ; → NN *sourire* + QUAL-SA ; → CD-ADV *si* + NA *doux.* [SA/SV → NV *suivi* + CV2-PREPSN ; → PREP *de* (élidé) + SN ; → QUANT *un* + GN ; → QUAL *seul* + GN' ; → NN *housard* + QUAL-Δ ; → ENCHPRO *que* (élidé) + SOUS-P].

SOUS-P
Énonciation. Personne : 3. Temps : passé sécant. Modalité : assertion.
Énoncé. #1. SUJ-PRO *il.* PRED-SV → GV + CC2-PREPSN [+ 2°PREPSN coordonné à PREPSN par CONJ *et*] → PREP *pour* + SN ; →

QUANTQUAL *sa* + GN ; → QUAL *grande* + NN *bravoure.* [2°PREPSN → PREP *pour* + SN ; → QUANTQUAL *sa* + GN ; → QUAL *haute* + NN *taille*]. GV → CV1 /#2/ + NV *aimait.*
/#2/. AP-PRO (*que*). APP-PREPPRO → PREP *entre* + PRO *tous.*

3°Σ
P SIMPLE *il lui sembla dans l'ombre entendre un faible bruit.*
ÉNONCIATION. Personne : 3. Temps : passé (global). Modalité : assertion.
ÉNONCÉ. #1. SUJ-PRO *il.* PRED-SV → GV + SCOV ; → CC3-PREPSN + GV' ; → NV *entendre* + CV1-SN ; → QUANT *un* + GN ; → QUAL *faible* + NN *bruit.* PREPSN → PREP *dans* + SN ; → QUANT *la* (élidé) + NN *ombre.* GV → CC6-PRO *lui* + NV *sembla.*

4°Σ
P COMPLEXE *c'était un Espagnol de l'armée en déroute qui se traînait sanglant sur le bord de la route, râlant, brisé, livide, et mort plus qu'à moitié.*

PMAT *c'était un Espagnol de l'armée en déroute* Δ.
ÉNONCIATION. Personne : 3. Temps : passé (sécant). Modalité : assertion.
ÉNONCÉ. #1. SUJ-PRO *ce* (élidé). PRED-SV → NVCOP *était* + ATT-SN ; → QUANT *un* + GN ; → GN' + QUAL-Δ ; → ENCHPRO *qui* + SOUS-P. GN' → NN *Espagnol* + QUAL-PREPSN ; → PREP *de* + SN ; → QUANT *la* (élidé) + GN" ; → NN *armée* + QUAL-PREPSN ; → PREP *en* + NN ; → QUANT Ø + NN *déroute.*

SOUS-P
ÉNONCIATION. Personne : 3. Temps : passé sécant. Modalité : assertion.
ÉNONCÉ. #1 + #2.
*#1 SUJ-PRO (*qui*). PRED-SV → GV + CC2-PREPSN ; → PREP *sur* + SN ; → QUANT *le* + GN ; → NN *bord* + QUAL-PREPSN ; → PREP *de* + SN ; → QUANT *la* + NN *route.* GV → CV1 /#2/ + NV *traînait.*
/#2/. AP-PRO *se.* APP *sanglant.*
*#2 AP-PRO (*qui*). APP *râlant* [+ *brisé* juxtaposé à *râlant* par la virgule + *livide* juxtaposé à *brisé* par la virgule + SA/SV juxtaposé à *brisé* par la virgule ; → CC5-CONJ *et* + GV ; → NV *mort* + CP-GADV ; → NADV *plus* + CADV-PREPSN ; → PREP *qu'à* + SN ; → QUANT Ø + NN *moitié*][14].

14 Sur l'analyse particulièrement compliquée de la « comparative » *plus qu'à moitié* au vers 9, comparer avec p. 122-123.

5°Σ
◊ = 1°P COMPLEXE + Π emboitée à 1°P par les deux-points (Π = 2°P SIMPLE + 3°P SIMPLE juxtaposée à 2°P par le point d'exclamation).

1°P *et qui disait.*

PMAT *et* Δ.
Énonciation. Personne : Ø. Temps : Ø. Modalité : assertion.
Énoncé. ⊗ Δ → ENCHPRO *qui* + SOUS-P.

SOUS-P
Énonciation. Personne : 3. Temps : passé sécant. Modalité : assertion.
Énoncé. #1. SUJ-PRO (*qui*). PRED-SV → CC5-CONJ *et* + GV ; → NV *disait* + CV1 ⊕.

2°P *à boire !*
Énonciation. ® [l'Espagnol]. Personne : Ø. Temps : Ø. Modalité : injonction.
Énoncé. ⊗ PREPSN/SV ; → PREP *à* + NV *boire.*

3°P *à boire par pitié !*
Énonciation. ® (l'Espagnol). Personne : Ø. Temps : Ø. Modalité : injonction.
Énoncé. ⊗ PREPSN/SV ; → PREP *à* + GV ; → NV *boire* + CC6-PREPSN ; → PREP *par* + SN ; → QUANT Ø + NN *pitié.*

6°Σ
◊ = Π (= 1°P COMPLEXE + 2°P SIMPLE juxtaposée à 1°P par la virgule) + 2°Π emboitée à 2°P par les deux-points (2°Π = 3°P SIMPLE + 4°P SIMPLE juxtaposée à 3°P par la virgule).

1°P *mon père, ému, tendit à son housard fidèle une gourde de rhum qui pendait à sa selle.*

PMAT *mon père, ému, tendit à son housard fidèle une gourde de rhum* Δ.
Énonciation. Personne : 3. Temps : passé (global). Modalité : assertion.
Énoncé. #1 + #2.
*#1. SUJ-SN → QUANTQUAL *mon* + NN *père.* PRED-SV → <u>GV</u> + CV1-SN ; → QUANT *une* + GN ; → <u>GN'</u> + QUAL-Δ ; → ENCHPRO

qui + SOUS-P. GN' → NN *gourde* + QUAL-PREPSN ; → PREP *de* + SN ; → QUANT Ø + NN *rhum*. GV → NV *tendit* + CV2-PREPSN ; → PREP *à* + SN ; → QUANTQUAL *son* + GN ; → NN *housard* + QUAL *fidèle*.

SOUS-P
ÉNONCIATION. Personne : 3. Temps : passé (sécant). Modalité : assertion.
ÉNONCÉ. #1. SUJ-PRO (*qui*). PRED-SV → NV *pendait* + CC2-PREPSN ; → PREP *à* + SN ; → QUANTQUAL *sa* + NN *selle*.
*#2. AP-SN (*mon père*). APP *ému*.

2°P *et dit*.
ÉNONCIATION. Personne : 3. Temps : passé (global) [homonyme de présent]. Modalité : assertion.
ÉNONCÉ. #1. SUJ ⊗. PRED-SV → CC5-CONJ *et* + GV ; → NV *dit* + CV1 ⊕.

3°P *tiens*.
ÉNONCIATION. ® [le père]. Personne : 2. Temps : présent. Modalité : injonction.
ÉNONCÉ. #1. SUJ Ø. PRED-SV → NV *tiens* + C Ø.

4°P *donne à boire à ce pauvre blessé*.
ÉNONCIATION. ® [le père]. Personne : 2. Temps : présent. Modalité : injonction.
ÉNONCÉ. #1. SUJ Ø. PRED-SV → GV + CV2-PREPSN ; → PREP *à* + SN ; → QUANTQUAL *ce* + GN ; → QUAL *pauvre* + NN *blessé*. GV → NV *donne* + CV1-PREPSN ; → PREP *à* + SN/SV ; → NV *boire* + C Ø.

7°Σ
◊ = Π (= 1°P COMPLEXE + 2°P SIMPLE juxtaposée à 1°P par la virgule) + 3°P emboitée à 2°P par les deux-points.

1°P *tout à coup, au moment où le housard baissé se penchait vers lui, l'homme, une espèce de maure, saisit un pistolet qu'il étreignait encore*.

PMAT *tout à coup*, Δ, *l'homme, une espèce de maure, saisit un pistolet* Δ.
ÉNONCIATION. Personne : 3. Temps : passé (global) [homonyme de présent]. Modalité : assertion.

ÉNONCÉ. #1 + #2.
*#1. SUJ-SN → QUANT *le* (élidé) + NN *homme*. PRED-SV → CC3-ADV *tout à coup* [+ Δ juxtaposé à *tout à coup* par la virgule → ENCHCONJ *au moment où*[15] + SOUS-P] + GV ; → NV *saisit* + CV1-SN ; → QUANT *un* + GN ; → NN *pistolet* + QUAL-Δ ; → ENCHPRO *que* (élidé) + 2°SOUS-P.

SOUS-P
ÉNONCIATION. Personne : 3. Temps : passé sécant. Modalité : assertion.
ÉNONCÉ. #1. SUJ-SN → QUANT *le* + GN ; → NN *housard* + QUAL *baissé*. PRED-SV → GV + CC2-PREPPRO ; → PREP *vers* + PRO *lui*. GV → CV1-PRO *se* + NV *penchait*.

2°SOUS-P
ÉNONCIATION. Personne : 3. Temps : passé sécant. Modalité : assertion.
ÉNONCÉ. #1. SUJ-PRO *il*. PRED-SV → GV + CC5-ADV *encore*. GV → CV1-PRO (*que*) + NV *étreignait*.
*#2. AP-SN (*l'homme*). APP-SN → QUANTQUAL *une espèce de* + NN *maure*

2°P *et vise au front mon père en criant.*
ÉNONCIATION. Personne : 3. Temps : présent. Modalité : assertion.
ÉNONCÉ. #1. SUJ ⊗. PRED-SV → CC5-CONJ *et* + GV ; → GV' + CC2-PREPSA/SV ; → PREP *en* + GV ; → NV *criant* + CV1 ⊕. GV' → GV'' + CV1-SN ; → QUANTQUAL *mon* + NN *père*. GV'' → NV *vise* + CV2-PREPSN ; → PREP *à* + SN ; → QUANT *le* (contraction *à* + *le* = *au*) + NN *front*.

3°P *caramba !*
ÉNONCIATION. ® [l'homme]. Personne : Ø. Temps : Ø. Modalité : assertion (exclamative).
ÉNONCÉ. #1. /P/ *caramba*.

8°Σ
P COMPLEXE *le coup passa si près que le chapeau tomba et que le cheval fit un écart en arrière.*

PMAT *le coup passa si près* Δ *et* Δ.
ÉNONCIATION. Personne : 3. Temps : passé (global). Modalité : assertion.

15 Sur *au moment où* à décomposer ou non au vers 14, *cf.* p. 122-123.

Énoncé. #1. SUJ-SN → QUANT *le* + NN *coup*. PRED-SV → NV *passa* + CC2-GADV ; → GADV' + CADV-Δ [+ 2°Δ coordonné à Δ par CONJ *et*] ; → ENCHCONJ *que* + SOUS-P. [2°Δ → ENCHCONJ *que* + 2°SOUS-P]. GADV' → CP-ADV *si* + NADV *près*.

SOUS-P
Énonciation. Personne : 3. Temps : passé global. Modalité : assertion.
Énoncé. #1. SUJ-SN → QUANT *le* + NN *chapeau*. PRED-SV → NV *tomba* + C Ø.

2°SOUS-P
Énonciation. Personne : 3. Temps : passé global. Modalité : assertion.
Énoncé. #1. SUJ-SN → QUANT *le* + NN *cheval*. PRED-SV → NV *fit* + CV1-SN ; → QUANT *un* + GN ; → NN *écart* + QUAL-PREPSN ; → PREP *en* + SN ; → QUANT Ø + NN *arrière*.

9°Σ
P COMPLEXE *« donne-lui tout de même à boire », dit mon père.*

PMAT *donne-lui tout de même à boire*, Δ.
Énonciation. ® [mon père]. Personne : 2. Temps : présent. Modalité : injonction.
Énoncé. #1. SUJ-PRO Ø. PRED-SV → GV + CC6-Δ ; → INC + SOUS-P. GV → GV' + CV1-PREPSN/SV ; → PREP *à* + SV ; → NV *boire* + C Ø. GV' → GV'' + CC6-ADV *tout de même*. GV'' → NV *donne* + CV2-PRO *lui*.

SOUS-P
Énonciation. Personne : 3. Temps : passé (global) [homonyme de présent]. Modalité : assertion.
Énoncé. #1 (inversée). SUJ-SN → QUANTQUAL *mon* + NN *père*. PRED-SV → NV *dit* + CV1 ⊕.

Au vers 12, *à sa selle* interprété plutôt comme CC2 que comme CV2[16].

16 *Cf.* p. 70-71.

*
* *

[14] *Mais pourquoi protéger… – Voilà le Bret qui grogne ! / Cet ivrogne banal ?… – Parce que cet ivrogne, / Ce tonneau de muscat, ce fût de rossoli, / Fit quelque chose un jour de tout à fait joli : / Au sortir d'une messe ayant, selon le rite, / Vu celle qu'il aimait prendre de l'eau bénite, / Lui que l'eau fait sauver, courut au bénitier, / Se pencha sur sa conque et le but tout entier !…* (Rostand).

I. *Mais pourquoi protéger…*
P SIMPLE.
ÉNONCIATION. Personne : Ø. Temps : Ø. Modalité : interrogation.
ÉNONCÉ. #1. SUJ Ø. PRED-SV → CC6-CONJ *mais* + GV ; → CC4-ADV *pourquoi* + GV' ; → NV *protéger* + ⊗.

II. *Voilà Le Bret qui grogne !*
P SIMPLE.
ÉNONCIATION. Personne : 3. Temps : présent. Modalité : assertion.
ÉNONCÉ. PRED. FOC *voilà… qui* > SUJ-SN → QUANT Ø + NN *Le Bret.* PRED-SV → NV *grogne* + C Ø.

III. *Cet ivrogne banal ?*
P SIMPLE.
ÉNONCIATION. Personne : Ø. Temps : Ø. Modalité : interrogation.
ÉNONCÉ. ⊗ + SN ; → QUANTQUAL *cet* + GN ; → NN *ivrogne* + QUAL *banal.*

IV. *Parce que cet ivrogne, ce tonneau de muscat, ce fût de rossoli, fit quelque chose un jour de tout à fait joli : au sortir d'une messe ayant, selon le rite, vu celle qu'il aimait prendre de l'eau bénite, lui que l'eau fait sauver, courut au bénitier, se pencha sur sa conque et le but tout entier !*
Π = 1°P COMPLEXE + 2°P COMPLEXE juxtaposée à 1°P par les deux-points + 3°P SIMPLE juxtaposée à 2°P par la virgule + 4°P SIMPLE coordonnée à 3°P par CONJ *et.*

1°P *parce que cet ivrogne, ce tonneau de muscat, ce fût de rossoli, fit quelque chose un jour de tout à fait joli.*

PMAT Δ
ÉNONCIATION. Personne : Ø. Temps : Ø. Modalité : Ø. Énoncé. #1. ⊕ + Δ ; → ENCHCONJ *parce que* + SOUS-P.

SOUS-P.
ÉNONCIATION. Personne : 3. Temps : passé (global). Modalité : assertion.
ÉNONCÉ. #1 + #2 + 2°#2.
*#1. SUJ-SN → QUANTQUAL *cet* + NN *ivrogne*. PRED-SV → GV + CC2-SN ; → QUANT *un* + NN *jour*. GV → NV *fit* + CV1 /#2/.
/#2/. AP-SN → QUANTQUAL *quelque* + NN *chose*. APP-PREPSA → PREP *de* + SA ; → CP-ADV *tout à fait* + NA *joli*.
**#2. AP (*cet ivrogne*). APP-SN → QUANTQUAL *ce* + GN ; → NN *tonneau* + QUAL-PREPSN ; → PREP *de* + SN ; → QUANT Ø + NN *muscat*.
2°#2. AP (*cet ivrogne*). APP-SN → QUANTQUAL *ce* + GN ; → NN *fût* + QUAL-PREPSN ; → PREP *de* + SN ; → QUANT Ø + NN *rossoli*.

2°P *au sortir d'une messe ayant, selon le rite, vu celle qu'il aimait prendre de l'eau bénite, lui que l'eau fait sauver, courut au bénitier.*

PMAT *au sortir d'une messe ayant, selon le rite, vu celle Δ, lui Δ, courut au bénitier.*
ÉNONCIATION. Personne : 3. Temps : passé (global). Modalité : assertion.
ÉNONCÉ. #2 + #1.
*#1. SUJ-GPRO → NPRO *lui* + QUAL-Δ ; → ENCHPRO *que* + SOUS-P. PRED-SV → NV *courut* + CC2-PREPSN ; → PREP *à* + SN ; → QUANT *le* (contraction *à* + *le* = *au*) + NN *bénitier*.

SOUS-P.
ÉNONCIATION. Personne : 3. Temps : présent. Modalité : assertion.
ÉNONCÉ. #1. SUJ-SN → QUANT *la* (élidé) + NN *eau*. PRED-SV → COV /#2/ + NV *fait*.
/#2/. AP (*que*). APP *sauver*.
**#2. AP (*lui*). APP-SA/SV → CC3-PREPSN + GV ; → NV *ayant* (auxiliaire) *vu* (auxilié) + CV1 /#2/. PREPSN → PREP *à* + SN ; → QUANT *le* (contraction *à* + *le* = *au*) + GN ; → NN *sortir* + QUAL-PREPSN ; → PREP *de* (élidé) + SN ; → QUANT *une* + NN *messe*.
/#2/. AP-GN → NPRO *celle* + QUAL-Δ ; → ENCHPRO *que* (élidé) + SOUS-P. APP-SV → CC3-PREPSN + GV ; → NV *prendre* + CV1-SN ;

→ QUANT *de la* (élidé) + GN ; → NN *eau* + QUAL *bénite.* PREPSN → PREP *selon* + SN ; → QUANT *le* + NN *rite.*

SOUS-P.
ÉNONCIATION. Personne : 3. Temps : passé (sécant). Modalité : assertion.
ÉNONCÉ. #1. SUJ-PRO *il.* PRED-SV → CV1 (*que*) + NV *aimait.*

3°P *se pencha sur sa conque.*
ÉNONCIATION. Personne : 3. Temps : passé (global). Modalité : assertion.
ÉNONCÉ. #1. SUJ ⊗. PRED-SV → GV + CC2-PREPSN ; → PREP + SN ; → QUANTQUAL *sa* + NN *conque.* GV → CV1-PRO *se* + NV *pencha.*

4°P *le but tout entier.*
ÉNONCIATION. Personne : 3. Temps : passé (global). Modalité : assertion.
ÉNONCÉ. #1. SUJ ⊗. PRED-SV → CV1 /#2/ + NV *but.*
/#2/. AP-PRO *le.* APP-SA → CP-ADV *tout* + NA *entier.*

BIBLIOGRAPHIE

Académie Française, 2014, *Dire, ne pas dire*, vol. 1, Paris, Éditions Philippe Rey.

Arnaud Antoine, Lancelot Claude, 1660, *Grammaire générale et raisonnée contenant les fondemens de l'art de parler, expliqués d'une manière claire et naturelle* [*Grammaire de Port-Royal*], Paris, P. Le Petit.

Arnaud Antoine, Lancelot Claude, 1962, *La logique ou l'art de penser*, Paris, Guillaume Desprez.

Arrivé Michel, Gadet Françoise, Galmiche Michel, 1986, *La grammaire d'aujourd'hui*, Paris, Flammarion.

Austin John Langshaw, 1970, *Quand dire, c'est faire*, Paris, Éditions du Seuil.

Bakhtine Mikhaïl, 2000 [1929], *Problèmes de la poétique de Dostoïevski*, trad., L'Âge d'homme, Paris.

Bally Charles, 1932, *Linguistique générale et linguistique française*, Berne, Francke.

Beauzée Nicolas, 1767, *Grammaire générale, ou Exposition raisonnée des éléments nécessaires du langage : pour servir de fondement à l'étude de toutes les langues*, Paris, J. Barbou.

Bentolila Alain *et alii*, 2006, *Rapport de mission sur l'enseignement de la grammaire*, France.

Benveniste Émile, 1966, *Problèmes de linguistique générale*, 1, Paris, Gallimard.

Blanche-Benveniste Claire *et alii*, 1990, *Le français parlé : études grammaticales*, Paris, éd. du C.N.R.S. Bloomfield Leonard, 1933, *Language*, New York, Holt.

Blumenthal Peter, 1990, « Classement des adverbes : pas la couleur, rien que la nuance ? », *Langue française*, 88, p. 41-50.

Brunot Ferdinand, 1905-1953, *Histoire de la langue française, des origines à 1900*, t. 2, Paris, Armand Colin.

Brunot Ferdinand, 1909, *L'enseignement de la langue française. Ce qu'il est – Ce qu'il devrait être dans l'Enseignement primaire*, Paris, Librairie Armand Colin.

Brunot Ferdinand, Bony Nicolas, 1908, *Méthode de langue française. Troisième livre*, Paris, Armand Colin.

Buffier Claude, 1714, *Grammaire françoise sur un plan nouveau*, 3e éd., Paris.

Buyssens Eric, 1975, *Les catégories fondamentales du français*, Bruxelles, Éditions de l'Université de Bruxelles.

Chervel André, 1977, *...et il fallut apprendre à écrire à tous les petits Français : histoire de la grammaire scolaire*, Paris, Payot.

Chomsky Noam, 1956, « Three models for the description of language », *IRE Transactions on Information Theory*, 2, p. 113-124.

Chomsky Noam, 1970, « Remarks on nominalization », *in* R. Jacobs, P. Rosenbaum (eds), *Reading in English Transformational Grammar*, Waltham, Ginn, p. 184-221.

Damourette Jacques, Pichon Édouard, 1911-1940, *Des mots à la pensée : essai de grammaire de la langue française*, Paris, Éditions d'Artrey.

Dubois Jean, Lagane René, 1973, *Nouvelle grammaire du français*, Paris, Larousse.

Ducrot Oswald, 1980, *Les échelles argumentatives*, Paris, Éditions de Minuit.

Eriksson Olof, 1993, *La phrase française. Essai d'un inventaire de ses constituants syntaxiques*, Göteborg, Acta Universitatis Gothoburgensis.

Fillmore Charles J., 1968, « The case for case », *in* E. Bach, R. Harms (eds), *Universals in Linguistic Theory*, New York, Holt.

Fuchs Catherine, Milner Judith, 1979, *À propos des relatives. Étude empirique de faits français, anglais et allemands, et tentative d'interprétation*, Paris, SELAF.

Gaatone David, 1988, « Cette coquine de construction. Remarques sur les trois structures affectives du français », *Travaux de linguistique*, 17 : 159-176.

Gougenheim Georges, 1938, *Système grammatical de la langue française*, Paris, d'Artrey.

Grevisse Maurice, Goosse André, 1980, *Nouvelle grammaire française*, Gembloux, Duculot.

Grevisse Maurice, 1980, *Le Bon usage. Grammaire française avec des remarques sur la langue française d'aujourd'hui*, 11e éd., Gembloux/Paris, Éditions Duculot.

Grevisse Maurice, Goosse André, 1986, *Le Bon usage. Grammaire française*, 12e éd., Gembloux/Paris, Éditions Duculot.

Grevisse Maurice, Goosse André, 2007, *Le Bon usage. Grammaire française*, 14e éd., Louvain-la-Neuve/Paris, De Boeck-Duculot.

Grevisse Maurice, Goosse André, 2011, *Le Bon usage. Grammaire française*, 15e éd., Louvain-la-Neuve/Paris, De Boeck-Duculot.

Grevisse Maurice, Goosse André, 2016, *Le Bon usage. Grammaire française*, 16e éd., Louvain-la-Neuve, De Boeck Supérieur.

Groupe de Fribourg, 2012, *Grammaire de la période*, Berne, Peter Lang.

Guillaume Gustave, 1929, *Temps et verbe. Théorie des aspects, des modes et des temps*, Paris, Champion.

Guillaume Gustave, 1969, *Langage et science du langage*, 2e éd., Paris/Québec, Nizet/Presses de l'Université Laval.

Guillaume Gustave, 1971, *Leçons de linguistique. 1948-1949*, Paris/Québec, Klincksieck/Presses de l'Université Laval.

Hadermann Pascale, Pierrard Michel, Van Raemdonck Dan, 2006, « Les marqueurs d'identité : subordonnants, coordonnants ou corrélateurs ? », *Faits de Langues*, 28, p. 133-144.

Härmä Juhani, 2013, « Syntaxe et fonctions discursives. Les constructions disloquées en français et en finnois », *in* A. Ouattara (dir.), *Les fonctions grammaticales. Histoire, théories, pratiques*, Bruxelles, PIE Peter Lang, p. 241-250.

Henry Albert, 1960, *Études de syntaxe expressive*, Bruxelles, Éditions de l'Université.

Hockett Charles Francis, 1958, *A Course in Modern Linguistics*, New York, MacMillan.

Jackendoff Ray S., 1977, *X syntax : A study of phrase structure*, MIT Press.

Jakobson Roman, 1963, *Essais de linguistique générale*, trad. de N. Ruwet, Paris, Éditions de Minuit.

Jespersen Otto, 1924, *The Philosophy of Grammar*, Londres, Allen & Unwin.

Kahane Sylvain, Mazziotta Nicolas, 2015, « Syntactic polygraphs : A formalism extending both constituency and dependency », *Proceedings of Mathematics of Langage*, Chicago, 12 pages.

Langacker Ronald W., 1987, *Foundations of Cognitive Grammar. Theoretical Prerequisites*, vol. 1, Stanford, Stanford University Press.

Langacker Ronald W., 1991, *Foundations of Cognitive Grammar. Descriptive Application*, vol. 2, Stanford, Stanford University Press.

Lauwers Peter, 2004, *La description du français entre la tradition grammaticale et la modernité linguistique. Étude historiographique et épistémologique de la grammaire française entre 1907 et 1948*, Leuven, Peeters.

Léard Jean-Marcel, 1990, « L'hypothèse que je crois qui est négligée. Le statut de *que, qui* et *dont* dans les imbriquées », *Travaux de linguistique*, 20, p. 43-72.

Martinet André, 1960, *Éléments de linguistique générale*, Paris, Armand Colin.

McCawley James D., 1981, "The Syntax and Semantics of English Relative Clauses", *Lingua*, 53, p. 99-149.

Mikus Radivoj Franciscus, 1972, *Principes de syntagmatique*, Paris/Bruxelles, Didier/Aimav.

Ministère belge de l'Instruction publique, 1936, *Prescriptions du Ministère belge de l'Instruction publique relatives à la Terminologie grammaticale. Unification de la terminologie grammaticale. Eenmaking van de spraakkundige terminologie*, Belgique.

Ministère belge de l'Instruction publique, 1949, *Code de terminologie grammaticale du Ministère belge de l'Instruction publique*, Belgique.

Ministère de l'Éducation nationale et de la culture, 1965, *Code de terminologie grammaticale. Essai de coordination*, édition revue, Belgique.

Ministère de l'Éducation nationale, 1975, *Nomenclature grammaticale pour l'enseignement du français dans le second degré*, Circulaire n° 75-250 du 22 juillet 1975, France.

Ministère de l'Éducation nationale, 1986, *Code de terminologie grammaticale*, Belgique.

Ministère de l'Éducation nationale, 1997, *Terminologie grammaticale*, Centre National de Documentation Pédagogique, France.

Ministère de l'Instruction publique et des Beaux-Arts, 1910, *Arrêté fixant la nouvelle nomenclature grammaticale*, 25 juillet 1910, France.

Molinier Christian, Levrier Françoise, 2000, *Grammaire des adverbes. Description des formes en –ment*, Genève, Droz.

Noël Joseph-Michel, Chapsal Charles-Pierre, 1823, *Nouvelle grammaire française, sur un plan très-méthodique, avec de nombreux exercices d'orthographe, de syntaxe et de ponctuation* [...], 1re éd., Paris, Maire Nyon.

Noël Joseph-Michel, Chapsal Charles-Pierre, 1827, *Leçons d'analyse grammaticale*, Paris.

Noël Joseph-Michel, Chapsal Charles-Pierre, 1827, *Leçons d'analyse logique*, Paris.

Noël Joseph-Michel, Chapsal Charles-Pierre, 1870, *Nouvelle grammaire française, sur un plan très-méthodique, avec de nombreux exercices d'orthographe, de syntaxe et de ponctuation* [...], 54e éd., Paris, Maire Nyon.

Patard Adeline, 2010, « L'emploi préludique de l'imparfait entre temporalité et modalité : Éléments d'analyse à partir d'une étude de cas », *Journal of French Language Studies*, 20/2, p. 189-211.

Pellat Jean-Chistrophe, Fonvielle Stéphanie, 2016, *Le Grevisse de l'enseignant*, Paris, Magnard.

Picabia Lélia, Zribi-Hertz Anne, 1981, *Découvrir la grammaire française*, Paris, Gedic.

Pottier Bernard, 1962, *Systématique des éléments de relation*, Paris Klincksieck.

Riegel Martin, Pellat Jean-Christophe, Rioul René, 2009, *Grammaire méthodique du français*, 4e éd., Paris, PUF.

Roig Audrey, 2015, *La Corrélation en français. Étude morphosyntaxique*, Paris, Classiques Garnier.

Rosier Laurence, 1999, *Le discours rapporté. Histoire, théories, pratiques*, Louvain-la-Neuve, Duculot.

Saussure Ferdinand de, 1916, *Cours de linguistique générale*, Paris, Payot.

Sechehaye Albert, 1950, *Essai sur la structure logique de la phrase*, Paris, Champion.

Tesnière Lucien, 1959, *Éléments de syntaxe structurale*, 1re éd., Paris, C. Klincksieck.

Van Raemdonck D. *et alii*, 2016, *Le Sens grammatical. Référentiel à l'usage des enseignants*, 2e éd., Bruxelles, PIE Peter Lang.

Wagner Robert-Léon, 1939, *Les phrases hypothétiques commençant par « si » dans la langue française des origines à la fin du XVIe siècle*, Paris, Droz.

Wilmet Marc, 1996, « La leçon de Guillaume : essai de réanalyse logique », *in* D. Leeman, A. Boone (dir.), *Du percevoir au dire. Hommage à André Joly*, Paris, L'Harmattan, p. 375-388.

Wilmet Marc, 1997, *Grammaire critique du français*, 1re éd., Bruxelles, Duculot.

Wilmet Marc, 2001, « Pour une analyse logique revisitée », *in* M. L. Casal Silva *et alii* (dir.), *La lingüística francesa en Espana camino del siglo XXI*, Arrecife, p. 75-82.

Wilmet Marc, 2006, « Pour une analyse de phrase intégrante », *in* H. Nølke *et alii* (dir), *Grammatica. Festschrift in honour of Michael Herslund*, Berne, Peter Lang, p. 523-535.

Wilmet Marc, 2007, *Grammaire rénovée du français*, Bruxelles, De Boeck & Larcier.

Wilmet Marc, 2010, *Grammaire critique du français*, 5e éd., Bruxelles, De Boeck-Duculot.

Wilmet Marc, 2011, « Plaidoyer pour la phrase graphique », *in* Gilles Corminbœuf *et alii* (dir.), *Du système linguistique aux actions langagières. Mélanges en l'honneur d'Alain Berrendonner*, Bruxelles, De Boeck Supérieur, p. 221-234.

Wilmet Marc, 2017, « Essai d'analyse de phrases complexes », *in* P. Hadermann, A. Housen, D. Van Raemdonck (dir.), *ComplexitéS*, Bruxelles, P.I.E. Peter Lang, p. 39-52.

INDEX DES NOTIONS

TABLE DES MATIÈRES

IMPRIM'VERT®

Achevé d'imprimer par Corlet Numéric,
Z.A. Charles Tellier, Condé-en-Normandie (Calvados), en décembre 2020
N° d'impression : 169633 - dépôt légal : décembre 2020
Imprimé en France